Ardor guerrero

Una memoria militar

Antonio Muñoz Molina

Ardor guerrero

ALFAGUARA

Juan Bravo, 38. 28006 Madrid
Teléfono (91) 322 47 00
Telefax (91) 322 47 71

• Aguilar, Altea, Taurus, Alfaguara S. A.
Beazley 3860. 1437 Buenos Aires
• Aguilar, Altea, Taurus, Alfaguara S. A. de C. V.
Avda. Universidad, 767, Col. del Valle,
México, D.F. C. P. 03100

ISBN: 84-204-8171-8
Depósito legal: M. 24.253-1995
Diseño:
Proyecto de Enric Satué

PRIMERA EDICIÓN: MARZO 1995
SÉPTIMA EDICIÓN: JULIO 1995

Impreso en España

This edition is distribuited in the United States by Vintage Books, a division of Random House, Inc., New York, and in Canada by Random House of Canada Limited, Toronto.

Ardor guerrero

Una memoria militar

Ardor guerrero vibra en nuestras voces
y de amor patrio henchido el corazón
entonemos el himno sacrosanto
del deber, de la patria y del honor.

(Himno de la Infantería española)

Así pues, lector, yo mismo soy la materia de mi libro.

MONTAIGNE

I.

Hasta hace no mucho he soñado con frecuencia que tenía que volver al ejército. Por equivocación me habían licenciado antes de tiempo, y me reclamaban de pronto, o bien a lo largo de mi servicio militar se había cometido un error administrativo que lo invalidaba, un error de segundo orden, desde luego, inadvertido durante años tal vez, pero tan grave al mismo tiempo que hacía inevitable mi regreso al cuartel.

Con la aterradora inmediatez de los sueños, que superpone consecuencias y causas en fracciones de segundo, ya me veía formando en el patio para el toque de diana en un amanecer lluvioso y frío de San Sebastián, pero al mirar hacia el suelo me daba cuenta de que no llevaba las botas militares, sino mis zapatos negros de muchos años después, y que una parte de mi indumentaria era civil. Por un descuido inexplicable, por falta de costumbre, iba a sufrir un arresto, como el recluta que no sabe atarse las botas y llega tarde a la formación, o el que se olvida de saludar reglamentariamente a un superior y le dice buenos días, ganándose un castigo fulminante.

Recuperaba en el sueño otro rasgo del miedo militar, el miedo a ser el único en algo, a encontrarme solo entre los otros, que no tendrían la menor compasión hacia mí, porque en el ejército una de las primeras cosas que uno perdía era la piedad, y no costaba nada empezar a alegrarse de las desgracias que les ocurrían a otros. Alrededor mío, inmóviles en las filas, los demás soldados mostraban una uniformidad sin tacha, una quietud repulsiva y perfecta de colaboracionistas. El sargento de semana se acercaba con la visera de la gorra hundida sobre la frente y el cuaderno de la lista bajo el brazo, con aquellas lentas zancadas que solían afectar los mandos inferiores para simular energía y darnos miedo, y yo escuchaba el crepitar de las suelas de sus botas sobre la grava y sabía que en cuanto me descubriera me impondría un castigo, y que tal vez eso me impediría licenciarme al mismo tiempo que mis compañeros de reemplazo.

La soledad del castigado y del excluido es tan absoluta como la del enfermo de cáncer. Angustiado, yo quería ocultarme de la vista del sargento y el miedo me despertaba. Descubría con alivio que no estaba en el ejército, que habían pasado muchos años desde la última vez en que formé para diana y podía volver confortablemente a dormirme sin peligro de que me sobresaltara minutos después una corneta. Pero el miedo, en el despertar, se mantenía intacto, no gastado por el olvido: miedo y pánico, vergüenza por tanta sumisión y asombro de que aquellos sentimientos pudieran haber durado tanto, siguieran actuando sobre mí sin que yo lo supiera, debajo de mí, en aquella parte de mí mismo a la que no llega el coraje, ni el orgullo, ni siquiera la conciencia de una cierta dignidad civil.

En el sueño, repetido metódicamente a lo largo de años, yo era un soldado asustado y vulnerable, retrocedido a los terrores de la infancia y de la primera adolescencia, dócil a la brutalidad, a la disciplina, a la soberbia de otros. En el sueño el tiempo posterior a mi servicio militar era un espejismo, no había existido o había pasado en vano, sin dejar en lo más íntimo de mí ni una señal de aprendizaje o experiencia: yo volvía a estar en Vitoria, en el Centro de Instrucción de Reclutas número 11, o en San Sebastián, en el Regimiento de Cazadores de Montaña Sicilia 67, a donde me destinaron después de la jura de bandera, y mi identidad verdadera y mi vida habían dejado de existir, hasta mi nombre. Y lo peor de esa parte del sueño era que casi todas sus exageraciones oníricas se correspondían exactamente con los hechos más crueles de la realidad.

Durante el período de instrucción a los reclutas nos quitaban el nombre y lo sustituían por un sistema de matrículas parecido al de los coches primitivos. Yo me llamaba J-54. El miedo experimentado una y otra vez en el sueño no era un miedo imaginario, como el que siente uno al soñar que se ahoga o que se despeña por un precipicio. Era un miedo real, un instinto preservado en la inconsciencia: hubo un día, hace ahora casi trece años, en el que yo sentí que mi vida verdadera se estaba volviendo imaginaria, en que dejé de ser quien era hasta un poco antes para convertirme en un soldado, una casi sombra en la que difícilmente me puedo reconocer cuando recuerdo con detalle los peores días o miro alguna foto de entonces, la de mi carnet militar, por ejemplo: El pelo muy corto, casi al rape, la barbilla alzada con una falsa jactancia, el cuello duro del uniforme abotonado, los dos rombos del escudo militar cosidos por mí mismo a las solapas unos minutos antes de que nos tomaran la fotografía, una tarde nublada y ventosa de otoño, en octubre, en 1979, una de las tardes más tristes de mi vida, cuando llevaba sólo dos o tres días en el campamento y pensaba con horror en los catorce meses que me quedaban por delante.

Me habían despojado de mi nombre, de mi ropa y de mi cara de siempre, y cada mañana, al emprender la travesía sórdida y disciplinaria de las horas del día, cuando me miraba en el espejo del lavabo, tenía que acostumbrarme a la mirada y a los rasgos de otro, un recluta asustado al que ya le costaba trabajo reconocerse en la memoria de su vida anterior.

Aún guardo esa foto, y el carnet militar de cartulina amarilla mal plastificada en la que las letras de mi nombre, escritas a máquina, han empezado a desvaírse. He cambiado tantas veces de casa en todo este tiempo, de casa y de ciudad, hasta de oficios y de vidas, he perdido tantas cosas, tantos papeles, tantos documentos necesarios o inútiles, páginas de novelas, borradores de artículos que se me extraviaron y debí repetir, cartas de amor rotas en pedazos pequeños, o arrojadas a una papelera, o quemadas, carnets, libros que me importaban mucho o que perdí sin leer, fotografías, billetes de tren o de avión cuya búsqueda siempre fracasada me sumía en una impotencia neurótica, en una sorda diatriba contra mí mismo, he perdido títulos académicos, hasta escrituras de propiedad.

Es formidable el número de cosas que habré perdido en todo este tiempo, pero mi carnet militar, que no me sirve para nada, sigue conmigo, sin que yo me haya esforzado demasiado en conservarlo, ha rondado por mis carpetas y mis cajones desde que me licenciaron del ejército, ha sobrevivido a mi desesperante incapacidad de no perderlo todo y de vez en cuando aparece delante de mí sin que yo lo haya buscado.

Se esfuma entre un monton de papeles o en las páginas de un libro, y al cabo de algún tiempo, meses o años, surgirá otra vez, tenaz y no solicitado, con una especie de modesta lealtad, en el curso de otra búsqueda inútil: esa cara invariable, cada vez más joven, más detenida en la adolescencia o retirada hacia ella a medida que yo voy cumpliendo años, ajena al tiempo de mi vida y sumergiéndose en la lentitud del suyo, el tiempo de las fotografías, el pasado siniestro en el que todo aquello sucedió, sin olvido posible, el frío en aquella desolación de llanuras y de colinas despobladas, en las afueras de Vitoria, el invierno prematuro de noviembre de 1979, el viento entre los barracones, la nieve cayendo muy despacio sobre nosotros mientras resistíamos en posición de firmes la duración insoportable de nuestra jura de bandera.

Cuando el oficiante alzaba la hostia en la consagración los soldados rendíamos armas y la banda de música atacaba el himno nacional. Algunos se desmayaron de fatiga o de frío, al cabo de varias horas de permanecer en posición de firmes: en la multitud cuadriculada, de color verde oscuro contra la nieve, se producía como una ondulación acuática, y un cuerpo caía al suelo con la blandura fácil de un muñeco de paja. Mientras desfilábamos hacia la bandera que debíamos besar con la cabeza descubierta, bajo la que debíamos pasar con una inclinación de sometimiento y de fervor, sonaba en los altavoces el himno de la Legión. Familias enteras acudían de toda España para presenciar la jura de bandera de un hijo, de un hermano o de un novio. A sus novias los aprendices de novios de la muerte les regalaban muñecos pepones con uniforme de infantería, o de la Legión, y previamente les habían enviado fotos en color en las que adoptaban un escorzo interesante, una ligera inclinación diagonal que ya habían existido en las fotos marciales de sus padres. También sonaba en los altavoces *Soldadito español,* y a mí, por culpa del hambre que tenía, o de las semanas de tormento y de soledad, o porque me acordaba de haber oído esa canción en la radio cuando era pequeño, me entraba una cierta congoja en el pecho, como un deseo inaplazable de rendición sentimental.

Algunos padres y familiares particularmente patrióticos adelantaban el cuerpo sobre las tribunas hacia los soldados que pasaban y aplaudían como en un palco taurino. La vehemencia roja y amarilla de las banderas y de las arengas tenía un sabor hiriente de fiesta nacional, de un rojo y un amarillo excesivo, como un guiso con demasiado pimentón y demasiado colorante. Era la retórica del africanismo, de las litografías de la conquista de Tetuán, la retórica corrupta, incompetente, chulesca y beoda del ejército de África en los años 20; era la brutalidad exhibicionista de la legión inventada por Millán Astray, con su mezcla de mutilaciones heroicas y sífilis, y al mismo tiempo la brutalidad fría, casta, y católica, de la legión mandada por el general Franco en Asturias en 1934, la misma capacidad de odio combinada con un lirismo polvoriento y tardío de teatro romántico y una catolicidad intransigente, gallinácea, de mesa camilla y santo rosario.

El punto máximo de aquella retórica era la eliminación de toda palabra articulada: se propendía, en las arengas, al grito afónico, y en las órdenes, al ladrido y a la onomatopeya. En las tribunas, a varios grados bajo cero, los elementos más fachas del público adelantaban el cuerpo para aplaudir. Eran los fascistas biológicos, los excombatientes coriáceos, los taxistas de patillas largas y canosas, camisas remangadas y brazos nervudos con tatuajes legionarios que mordían el filtro de un ducados o de uno de esos puros que vendían entonces provistos ya de una boquilla de plástico blanco. La *p* de España restallaba en los vivas de rigor con la contundencia de un disparo.

Yo pasaba marcando el paso, con mi fusil cetme al hombro, con los dedos rígidos bajo los guantes blancos del uniforme de gala y los pies helados en las botas, a pesar de los calcetines dobles y las bolsas de plástico con que los había forrado siguiendo los consejos de los veteranos, y más que miedo lo que tenía era una sensacion de extrañeza sin límite. Todos aquellos individuos, cuyo retrato robot encarnaría años más tarde el hermano mayor de Alfonso Guerra, tenían hijos o yernos en el campamento, y muchos habían viajado mil kilómetros para no perderse la jura de bandera, acompañados, en los autocares, por turbulentas familias en las que no faltaban las madres emocionadas ni las vagas abuelas con pañolones negros atados bajo la barbilla. Según el páter, que era como llamaban los militares al capellán castrense, con una mezcla de campechanía y de latín, la jura de bandera había de ser tan definitiva para nuestra españolidad como lo había sido la primera comunión para nuestro catolicismo. Rugía en las tribunas y en los altavoces un patriotismo de coñac, una bestialidad española taurina y futbolística, y uno estaba en medio de aquello, desfilando, ajustando el paso al ritmo del himno legionario, sintiendo el frío de la culata del fusil bajo la tela blanca de los guantes, pues era día de gran gala y llevábamos guantes blancos, correajes relucientes, hebillas doradas, y nuestras botas habrían brillado como espejos, según quería nuestro capitán, de no haber sido por el barro de nieve sucia en el que chapoteábamos.

En el estrado, bajo la nieve, que volvió a arreciar después de la misa y del desfile de la jura, declamaba afónico el coronel del campamento, y era posible que al día siguiente algún periódico trajera en titulares alguna frase particularmente golpista de su arenga. En esa época, tan lejana ahora, que de una forma suave y gradual se nos ha ido volviendo inimaginable, los coroneles aprovechaban las juras de bandera y cualquier clase de solemnidades militares para asustar y desafiar al gobierno, para difundir no amenazas exactas, sino sugerencias que resultaban más inquietantes y amenazadoras todavía. Al día siguiente, en los periódicos demócratas, las arengas de los militares merecían algún titular escalofriante, y los periódicos fascistas hablaban con entusiasmo de una vibrante alocución.

A mi lado, ajeno por completo a la homilía patriótica del coronel, un recluta gordo, de la provincia de Cáceres, que había aceptado sin mayor quebranto la ignominia de ser relegado durante varias semanas al pelotón de los torpes, se zampaba sigilosamente un bocadillo de chorizo, sin perder la compostura, sin mover casi las mandíbulas, conteniendo con dificultad el ruido pastoso de su masticación. Por la barbilla marcialmente levantada le bajaba despacio un hilo de grasa rojiza. Al terminar el acto de la jura nos dieron un banquete desaforado, con manteles blancos y menús impresos en cartulina, como en las bodas, una comilona de langostinos con mayonesa, ternera en su jugo y melocotón en almíbar, culminada con café, puro cimarrón y copa de coñac apócrifo, y entre el vino y el coñac, el ruido de las voces, la hartazón de la comida después de tantas hambres, y sobre todo la seguridad de que nos íbamos a marchar de permiso para toda una semana, nos entraba un mareo excitado, un atontamiento de camaradería y conformidad, y casi todos nosotros nos gastábamos bromas y decíamos barbaridades empleando ya el lenguaje cuartelario con una fluidez de idioma recién aprendido.

Nos íbamos de permiso en cuanto acabara la comida. Los autocares se alineaban en las explanadas de instrucción y algunos de nosotros nos hacíamos fotos colectivas sosteniendo el puro entre los dientes, pasando el brazo por los hombros de otros soldados a los que probablemente no veríamos más. Durante horas eternas viajaríamos hacia el sur en aquellos autocares procurando no pensar que no nos habíamos librado del ejército, que los seis días del permiso se nos pasarían sin notarlos, que cuando viajáramos de regreso al cuartel donde nos habían destinado empezaríamos de verdad la mili.

Pero ya hace mucho que no sueño casi nunca con que vuelvo al cuartel. Será que el ritmo de nuestra inconsciencia es mucho más lento que el de nuestra razón, y que las cosas, en ella, tardan mucho más en llegar a existir y luego a olvidarse, igual que el agua del océano es mucho más lenta que la tierra en el progreso del calor del verano o del enfriamiento invernal. Igual que sueña uno que vuelve al ejército sueña con una mujer de la que no se acordaba desde hacía años, y al despertar se da cuenta de que el sueño es la prehistoria íntima de cada uno, y que sus imágenes tienen por eso la delicada exactitud y la antigüedad prodigiosa de una criatura o de una planta fósil. Quién sabe adónde viajará uno cuando cierre los ojos, a qué centro de la tierra, en qué submarino ha de navegar las oscuridades de la propia alma, y escribo deliberadamente alma porque me suena mejor que subconsciente y porque ya va uno cansándose de psicoanalismos.

Uno no es responsable de lo que sueña, y a veces tampoco de lo que escribe, o más bien de lo que siente en cada ocasión que puede escribir: una mañana nublada de principios de marzo, en Virginia, me encontré acordándome de la oficina militar de San Sebastián en la que había trabajado cuando volví del permiso de la jura, y de los cielos nublados que se veían desde la ventana, y las dos imágenes, separadas por más de una década y por todo un océano, resonaron o se correspondieron entre sí en una semejanza inesperada. La soledad y el silencio de mi habitación monacal de Virginia se parecían a los de aquella oficina en las mañanas invernales de domingo, cuando el cuartel estaba casi vacío y yo aprovechaba aquella quietud para ponerme a escribir en una hermosa Olympia con la carrocería de color de bronce, dura y curvada como un casco de guerra. En vez de la hoja de papel yo tenía ahora frente a mí la pantalla luminosa del ordenador, pero el espacio en blanco era el mismo, el espacio en blanco y también el desaliento, el miedo a no saber llenarlo de palabras, a no encontrar la primera palabra que siempre es un ábrete sésamo y trae consigo a todas las demás.

Así que era posible que uno no cambiara tanto como creía, y en tal caso los sueños de regreso al ejército contenían una parte de razón. El soldado de veinticuatro años sobrevivía en mí, que aún sigo queriendo escribir libros y me muero de miedo al principio de cada página. La oficina militar, como la habitación de Virginia, era un lugar ajeno al mundo y a las normas cotidianas del tiempo. El tiempo verdadero se había interrumpido la noche en que tomé el tren hacia el norte, en octubre de 1979, y también cuando en enero de 1993 subí a un avión que me llevaría a América. Y en ese espacio despojado, en ese tiempo neutral, yo debía o deseaba en ambos casos edificarme una isla, un lugar protegido y cancelado donde emprender esa tarea que uno siempre está emprendiendo por primera vez aunque haya escrito y publicado diez libros.

No había identidad ni pasado en la habitación de Virginia ni en la oficina del cuartel, no había equipaje ni memoria. Lo que uno hubiera hecho hasta entonces no importaba, no le serviría de salvación ni de excusa. La vida anterior, los libros anteriores, no existían. Había que empezar otra vez, y abstraerse delante del ordenador de modo que la noche llegara sin que me diese cuenta. La penumbra del atardecer era la misma en Virginia que en San Sebastián, y la reverberación violeta de la pantalla del ordenador me hacía acordarme del papel volviéndose más blanco y más vacío en la máquina de escribir a medida que progresaba la noche y yo no encendía la luz eléctrica en la oficina para no descubrirle a nadie mi presencia. Por entonces, unos meses después de mi llegada al cuartel, yo ya no era un lamentable recluta, sino casi un veterano, y me había organizado la vida con un cierto confort, en mi calidad privilegiada de oficinista, o de escribiente, como decían los militares, con un arcaísmo que a mí no me desagradaba.

En San Sebastián, en el regimiento de cazadores de montaña Sicilia 67, en aquel mundo desastrado y hermético, entre la brutalidad, la disciplina, el ruido de botas y fusiles, el embotamiento diario, la extenuadora paciencia de seguir aguantando para tachar otro recuadro en el almanaque, yo me encerraba con llave en la oficina de la compañía para instaurar una tregua, para inventar el espacio lacónico de la habitación que he buscado siempre: paredes vacías, una mesa, una silla de respaldo recto, una ventana, un teclado sobre el que escribir. En los sueños todo se vuelve simultáneo, pero tal vez en eso, que nos sorprende tanto, es en lo que los sueños más se parecen a la realidad.

Hacía mucho que no soñaba con que volvía al cuartel, pero la sensación de aislamiento y de lejanía que encontré en Virginia, el silencio que se iba extendiendo cada noche a mi alrededor, en el bosque que había al otro lado de la ventana, como un océano de oscuridad, se parecieron mucho al aislamiento, a la lejanía y al silencio que iban creciendo en el cuartel cada noche, al mismo tiempo que se levantaba la niebla sobre el río Urumea. Quizás sólo sea posible escribir sobre ciertas cosas cuando ya apenas pueden herirnos y hemos dejado de soñar con ellas, cuando estamos tan lejos, en el espacio y en el tiempo, que casi daría igual que no hubieran sucedido.

II.

En la infancia de uno la mili formaba parte de las mitologías inciertas de la vida adulta. La mili era una palabra rara que algunas veces oíamos repetir con reverencia y misterio, una región de leyenda en el pasado de nuestros mayores, un tiempo ajeno y anterior al que nosotros conocíamos en el que habían vivido lejos y vestido uniformes, en el que habían manejado no las herramientas cotidianas de trabajo sino armas de fuego, como los héroes de las películas o de los relatos de la guerra.

La mili, según se la oíamos contar a los adultos, era una especie atenuada de guerra en la que no moría nadie, una geografía de lugares remotos que se llamaban Fernando Poo, Sidi Ifni, Tenerife, Infantería motorizada, un mundo tan novelesco y ajeno como el del cine, pero con una densa emoción de realidad: pistolas, bayonetas, machetes, fusiles, ametralladoras, cañones, todas las palabras que habíamos aprendido en las películas de guerra o en los tebeos entonces célebres de Hazañas Bélicas las repetía en casa algunos de nuestros parientes, incluso nuestro mismo padre, y aquello daba a sus narraciones un aliciente de aventura verdadera, y a ellos, a sus voces, a sus caras de siempre, una cualidad de excepción y heroísmo.

La mili era que uno de mis tíos desapareciera durante largo tiempo de la casa, y que yo sólo me diera cuenta de su ausencia cuando al cabo de los meses llegaba una foto suya en blanco y negro y una carta escrita sobre cuartillas rayadas. La cara de la foto apenas se parecía a la de mi tío: era una cara como más decidida o más adulta de lo que yo recordaba, con los dientes o la sonrisa más grandes, con un extraño gorro del que pendía una borla caído sobre las cejas, con las sienes rapadas. A lo mejor la figura sostenía un fusil, y eso era ya lo que la volvía más extraña y más admirable, el fusil y las botas militares, negras y rudas, el cinturón de hebilla metálica que le ceñía el uniforme, aunque también la actitud en la que habían posado para la foto: las piernas abiertas, el gorro con borla sobre la frente, los pulgares incrustados en el cinturón, una media sonrisa como de jactancia y orgullo, la misma que repetían después en la foto de estudio que enviaban a la madre y a la novia, y en la que la cara, inclinada, en escorzo, tenía una cualidad lisa y brillante de cera en blanco y negro, un resplandor ligeramente neblinoso, como de estampa de actor de cine.

Era posible que detrás de la figura apareciese un monumento célebre, una estatua de mármol, una arboleda que resultaba ser el parque de María Luisa, una extensión de agua que no era el mar, como mi ignorante imaginacion sugería, sino el estanque del Retiro. Mi abuelo o mi madre leían en voz alta y lenta la carta y mi abuela lloraba, y yo no podía entender la razón de su llanto ni el vínculo entre ese soldado sonriente de la foto y mi tío, al que por lo demás, con esa incapacidad de la infancia para conservar lealtades y recuerdos precisos, ya había olvidado.

La mili era una maleta grande de madera que rondó mucho tiempo por las alacenas de la casa, una maleta hueca, grande, angulosa, la más grande que yo había visto en mi vida hasta entonces, tan grande como un baúl, como un mueble: la maleta de madera que les daban a los soldados hace treinta años, con sus ángulos agudos, sus cierres metálicos, el dibujo de las acanaladuras de la madera, que yo seguía atentamente con los dedos y con la mirada, sumergido en un hipnotismo semejante al de las manchas de humedad de una pared o al de los dibujos inacabablemente repetidos de una cortina. Aquella maleta la había traido mi tío Manolo de la mili, de un sitio que a veces se llamaba Melilla y a veces África, al que había llegado navegando en un barco y donde había pasado una eternidad, ya que el único permiso que le dieron no pudo aprovecharlo por falta de dinero para hacer el viaje. Volvió muy moreno, con una chaqueta oscura y una camisa abierta sobre el pecho, con el pelo muy corto, con un desahogo como de legionario o de indiano, desconocido para mí, y mientras mis abuelos, mi madre y mis otros tíos se abrazaban a él en el portal y lo besaban entre lágrimas al cabo de dos años de no verlo yo miraba la superficie de la maleta, los extraños dibujos que se formaban en ella, su hermoso volumen geométrico, su materialidad de madera y metal, su condición posterior de cofre o cavidad mágica de la que mi tío fue sacando ecuánimes y modestos regalos para cada uno de nosotros.

Los primeros días, tras su regreso de la mili, los adultos, mis tíos, conservaban aquel aire de veteranía y heroísmo, aquella excepcionalidad con la que ocupaban un lugar en la casa, en la cocina, charlando junto al fuego, en la mesa, a la hora de la comida, cuando les hacían arroz con conejo y les servían las mejores tajadas, hablando incluso con un acento extraño, que se les había pegado en el ejército y que tal vez ellos exageraban por un deseo instintivo de singularidad. O hablaban más alto o era que la casa, desacostumbrada a sus voces, las repetía con ecos desconocidos, más intensos, como los de las voces de una película oída desde lejos, sonando en la noche de julio en un cine de verano.

Podían volver muy morenos, con un bronceado como tropical o marítimo, casi dorado, más llamativo todavía en aquellos tiempos en los que nadie tomaba el sol por gusto ni veraneaba frente al mar, sin la opacidad huraña y seca que daba el sol del trabajo a la piel de los hombres. Podían volver más blancos, y eso les añadía otro prestigio, como el de las manos cuidadas y sin callos, un prestigio de oficinistas y de curas, de gente que engordaba saludablemente sin necesidad de martirizarse bajo el sol. Luego se iban volviendo solubles en la vida común, guardaban para siempre la camisa de picos abiertos y la chaqueta liviana que habían traído del ejército, iban perdiendo el color tostado y africano de la piel o la blancura suave de las manos, y ya no era que volviesen a la vida que dejaron antes de marcharse al cuartel, sino que se habían hecho bruscamente mayores, que habían envejecido, que estaban atrapados por el trabajo y el tedio de la vida adulta, noviazgos y misas de domingo por la mañana, trajes oscuros en Semana Santa y en el Corpus, bodas, hijos, talleres mecánicos, barriga, calvicie, y sus relatos militares, los mismos de aquel primer día en el portal, o de la primera comida de arroz con conejo y sangría para la celebración, se les iban gastando, se les estropeaban igual que los dientes, exactamente igual que se les había gastado y estropeado la vida, no por una crueldad particular del destino, sino porque las cosas eran irremediablemente así, y lo mismo que había un tiempo para que el pelo encaneciera o se cayera y para que a los hijos empezara a cambiarles la voz había existido otro tiempo prodigioso de descubrimientos, audacias y viajes que era el de la mili, la primera y la última vacación que se tomaban en la vida.

Porque aún seguían hablando de la mili, al cabo de los muchos años, y ya eran víctimas de una nostalgia mecánica que encontraba su resonancia en mi propia memoria de testigo, en mis recuerdos de infancia: aquellas cartas sobre hojas rayadas, aquellas fotografías, las cartillas militares, el aire de novedad que traían los mayores al volver del cuartel, el romanticismo del héroe que vuelve, que nunca es más héroe que cuando vuelve y que sin embargo perderá su heroicidad por culpa del regreso. Venían cargados no de trofeos sino de narraciones y de nombres, volvían de aquel viaje y ya no se marchaban nunca más.

Las fotos de uniforme, guardadas en los cajones, perdidas entre los papeles y las mantelerías de aquella casa en la que nunca hubo álbumes de fotos, y en la que por tanto una lata de cacao o un sobre vulgar podían convertirse en yacimientos de recuerdos, se iban volviendo con el paso del tiempo más heroicas y más tristes, como tesoros olvidados de una juventud que sólo pervivía en ellas. Allí estaba mi tío Manolo guiñando los ojos bajo el sol de África, posando junto a los bardales de la granja donde pasó toda la mili, y de la que hablaría inagotablemente en sus conversaciones futuras, como si recordara una isla en la que había sido feliz después de un naufragio: delgado, con el pelo negro, crespo y abundante, con una sonrisa de dientes grandes y sanos, inalterablemente joven en la foto mientras envejecía y engordaba y se quedaba calvo en la realidad y sólo volvía a parecerse un poco a quien había sido en aquellos años después de ponerse una dentadura postiza; allí estaba mi padre, su carnet militar fechado en 1949, el desconcierto de su cara de adolescente vulnerable, sus ojos asustados, el cuello de celuloide blanco del uniforme haciéndole levantar la barbilla, los labios finos y apretados en un gesto que iba a repetirse treinta años más tarde en mis fotos de recluta.

Mi padre había hecho el servicio militar en Sevilla, y guardaba de aquella ciudad un recuerdo maravillado y adánico, como el de la granja con umbrías de oasis de mi tío Manolo, uno de esos recuerdos en voz alta que se transmiten a la imaginación de quien los escucha, haciéndole después acordarse vívidamente de lo que no ha visto nunca.

En la mili mi padre había hecho amistad con un sargento que lo protegió mucho, y con el que continuó escribiéndose durante años, y lo volvió a ver en Sevilla cuando yo ya estaba lo bastante crecido como para tener un recuerdo exacto de aquel viaje. Tantas veces le oí repetir con devoción y amistad el nombre de aquel sargento que aún lo recuerdo: don Santiago Simón Rodrigo, un nombre rotundo, de personaje militar, ajeno a nuestros nombres y apellidos comunes, tan raro como los nombres de los futbolistas o el del Cid Campeador del que tanto nos hablaban en la escuela, don Rodrigo Díaz de Vivar. En su regreso a la Sevilla de sus veintiún años mi padre llevó consigo a mi madre, en el tren, y cuando ya se acercaban a la ciudad la hizo asomarse por la ventanilla para que viera los palmerales del río y la Giralda y le dijo:

—Fíjate, Sevilla, con lo grande que es, y también está en medio del campo.

No sólo había en los archivos dispersos de la casa alguna foto militar de mi padre. Había también una postal que le envió a mi madre desde el cuartel, y en la que se dirigía a ella llamándole apreciable Antonia. Yo creo que mi padre no había utilizado nunca ese adjetivo hasta entonces, y que desde luego ya no lo ha vuelto a utilizar. Sin duda lo copió de algún epistolario amoroso de los que circulaban todavía en su juventud, y es posible que eligiese el modelo de carta con la misma atención con que eligió la postal. Era una postal en blanco y negro, y a mí me gustaba mucho mirarla porque aparecía un hombre vestido de centurión romano, con falda y coraza labrada y un morrión posado junto a él en una mesa de mármol. El centurión, de piernas fuertes y peludas, le sonreía hechizadamente a una mujer que medio estaba abrazándolo y pasaba un plumero por su casco labrado, una rubia o pelirroja de melena larga y peinada como la de Verónica Lake, con la sonrisa y la mirada oblicuas de Lauren Bacall, con una túnica ceñida a la cintura que descubría un hombro y que se abría oportunamente hasta la mitad de uno de sus muslos: parecía atenta al mismo tiempo a la limpieza impecable del casco y al modo en que el centurión percibía la sugerencia sicalíptica del plumero. Lo chocante del hombre era que no llevaba el pelo cortado como los romanos de las películas, sino exactamente igual que mi padre y que casi todos los hombres de entonces, ondulado, corto y con brillantina, y que además usaba un bigote de pincel, como el de Robert Taylor.

Con ese intenso erotismo infantil que tan precozmente lo conmovía a uno en la proximidad misteriosa de la piel o de los olores femeninos, en la visión rápida de una desnudez, yo buscaba aquella postal por los aparadores y las alacenas y entre las fotos amontonadas en cajas de cacao, y siempre me sorprendía como un enigma el modo ensimismado en que se miraban el hombre y la mujer y me gustaba mirar aquel hombro blanco y redondo que emergía como un fruto de la túnica, aquella pierna ligeramente flexionada cuya rodilla tal vez rozaba la del centurión con una suavidad no menos delicada y soliviantadora que la del plumero. Pero lo que menos entendía de todo era la leyenda que había escrita en letra cursiva en la parte inferior de la postal:

De los antiguos proviene
el pulcro culto a la higiene.

La mili, o el servicio, como le llamaban las personas de más edad, eran no sólo las fotos, sino también las palabras que traían consigo los soldados al licenciarse, palabras desconocidas y excitantes, que volvían más atractivas las historias que contaban, al principio ante la familia entera, alrededor de la mesa camilla, y luego, cuando se iban gastando, a mí, que las escuchaba sin entenderlas, que no sabía lo que significaba brigada ni batallón ni regimiento de sanidad, y que cuando me hablaban de un arma peligrosa llamada mortero imaginaba el mortero de loza amarilla que mi madre manejaba en la cocina, y lo suponía agrandado hasta una dimensión amenazante, y hecho de acero, o de hierro, pero con una forma idéntica a la del mortero que yo conocía.

Uno empezaba a intuir que la mili, como el tabaco, como los pantalones de pana, el vino bebido a porrón, la penumbra alcohólica de las tabernas, las varas de varear la aceituna, la pasión enronquecida por el fútbol, era un asunto absoluta y herméticamente masculino, igual que la costura, las alcobas o la preparación de borrachuelos pertenecían a las mujeres. La mili resultaba excitante pero también temible, porque uno se sentía destinado a ella en su calidad de varón, y eso lo hacía parecerse a sus mayores, pero el miedo, en mi caso, era más fuerte que la atracción hacia lo que había de agresivo y despiadado en el mundo de los hombres.

Los gritos al amanecer, las sogas hiriendo las palmas de las manos, los sacos de aceituna cargados a la espalda, el olor agrio del sudor en la ropa, el aliento a vino y a tabaco, las caras con un gesto de violencia y dolor, la grasa de las máquinas: todo eso era, junto al ejército imaginado, el mundo masculino, y uno, de niño, se asomaba a él y transitaba por su cercanía con una sagacidad y una atención entre fascinada y asustadiza, como de gato que cruza entre los seres humanos y lo mira todo y pasa de largo sin interesarse demasiado.

Gatunamente deambulaba el niño entre las vidas adultas de los hombres y las de las mujeres, como si caminara por los barrios cambiantes de una ciudad que todavía no conoce bien, y de una manera gradual, a medida que crecía, iba eligiendo uno de aquellos dos mundos, o iba descubriendo que pertenecía a él, y que en consecuencia llegaría un tiempo en el que sus vagabundeos ya no iban a estar permitidos: se haría adulto y se iría a la mili, exactamente igual que sus tíos, y cuando volviera también él contaría historias que ya de antemano inventaba, porque era extremadamente novelero, zurciendo fragmentos de las que su padre o sus tíos le contaban.

Los relatos de la mili tenían todo el misterio de la masculinidad adulta, y también su literatura tonta y chapucera, como de película barata o de conversación sobre mujeres en un bar, porque al fin y al cabo eran eso, películas de bajo presupuesto para un público lamentable que consistía exclusivamente en mí, películas que circulan por los cines de reestreno después de haber fracasado o de haberse pasado de moda en los más céntricos. Entre los ocho y los doce años casi siempre dormí en el mismo cuarto que alguno de mis tíos. La diferencia de edad los convertía en personajes inalcanzables, en modelos de lo masculino y héroes benévolos que igual me levantaban de una brazada hasta tocar el techo o me contaban en la oscuridad del dormitorio, desde la otra cama, una película del oeste que acababan de ver o una de las aventuras que les sucedieron en la mili. Aún no habían perdido ellos su vehemencia al contarlas ni yo el entusiasmo de la imaginación infantil. Mi tío Manolo imitaba el habla de los árabes que solían visitarlo en aquella granja casi en la frontera de un desierto donde pasó dos años, silbaba separando mucho los labios para fingir el rugido de las tormentas de arena, daba golpes en la pared, sobre la cabecera de su cama, entre los barrotes, para sugerir un galope de caballos.

Mi tío Manolo me enseñaba a imaginar el desierto. Mi padre me mostraba una cicatriz que tenía en el cuello y me explicaba que se la había hecho el sable de un moro en las selvas de Fernando Poo. Mi tío Pedro hablaba de Madrid, cuyas avenidas, edificios, parques y túneles de Metro no eran menos fantásticos que los arenales del Sáhara. Mi tío Pedro había servido como cartero en un Regimiento de Defensa Química, y me repetía orgullosamente de memoria los nombres de cada una de las estaciones del Metro de Madrid, por las que aprendió a moverse, con su cartera del correo al hombro, con la misma familiaridad y la misma audacia que un explorador por la selva amazónica. Ser cartero me parecía a mí un oficio admirable. Que uno de mis tíos lo hubiera sido, aunque transitoriamente, no dejaba de darme un cierto orgullo, tal vez del mismo linaje que el de mis compañeros de escuela cuyos padres eran oficinistas o policías municipales.

A mi tío Pedro lo que más le gustaba contar era la historia de cómo había descubierto en el cuartel al verdadero responsable de un robo por el que estaba siendo acusado un inocente. Era la joya de sus narraciones militares, la obra maestra de sus recuerdos en voz alta, la más cuidadosamente graduada para conseguir un efecto de suspenso que se repetía sin gastarse casi cada noche, en la oscuridad de nuestro dormitorio.

De la estafeta del cuartel había desaparecido una fuerte suma de dinero en certificados, y a un compañero de mi tío lo consideraron culpable y lo enviaron al calabozo. Mi tío, como los abogados jóvenes y bondadosos de las películas americanas de juicios, estaba seguro de que aquel soldado era inocente, y de que el culpable era otro, un sujeto frío, atravesado y cínico, con granos en la cara, que reunía todos los rasgos odiosos de los malvados del cine. Al inocente le iban a formar un consejo de guerra, el culpable permanecía indemne y disfrutando los beneficios de su robo. De pronto, in extremis, mi tío obtuvo la prueba que necesitaba: una hoja de papel carbón en la que estaba impresa la huella de una bota, tan acusadora y precisa como una huella digital. Se presentó valientemente con ella al capitán, se cuadró ante él (eran siempre relatos muy ricos en esa clase de detalles circunstanciales) y le dijo la verdad: la huella en la hoja de papel carbónico coincidía irrefutablemente con la suela de la bota izquierda del canalla.

—Gracias, Molina —había dicho el capitán, cuyo nombre, apellidos, carácter y apariencia completa detallaba en cada relato mi tío—, si no llega a ser por usted habríamos mandado a prisión a un inocente.

La mili era la literatura y la épica, el cine y el turismo de los pobres, la ocasión que les daban de asomarse a la geografía del mundo, de añorar la vida diaria y aprender lecciones de lejanía y desarraigo, de vivir por primera vez libres de la gran sombra masculina y agobiante del padre, de un padre que en aquellos tiempos también solía ser el patrón. En la mili aprendían a escribir cartas y a disparar armas de fuego, a distinguir las graduaciones de los oficiales y los calibres de las municiones, a tratar con desconocidos absolutos, lo cual para ellos era una grandiosa novedad, ya que en sus vidas, hasta entonces, apenas habían tenido ocasión de encontrarse con extraños. La mili era una ruda antropología pueblerina, un ritual de paso hacia una vida plena de varones adultos, y a nadie se le ocurría quejarse de ella, en parte porque entonces a nadie se le ocurría quejarse de nada: librarse del servicio militar era un mal augurio, a no ser que uno fuera hijo de viuda, pues el que se libraba era que estaba tuberculoso o que tenía cualquier enfermedad oculta o no era lo bastante hombre. Lloraban las madres y las novias, llamaban por el teléfono de alguna vecina a los programas de discos dedicados de la radio para solicitar *Soldadito español,* pero aquellos llantos y suspiros sobre el bastidor de la costura, aquel riguroso encerrarse de las novias durante la ausencia de su prometido (prometido era una palabra que usaban mucho en los programas de discos dedicados) eran sobre todo pruebas o signos de una sentimentalidad femenina tan reglamentada y roturada como el coraje de los hombres.

Yo a veces me dejaba llevar por la inercia tonta de la imaginación y me veía a mí mismo convertido en soldado, galopando en el desierto con el velo azul de un turbante sobre la cara y un fusil a la espalda o esperando tras el bardal de una granja a que me atacaran los bandidos beduinos, pero otras veces tenía raros vislumbres de sentido común e intuía que la mili no iba a ser una novela, sino una cosa tan triste y tan interminable como la vida de un interno en un colegio de curas, una experiencia de brutalidad tan dolorosa como la de casi todos los juegos infantiles de la calle donde yo vivía, y en los que invariablemente salía perdiendo: los mayores, los más fuertes, los más vivos y ágiles, abusaban siempre de los débiles, es decir, de los que eran como yo. En mi calle, como en el ejército, se jugaba a la guerra, y había héroes violentos que asustaban a los más apocados y batallas de estacazos, gritos y pedradas de las que algunos huíamos con una anticipada sensación de ignominia y vergüenza. Yo no podía saber entonces hasta qué punto mi intuición era cierta: la mili, cuando llegara, iba a parecerse mucho no a las historias embusteras que me habían contado mis tíos y mi padre, sino a aquella angustia, a aquella tristeza ilimitada y monótona de la cobardía infantil, a la vulnerabilidad de no atreverme a salir a la calle por miedo a que los más grandes me pegaran, a la conciencia humillada de no ser fuerte ni temerario ni ágil.

Yo no sabía que en realidad se cambia muy poco desde los primeros años de la vida, y que ya entonces, en mi calle, donde durante mucho tiempo fui como un emboscado cobarde, habría podido señalar entre los niños del vecindario a los que disfrutarían de la mili y clasificarnos a cada uno de nosotros en los modelos que tantos años después iba a encontrar: el chulo, el chivato, el asustado, el silencioso, el leal, el lacayo, el entusiasta de la violencia practicada por otros, el que lamerá el polvo ante los vencedores y hará escarnio de las víctimas. La infancia posee una capacidad de obtener sufrimiento de la imaginación que los adultos luego no recuerdan: yo me consolaba pensando que todavía me faltaban muchos años para irme a la mili.

III.

De pronto se había extinguido aquella eternidad de tiempo futuro como una fortuna dilapidada por un heredero que la suponía inagotable y que de un día para otro se encuentra en la ruina: de pronto había llegado octubre de 1979, yo era tan plenamente adulto como mis tíos cuando me contaban sus aventuras cuartelarias y estaba a punto de irme a la mili, y no a cualquier parte, sino al País Vasco, a Vitoria, al Centro de Instrucción de Reclutas número once, asaltado unos meses antes por un comando de etarras que no tuvieron gran dificultad en desarmar a los soldados de guardia y robarles los cetmes.

Desde que supe adónde me había destinado mi mala suerte yo compraba cada mañana el periódico o conectaba la radio o el televisor a la hora de las noticias con un agudo presentimiento de alarma y algunas veces de pavor: casi diariamente explotaban bombas y morían asesinados oficiales del ejército, policías y guardias civiles, y se veía siempre un cadáver tirado en la acera en medio de un charco de sangre y mal tapado por una manta gris, o caído contra el respaldo en el asiento trasero de un coche oficial, la boca abierta y la sangre chorreando sobre la cara, una pulpa de carne desgarrada y de masa encefálica tras el cristal escarchado y trizado por los disparos. Se veían luego las imágenes de los funerales, los ataúdes negros cubiertos por banderas, llevados sobre los hombros de oficiales en uniformes de gala, se oían los gritos de los jóvenes fascistas que saludaban el cortejo fúnebre alzando el brazo a la romana, extendiendo manos cubiertas por guantes negros hasta erizar el aire sobre las cabezas de los parientes enlutados de las víctimas.

Gafas negras, abrigos oscuros de pieles, fajines, gorras de plato con estrellas doradas, caras de rabia, de ira muerta, de odio, declaraciones oficiales de serenidad: después de cada crimen pensábamos que los militares ya no aguantarían más y que estaba a punto de sobrevenir un golpe de estado. Su presencia obsesiva nos daba la sensación de vivir en libertad condicional, en una libertad exaltada, quebradiza, en peligro, minada por las presiones del ejército y asaltada a diario por las salvajadas de los terroristas. Los grandes galápagos de la jerarquía militar tenían algo de dioses inescrutables e iracundos que en cualquier momento podrían fulminarnos. Se hablaba mucho entonces de ruido de sables: de vez en cuando se publicaban rumores sobre conspiraciones, o se murmuraban nombres que no llegaban a aparecer en los periódicos, o que surgían en los diarios golpistas como torcidas sugerencias de complots. Por debajo de la fiebre incesante de las novedades y las contiendas políticas, de las manifestaciones, de las huelgas, de las campañas electorales, de aquel aturdimiento de tiempo acelerado y trastornado en el que vivíamos y de la incertidumbre sobre el porvenir hacia el que tan velozmente estábamos siendo empujados, había como un espacio de silencio y de miedo, un crepitar sordo y monótono de especulaciones y sospechas, un desasosiego permanente que algunas veces se volvía tan irrespirable como la expectación de una tormenta.

A finales del verano de 1979 yo contaba los días de libertad que me quedaban y no sabía imaginarme cómo iba a ser mi vida cuando terminara aquella tregua. Veía en el periódico la foto de un general asesinado y pensaba que el ejército se iba a sublevar cuando yo hubiera ya ingresado en filas. Más allá de la superficie de normalidad de las cosas diarias había un límite de abismo que las volvía al mismo tiempo más valiosas y del todo irreales. Abría los ojos al despertarme, miraba en el balcón la luz húmeda y violácea de aquel otoño y pensaba: tal vez la semana que viene, a esta misma hora, ya estaré en el cuartel. Una mañana, a principios de octubre, llamaron a la puerta y un hombre de uniforme me entregó una citación: pero la fecha mecanografiada que leí con un sobresalto de angustia en el pecho no era aún la de mi viaje, sino la del día en que se me ordenaba ir a la Caja de Recluta para que me entregaran el petate.

El petate era la primera señal indudable de que aunque todavía no hubiéramos llegado al cuartel ya pertenecíamos al ejército. El petate era el primer objeto militar que tocábamos, y desde el principio comprendíamos que en aquella lona verde y recia estaba toda la materialidad del tiempo que nos esperaba, no las imágenes abstractas, no las leyendas inventadas por el miedo sino la textura primordial de nuestro porvenir durante más de un año. En la oficina de reclutamiento nos daban un papel al que llamaban pasaporte y un billete de tren para unos días más tarde, pero si no nos hubieran dado también el petate habríamos podido imaginar, al salir a la calle, a las evidencias de la realidad civil, que en esos pocos días aún nos era posible vivir como habíamos vivido hasta entonces, que éramos iguales a cualquiera que se cruzara con nosotros, pues aún vestíamos de paisano y técnicamente no estábamos sometidos a la jurisdicción militar. Pero el petate, que llevábamos bajo el brazo, vacío, o echado livianamente al hombro, ya nos contaminaba sin remedio y nos hacía saber cómo serían los olores de los meses futuros, el color del mundo, un verde olivo sucio, el tacto áspero de la vida diaria.

El petate, usado muchas veces por otros, tal vez por generaciones de reclutas, olía a desinfectante, pero sobre todo olía, de antemano, a cuartel, al aire rancio de los dormitorios masculinos, a ropa sudada y guardada luego sin lavar en taquillas metálicas. Pasar los dedos por la lona del petate, por las anillas de acero que lo cerraban, era tocar la ropa que vestiríamos a lo largo de más de un año y adivinar en el tacto del candado todo el escalofrío futuro de las armas de fuego: abrir el petate y asomarse a su fondo para guardar algo en él era asomarse al pozo oscuro del tiempo que nos esperaba, y al principio, cuando uno guardaba allí algo de ropa, le daba un escrúpulo de desconfianza y de higiene, un miedo a infectarse o a ser manchado por la mugre que hubiera dejado en el interior la ropa sucia de otros hombres, la ropa arrugada y sudada de generaciones de soldados. Salir de la Caja de Recluta era un breve alivio, una instantánea vacación, una tregua, porque ya nos habían tratado casi como si fuéramos militares, y un oficial nos había leído no sin torpeza los artículos mas brutales del código disciplinario del ejército, pero a los pocos minutos nos habían dejado marchar, y en el papel que llevábamos con nosotros había una fecha de varios días mas tarde, días para vivirlos con una avariciosa plenitud de libertad, disfrutando del aire, de los amigos, de la cama, de los bares, con la misma avidez con la que disfruta un amante de la mujer que lo abandonará dentro de unas pocas horas.

Salíamos de la Caja de Recluta, volvíamos a casa, intentábamos olvidar que cada hora nos aproximaba inapelablemente a la hora final, al principio negro del viaje hacia el norte, pero con nosotros iba el petate, verde oscuro, áspero, fuerte, con nombres y fechas escritos a bolígrafo que las lavadoras no habían podido borrar, con el nombre, el cuartel y el número de identificación de otro recluta al que nunca conoceríamos y que ya era como nuestro antepasado: alguien que había sobrevivido, que había contado los días como un preso, que también se habría estremecido de desagrado al tocar por primera vez el petate. Aquel olor ya se introducía invasoramente entre los olores de nuestra casa, del cuarto donde dormíamos, aquel tacto se agregaba al catálogo de las texturas y de las superficies que tocábamos y a las que muy pronto iba a sustituir: la lana de los jerséis, el lino, el algodón, el tejido resbaladizo y sintético. Muy pronto nuestra propia ropa ya nos sería ajena, y la guardaríamos durante semanas en el interior de una taquilla, y luego, cuando volviéramos de la jura de bandera, con el primer permiso, la amontonaríamos de cualquier modo en el petate.

Pero entonces nuestra ropa ya olería también a sudor rancio y a cuartel, y nuestros dedos no extrañarían la lona de esa bolsa que ahora cargaríamos con pericia sobre el hombro, del mismo color y casi de la misma tela que nuestro rudo tres cuartos y nuestro uniforme de paseo, al que llamaban los militares, nunca supe por qué, el traje de granito, y nosotros el traje de romano. Y cuando fuéramos a licenciarnos, el último día, el día inalcanzable, inimaginable, en el que nos entregarían la cartilla, la mitológica blanca, lo último que haríamos en el ejército sería entregar, y entregar quería decir en el lenguaje cuartelario devolver no sólo el uniforme de granito, el de faena, la gorra, los correajes y las botas, sino también el petate, que a esas alturas ya se había convertido en parte de nuestras costumbres y de nuestra indumentaria.

Entregaríamos el petate y saldríamos vestidos de paisano del cuartel, y el candado con el que lo estuvimos cerrando durante todo el año y con el que también cerramos la taquilla lo tiraríamos, según la costumbre establecida por la soldadesca en San Sebastián, a las aguas cenagosas del río Urumea, y por miedo a que nos llamaran, a que debiéramos volver aunque sólo fuera por unos minutos, apenas cruzáramos la puerta de salida echaríamos a correr como desesperados, y no nos detendríamos ni siquiera al cruzar al otro lado del puente. Cómo sería ese momento, se preguntaba uno cada día, cómo será salir corriendo y no volver, no vestir nunca más de soldado, no saludar ni obedecer ni desfilar ni cantar el himno de Infantería, ardor guerrero vibra en nuestras voces...

Le daban a uno lo que ellos llamaban el pasaporte y el petate y cuando uno llegaba a casa no sabía dónde guardarlo, dónde esconderlo para que no contaminara el aire y la ropa, como un invitado lúgubre, pesado y hostil, que olía a cuartel y a suciedad antigua, a ese olor de todos los lugares grandes, disciplinarios, cerrados y prioritariamente masculinos, con grandes espacios umbríos, los colegios de curas y las cárceles, los cines de programa doble, las estaciones de autobuses, las salas de espera de segunda clase, a las tres de la madrugada, con una desolación de mal sueño y de calcetines sucios.

—¿Te falta mucho para irte? —preguntaban los amigos.

—Nada. Ya he recogido el petate.

Asi que recoger el petate era una frase hecha, como estar en capilla, una declaración de que ya no había remedio ni tregua, pero tampoco incertidumbre: vivía uno en un perpetuo despedirse, en un adiós fragmentado, tortuoso y lentísimo, y todo el mundo le contaba con detalle su mili y le daba consejos: lo peor era el campamento, pero luego, en cuanto se lograba un destino, todo mejoraba, no había que presentarse voluntario a nada, ni decir que uno tenía estudios o sabía escribir a máquina, porque lo mandarían a limpiar los retretes, se pasaba mal pero a la larga uno se hacía un hombre, y los recuerdos de la mili quedaban siempre entre los mejores de la juventud, y las amistades que se forjaban en la mili eran indestructibles.

Lo malo era cuando me preguntaban que dónde me había tocado, y yo respondía que al País Vasco, a Vitoria, porque entonces la expresión de la cara solía cambiar no demasiado sutilmente, y había como un impulso de darme el pésame, de pasarme la mano por el hombro y decirme, venga ya, que no será tan grave: los vascos, le decían a uno para darle ánimos, eran muy brutos, pero muy buenas personas, y tenían la mejor cocina de España. Y si uno se quejaba de su mala suerte, porque había a quien le tocaba en sorteo su propia región militar, o una tierra menos turbulenta, no faltaba el veterano de Sidi Ifni, de Melilla o del Sáhara que contaba su mili en el desierto, o en Regulares, de modo que había que escuchar con atención educada y asentir al relato detallado de las calamidades, y escuchar los nombres de la mitad de los soldados y de los superiores de nuestro interlocutor, porque a todo el mundo le gustaba presumir de buena memoria repitiendo el nombre y los apellidos de un teniente coronel que resultó ser de Albacete, por ejemplo, o el de todos los compañeros de su batería.

No había pariente, amigo o conocido varón y de mediana edad que no lo afligiera a uno con la narración de sus aventuras militares, y no había nadie tampoco que no dijera habérselas arreglado con determinación y astucia para pasar una mili estupenda: preguntaban si uno llevaba algún enchufe y, al oír que no, movían la cabeza y luego aseguraban que ellos tampoco lo tuvieron, y que en el ejército vale más hacerse amigo de un brigada que estar directamente enchufado con un general. Por todas partes circulaba una sabiduría jactanciosa y como usada sobre el servicio militar, tan usada y tan rancia como el petate que acababan de darnos: la épica, la lírica, la sentimentalidad masculina de la mili, el archivo de todas las idioteces repetidas y gastadas a lo largo de generaciones, gastadas pero indestructibles, como la lona de los petates, digeridas y repetidas y molturadas igual que desperdicios en un camión de basura.

Todo el mundo contaba que en su cuartel había una piscina, un banco o un fusil que estaban arrestados, porque en la piscina se ahogó un soldado, o porque en el banco se sentó un general en uniforme de gala cuando acababan de pintarlo, o porque el fusil se le había disparado a alguien, o porque un mulo le dio una patada en el pecho a un caballero legionario. Todos, en el campamento, le habían oído decir a su instructor que las balas de cañón no caían al suelo en virtud de la ley de la gravedad, sino por su propio peso. Y había que reír la gracia, y que oírla como si no la hubiera oído uno nunca, y hacer como que uno creía que su interlocutor había visto personalmente el cartel en el que se notificaba el arresto de la piscina. Aparte de su pesadumbre, del peso como de un petate de plomo que uno llevaba sobre los hombros desde que había sabido el día exacto de la partida, era preciso aguantar aquella broza de chascarrillos y consejos, de anécdotas inolvidables, de artimañas infalibles para obtener buenos destinos. Y para concluir le daban a uno la palmada en el hombro y le repetían en una sola línea y como si se les acabara de ocurrir todo el acerbo de la sabiduría y de la experiencia militar:

—Y ya sabes: voluntario ni a coger billetes.

Y se quedaban tan frescos, con la conciencia tranquila, como si hubieran cumplido un deber pedagógico o una obra de misericordia, y a lo mejor remataban la faena contándonos no sin cierta intriga lo que le había ocurrido a aquel universitario que dio un paso al frente cuando el sargento de semana preguntó si había alguien en la compañía que supiera escribir a máquina...

Uno iba sospechando que aquello de la mili despertaba un feroz cretinismo universal, pero aún no sabía hasta qué punto el cretinismo era contagioso ni en qué medida se aliaba al instinto de docilidad heredado de la dictadura y una especie de mala leche nacional para hacer de casi cualquiera un aspirante a cabo de vara o a confidente y amigo del verdugo: dentro de uno mismo se conservaba intacto todo el miedo de la infancia y toda la vulnerabilidad de los diez y de los doce años, y también toda la sordidez de la agradecida obediencia. A los veintitantos años, recién instalado en la edad adulta, recién dispuesto a emprender una vida futura, ciudadano de una democracia parlamentaria, compañero de viaje durante algún tiempo, aproximadamente marxista, uno regresaba de pronto a lo más sombrío de su primera adolescencia, a las sotanas negras, a las caminatas en fila, incluso al terror de los artefactos gimnásticos, que ha sido uno de los más perdurables terrores de mi vida.

Pero aún iba vestido de paisano, aún no me había cortado el pelo ni afeitado la barba de estudiante rojo, y si no fuera por aquel petate que llevaba al hombro cuando volví de la Caja de Recluta en una mañana nublada de octubre nadie habría podido decir que unos días mas tarde iba a viajar a Vitoria, y que durante catorce meses vestiría un uniforme militar. Es posible que aquella misma noche, mientras cenábamos delante del televisor encendido, viéramos en el telediario las imágenes de un nuevo asesinato, de otro cadáver desangrado en una acera bajo una manta gris o recostado en el asiento posterior de un coche negro con los cristales hechos trizas.

Salí a buscar a mis amigos y bebí con ellos y fumé hachís hasta alcanzar un estado de perfecta ingravidez, una embotada indolencia debajo de la cual percibía el paso de los minutos y las horas como el tictac angustioso de un despertador que uno sigue escuchando cuando ya se ha dormido.

IV.

La mili empezó siendo un viaje en tren que no se terminaba nunca.

El tren no llegaba nunca, no iba a llegar nunca, apenas empezaba a cobrar velocidad y ya frenaba lentamente de nuevo, se detenía en una estación abandonada o en medio de un paraje desértico y nunca volvía a ponerse en marcha, y yo ya me acordaba de la madrugada anterior como si hubiera pasado mucho tiempo desde entonces, con esa sensación de lejanía inmediata con que recuerdan la noche recién terminada los que no han dormido. Había comenzado el viaje a las diez de la noche en la estación de Jaén, en un tren viejo y lento que iba lleno de reclutas, todos más o menos iguales a mí, con ropas civiles que muy pronto se quedarían tan deslucidas como las ropas de los deportados y con petates al hombro. Eramos una multitud hacinada y turbulenta, excitada por el viaje, enfebrecida colectivamente por el miedo, por la inercia de un gregarismo en el que acabábamos de ingresar y que ya nos afectaba sin que nos diéramos cuenta, en el modo en que empujábamos para abrirnos paso, por ejemplo, en los gritos con que alguien llamaba a un paisano que iba delante de él en el pasillo del vagón o se despedía de un familiar o de una novia.

Había madres rurales y enlutadas que lloraban con la boca abierta, como plañideras arcaicas, había novias vestidas y pintadas como para asistir el sábado a una discoteca de pueblo, había en el andén y en el vestíbulo de la estación y en el interior de los vagones un desorden como de evacuación o de catástrofe sobre el que resonaban las llamadas por los altavoces y los silbidos del tren provocando un estremecimiento de partida inminente, un recrudecerse de las lágrimas, los abrazos, los adioses, los aspavientos de los reclutas que asomaban medio cuerpo sobre las ventanillas bajadas o compartían en los coches de segunda botellones de cubalibre y de coñac, prolongando el tribalismo de las celebraciones con que aún se despedía a los quintos en los pueblos más perdidos de la provincia.

En las puertas de acceso al andén había soldados con cascos blancos de la Policía Militar que examinaban nuestros documentos y nos entregaban bolsas de plástico con bocadillos, o provisiones de boca, como aprendería yo luego que se llamaban en lenguaje militar. Cruzar esas puertas era un paso hacia el definitivo adiós, un grado más en la aproximación lenta y tortuosa a la disciplina del ejército, y cuando por fin el tren empezaba a ponerse en marcha, cuando miraba uno por última vez las caras de quienes habían ido a despedirle y le parecía que ya lo miraban de otro modo, lo ganaba un sentimiento de vacío y de vértigo, de alivio, casi de quietud, porque ahora sólo tenía que abandonarse al empuje y a la velocidad del tren y estaba en condiciones de descartar por igual la esperanza y la incertidumbre, el suplicio extenuador de la espera: desde el primer minuto del viaje el tiempo cambiaba su sentido y comenzaba la cuenta atrás, y ya era un minuto menos que faltaba para licenciarse.

Solo por fin, rodeado de extraños a los que sin embargo me unía un destino idéntico, de reclutas que eran dos o tres años más jóvenes que yo y tenían caras cobrizas de campesinos y manos grandes y rudas de mecánicos o de albañiles, melenas y patillas largas y pantalones acampanados de macarras de pueblo, yo me recostaba en el duro plástico azul de los asientos de segunda y me dejaba vencer por el aturdimiento de las voces y los crujidos rítmicos del tren, y aunque guardaba en el petate unos cuantos libros no me decidía a leer ninguno, no sólo por la incomodidad de ir hombro contra hombro en un espacio tan estrecho, empujado por los frenazos y las sacudidas, sino porque intuía que la lectura iba a ser una incongruencia, y que si sacaba un libro llamaría la atención. Ya notaba, muchas horas antes de llegar al campamento, un primer regreso a temores antiguos, y me amedrentaban los reclutas que gritaban más alto y los que se movían por los vagones con menos miramiento y más cruda determinación igual que muchos años atrás me asustaban los niños más grandes en la calle donde vivía y en los patios del colegio.

Pero no tuve tiempo de adormecerme del todo en aquel tren ni duró mucho el impulso que me conducía en línea recta hacia mi destino. Unos pocos de nosotros, los reclutas que por nuestra mala suerte o por algún designio de represalia política viajábamos a los lejanos centros de instrucción del norte, teníamos que bajarnos en la estación fantasmal de Espeluy y esperar en ella hasta las seis de la mañana a un expreso que nos llevaría a Vitoria. De modo que todo el coraje gastado en adioses, todo el enervamiento de las despedidas, de las órdenes metálicas en los altavoces, los silbidos, las sacudidas rítmicas de los enganches sobre los raíles, toda aquella escenografía fantástica de los trenes nocturnos había sido en vano, porque una hora y media después de subir al nuestro teníamos que bajarnos otra vez, prácticamente sin habernos movido, sin salir siquiera de las estepas con sombrías hiladas de olivos de la provincia de Jaén.

La estación de Espeluy es una de esas estaciones en las que ya paran muy pocos trenes y en las que hay antiguos almacenes de ladrillo desmantelados, o largos bardales de cal y de greda rojiza que tienen algo de tapias de cortijo y de cementerio. En esas estaciones los empleados del ferrocarril acaban adquiriendo un aire de desolación irreparable, unos ojos desengañados y ausentes que son los ojos con que miran pasar como fogonazos los trenes que nunca paran cerca de ellos. En esas estaciones ruinosas, donde de noche se encienden luces amarillentas contra la oscuridad, los camareros de la cantina alimentan una furiosa desesperación de marcharse y sirven cafés con leche venenosos en vasos de cristal, y sólo muy de tarde pasan un paño infecto por la barra o recogen la basura y el serrín mojado del suelo.

En la cantina de la estación de Espeluy unos pocos quintos bebíamos café después de media noche, fumábamos Ducados, aunque el tabaco empezaba a herirnos las gargantas y el humo ya tenía ese olor rancio de las noches demasiado largas, y nos acomodábamos como podíamos en espera de un tren que en el mejor de los casos tardaría seis horas en llegar. Alguno de nosotros se echó en un rincón y se quedó dormido y roncando encima del petate, otros jugaban a las cartas, yo me abroché hasta el cuello mi trenka azul marino, porque del suelo de cemento subía un frío húmedo, y me decidí a leer uno de los libros que traía, una selección de poemas de Borges. Parecía que llevábamos media vida en aquel lugar sórdido, en la cantina de la estación de Espeluy, pero apenas había pasado la media noche, y al dar la una el camarero empezó a apagar las luces y nos fue dejando en una penumbra aún más triste que la de las bombillas sucias que hasta ese momento nos habían alumbrado, y dijo que se iba, y que fuéramos saliendo, porque tenía que cerrar.

No quedó ni una luz en la estación. Nos veíamos fugazmente las caras rojizas cuando encendíamos un mechero o dábamos una calada a un cigarrillo. Nos rodeaba la oscuridad fría de la tierra desnuda y de los olivares sacudidos por un viento de invierno. Tan pronto y ya se nos desdibujaba la realidad anterior y el pasado individual de cada uno: éramos un grupo de seis o siete sombras idénticas, con petates al hombro, con los cuellos de las americanas o de los chaquetones subidos contra el frío, dando vueltas por un andén desierto, con un aire común de deportados o refugiados, aguardando en una estación en la que no parecía posible que se detuviera ningún tren.

Encontramos un cobertizo más o menos protegido del viento y alguien propuso que encendiéramos fuego. Nos dispersamos para buscar leña y tablas en la oscuridad, avanzando a tientas, alumbrándonos con los mecheros durante las décimas de segundo que el viento tardaba en apagarlos. Se nos olvidaba el pasado inmediato, pero también el futuro del próximo día: el frío, la búsqueda de la leña, las dificultades de prenderla, el brillo dorado y púrpura del fuego en aquellas caras de desconocidos que teníamos todos, se agregaban a la fatiga de la mala noche y al sueño para sumergirnos en una irrealidad a la vez imperiosa y quimérica: qué estaba haciendo uno a las cuatro o a las cinco de la madrugada en una estación desierta, en medio de las soledades agrestes de la provincia de Jaén, que se parecen de noche, en las proximidades de Sierra Morena, a los grabados más lúgubres de Gustave Doré.

Aún no había surgido ni la claridad más leve del amanecer cuando oímos que se aproximaba la lenta trepidación del expreso de Irún, que venía de Cádiz, y que después de dejarnos a nosotros en Vitoria continuaría su viaje hasta la frontera de Francia. Desde el andén a oscuras veíamos deslizarse los vagones interminables delante de nosotros con un sentimiento de lejanía y de inaccesibilidad, como si presenciáramos desde una orilla el paso de un trasatlántico fantasma. El tren se detuvo, bajaron unos policías militares con cascos blancos y polainas blancas y nos ordenaron subir. Los departamentos olían a tabaco, a plástico y a cuerpos hacinados. En todos ellos viajaban reclutas dormidos, y en los pasillos, mientras buscábamos de vagón en vagón algún asiento libre, pisábamos a veces un vómito o tropezábamos con un botellón de cubalibre vacío.

Aquel tren, aquellos trenes que transportaban soldados, estaban pintados de un verde oscuro casi gris y tenían algo de eternidad, de viaje eterno en el transiberiano, y uno, más que viajar en ellos, lo que hacía era quedarse parado en una inercia de pensión sucia y superpoblada, con colillas y peladuras de naranja y papeles de periódico manchados de aceite por el suelo. Iba a empezar la célebre década de los ochenta, pero los reclutas viajábamos hacia los cuarteles en trenes de posguerra, en una paleontología de ferrocarriles, con lentitudes cretácicas, con un horror masivo como de geología gótica, sobre todo cuando el tren, con las primeras claridades azules y heladas del amanecer, cruzaba por los desfiladeros y los túneles de Despeñaperros.

Habíamos subido a aquel tren en una noche que enseguida nos pareció remota, y a medida que la mañana avanzaba por los descampados de la Mancha, de un color pardo oscuro y sin vegetación en octubre, con una inhumanidad horizontal como de aparcamientos norteamericanos, a medida que la luz del día nos aliviaba del aturdimiento de no haber dormido, nos dábamos cuenta de que de verdad íbamos al ejército, y salvo algunos imbéciles irreparables que ya se sabían todas las bromas y todas las cabronadas militares y desayunaban cubata caliente de ginebra de garrafa y cocacola apócrifa, a los demás, casi a todos, nos entraba una palidez tétrica y meditativa, como presos que se quedan callados con las manos esposadas entre las rodillas y la espalda contra la chapa del furgón policial, y al no saber imaginarnos ni siquiera la forma concreta que adoptaría nuestro cautiverio nos abatía una pesadumbre general, un terror ciego al momento en que llegáramos de verdad a la estación de Vitoria: entonces queríamos que el tren no llegara nunca, y la desesperación de no movernos durante varias horas en un apeadero abandonado sólo se convertía en alivio durante los primeros segundos del viaje reanudado, cuando pasaba el Talgo como un rayo en dirección contraria y nuestro convoy jurásico crujía tan hondamente como debe de crujir el mundo con las sacudidas de la deriva continental: en toda partida hay un segundo de felicidad, una descarga química, un brillo de relámpago en las arborescencias cerebrales. Pero en cuanto nuestro tren silbaba como los trenes blindados de la guerra y empezaba a oírse el ritmo poderoso de sus articulaciones metálicas comprendíamos que ese entusiasmo de velocidad aceleraba nuestro viaje a Vitoria, y entonces deseábamos que el viaje fuera eterno, aunque no terminaran nunca las bromas soeces, las transmisiones futbolísticas en los transistores, el olor de guisos conservados en fiambreras, de café con leche de termo, de grasientas tortillas de patatas envueltas en papel de aluminio.

El tren era como una pensión franquista, y el viaje parecía que iba a durar como una vida entera pasada en una pensión, preparando oposiciones fracasadas, y lo peor de todo era ver cómo nos íbamos degradando según transcurría el viaje, cómo se degradaba y se volvía más sucio, más bruto y más enrarecido todo a nuestro alrededor. Aproximadamente desde el año cuarenta en cada departamento de segunda había un tipo enterado y de mediana edad que hacía el cálculo del tiempo que faltaba para llegar a cualquier sitio, y que sabía antes que nadie el nombre de la estación en la que estábamos entrando.

—Medina del Campo —decía aquel individuo, con su cara de funcionario bronquítico y de usuario de los trenes franquistas—. Llevamos un retraso de cuarenta minutos.

Estábamos cruzando España entera, o por lo menos la España insoportable del 98, el país estepario que tanto les gustaba a aquellos individuos, que lo recorrerían sudando bajo trajes negros con los hombros nevados de caspa, la España de Don Quijote y la del Cid y la de Azorín y Unamuno: habíamos pasado la Mancha, habíamos entrado en Madrid por la estación de Atocha y atravesado la ciudad por el ferrocarril subterráneo hasta llegar a Chamartín, donde estuvimos varados durante no sé cuántas horas sin que nos permitieran bajar del tren. En los andenes contiguos había otros expresos en los que también se arracimaban reclutas en las ventanillas y en los estribos: resonaba una vibración de leva general, una ebriedad como de declaración de guerra, como la de esas imágenes de los noticiarios primitivos en las que se ven trenes partiendo hacia los frentes de la primera guerra mundial. Pero era, desde luego, un efecto óptico, provocado por nuestra propia inmersión en aquel mundo hacia el que nos dirigíamos: la vida común, lo que los militares llamaban siempre con algo de desdén la vida civil, continuaba alrededor nuestro, en los trenes de cercanías que llegaban a Chamartín, en los hombres y mujeres de edad intermedia que viajaban en nuestro mismo tren y que nos soportaban con una mezcla de indiferencia y de imprecisa simpatía, como envidiando nuestra juventud al mismo tiempo que lamentaban los inconvenientes de nuestra presencia escandalosa y gregaria: aún no vestíamos uniforme y ya nos íbamos viendo segregados del mundo exterior, y los paisajes y las ciudades que mirábamos tras las ventanillas sucias pertenecían a un país civil que ya casi no era el nuestro y que de hecho se regía por leyes muy distintas de las que habían empezado a sometemos a nosotros desde que subimos al tren.

Emprendíamos la marcha y a los pocos minutos volvíamos a detenernos, sobrevenía un frenazo y caíamos los unos sobre los otros en medio del pasillo, y nunca faltaba quien aprovechaba el empujón para hacer una broma en escarnio de los maricones o para rozarse con alguna chica que viajara sola y no hubiera huido de los vagones en los que íbamos los reclutas. Del mismo modo que el ejército era un universo arcaico, un fósil del franquismo y del africanismo de otras décadas lejanas, también los trenes en los que viajaban reclutas parecían mucho más antiguos que los trenes normales, más viejos y más lentos que ellos, y se correspondían con los relojes detenidos que seguían colgando de las marquesinas en las estaciones más modestas (eran todos de la Casa Garnier, de París, y parecía que hubieran dejado de funcionar hacia finales del siglo XIX) y con el aspecto provinciano y clerical de las ciudades castellanas por las que pasábamos conforme iba declinando la tarde.

Antes de llegar a Burgos vimos sus tejados tristes sobre la llanura y las torres magníficas de la catedral, y en la estación, grande y sombría, antigua, llena de militares, de caballeros con apostura de funcionarios o de registradores de la propiedad, de señoritas con abrigos rancios, la tarde de otoño se empezó a volver lúgubre, con grandes oquedades de tiniebla húmeda. En Burgos, que era o es la capital de la región militar a la que nosotros pertenecíamos, ya se adivinaba una antipatía administrativa y disciplinaria, una desolación invernal de domingos clericales y casinos agrarios: en Burgos, todavía lejos de Vitoria, ya era invierno, y de los andenes llegaba por las ventanillas abiertas un viento helado que tenía al menos la virtud de despejar los vagones atufados de humo y de olores a comida. En Burgos ya nos parecía que llevábamos toda la vida en aquel tren, y que cuando llegáramos a Vitoria, si llegábamos alguna vez, sería noche cerrada y pleno invierno, como si hubiéramos debido atravesar los climas sucesivos de un continente entero.

Pero cuando el tren arrancó, después de una de aquellas esperas eternas, de maniobras cretácicas y crujidos de organismo fósil, de tren para deportados de posguerra, cuando se alejaron hacia atrás las torres caladas de la catedral y vimos de nuevo la llanura invariable, entonces yo me estremecí, con ese encogimiento del estómago y esa presión en el pecho que provoca el miedo, porque me di cuenta de que estaba agotando el último o el penúltimo plazo de mi libertad simulada, del tiempo de nadie del viaje: la mili empezaba siendo una infinita dilación, un acercarse gradualmente a algo que siempre retrocedía, una usura primero de semanas y días y luego de horas, de minutos lentos de un atardecer que no se terminaba nunca, de chirridos de frenos. En todo el tren se hizo un silencio absoluto cuando llegamos a la estación de Vitoria.

Guardé el libro, cerré el petate, miré por la ventanilla hacia un andén donde estaban las luces encendidas aunque no era todavía de noche. Un grupo de policías militares nos estaba esperando. Ahora iba a empezar aquello de verdad, después de tanto agotarnos con anticipaciones y preludios, y ya no habría más retrasos o treguas, ya no quedaba ni un solo minuto. Ahora había que bajar del tren y en cuanto pisáramos el suelo ya estaríamos en territorio militar. Se ponía uno su tabardo de universitario rojo, se echaba al hombro el petate, ya con un atisbo de familiaridad en los gestos, tal vez miraba su cara ya extraña en un cristal, en el espejo del lavabo, la cara más joven y como encrudecida por la falta de barba, porque me la había afeitado tan sólo unos días atrás, la expresión que la mirada y los rasgos habían ido adquiriendo a lo largo del viaje sin que uno fuera consciente de ese cambio, porque nuestra cara y nuestros ojos obedecen misteriosamente a estados de espíritu que aún no han emergido a la conciencia, así que a veces lo que estamos viendo en un espejo nos sorprende tanto porque es una profecía.

Nos empujábamos en el pasillo del vagón, ya con una zafiedad de amontonamiento cuartelario, y aún se oían algunos gritos y bromas, el último chiste de uno de esos individuos que en cualquier viaje colectivo adoptan desde el principio el estatuto de graciosos, sin que les falte nunca un coro de reverencia lacayuna, pero hasta los graciosos y los reclutas más vocacionales habían acabado por callarse, y casi no oíamos nada más que el roce de nuestras pisadas y de nuestros cuerpos. Al más gritón y al que más había bebido, al que con más desenvoltura había manifestado sus conocimientos previos de lenguaje de cuartel, se le ponía de pronto, mientras bajábamos hacia el andén, una cara de sobriedad y de aislamiento íntimo, de resaca amarga, un confrontarse consigo mismo, con su debilidad y su miedo, con la ausencia de público. Las bromas, gastadas como las caras, usadas como las ropas, el aire y el plástico de los asientos, se habían extinguido, y en su lugar, ocupado al principio por el silencio, por el rumor de cuerpos empujándose en el pasillo tan estrecho, de petates arrastrados, empezaron a oírse pocos minutos más tarde los primeros sonidos verdaderos de nuestra vida militar, los pasos rígidos sobre el andén, las órdenes ladradas, el ruido unánime de las manos cayendo sobre el hombro del que estaba delante cuando nos hicieron ponernos en fila y nos ordenaron cubrirnos.

Amontonados en el andén, queriendo torpemente alinearnos, con nuestra caras de tren, con nuestras ropas maltratadas por una noche y un día de viaje, con una expresión unánime de ansiedad que acentuaban las sombras grises en los rostros, obedeciendo con dócil rapidez y completa ineficacia a los soldados de cascos blancos y correajes blancos que nos ordenaban formar, teníamos todos una indignidad como de civiles en tiempo de guerra, de prisioneros o deportados, tan obedientes y cabizbajos, con los petates al hombro, con las cabezas hundidas o demasiado levantadas y una parodia cobarde de marcialidad en los gestos: alinearse según estaturas, gritaban los policías militares, cubrirse extendiendo los dedos hasta rozar el hombro del que está delante sin apoyar la mano en él, firmes, numerarse, descanso. A los veintitrés años, en un andén helado, yo me veía haciendo algo que no había hecho desde que tenía diez u once, desde que formábamos todas las mañanas en el patio de la escuela para izar bandera y cantar himnos. Era uno de los primeros indicios del regreso a la infancia que estaba a punto de empezar, y que alcanzaría muy pronto su paroxismo de desvalimiento y pavor en las primeras semanas de instrucción.

Gritos de órdenes, silbatos, ruido de manos cayendo sobre hombros, resonar de pisadas que saltan hacia la posición de firmes, caras hostiles y afeitadas bajo las viseras de los cascos blancos, iracundas barbillas, miradas de desprecio y serena frialdad: los soldados que nos habían recibido eran los que nosotros íbamos a ser unas semanas más tarde, simples soldados de reemplazo, pero nosotros tendíamos a verlos grandes y temibles, investidos de la autoridad inapelable de lo militar, y ellos se complacían en el malentendido. Los galones del cabo primero que mandaba el pelotón nos parecían tan amenazadores como las insignias de un oficial. Los correajes, las polainas, los bastones blancos, las iniciales PM en los cascos, les daban un aire de policías militares de película americana. Nos empujaban, nos señalaban el punto donde debía empezar la formación, interrumpían una fila con un gesto tajante, la enderezaban a gritos, parecía que la moldeaban como si hubiéramos perdido nuestra consistencia individual para convertirnos en una sustancia maleable, en una multitud con pasividades de rebaño.

En fila fuimos subiendo a los autobuses que nos esperaban, y cuando éstos se pusieron en marcha y dejamos atrás la estación y luego las vagas calles mojadas y ya casi nocturnas de Vitoria volvió a hacerse más profundo el silencio: sólo se oían, en la radio del autocar, las transmisiones deportivas del domingo por la tarde, los anuncios de coñac y las letanías de los locutores de fútbol. Era uno de esos atardeceres morados de octubre en los que la noche parece que se cierne con una gravitación cóncava antes de que haya oscurecido, un atardecer nublado, con mucho viento, sin lluvia, con olor a humedad, un atardecer inmemorial de comienzo de curso y de aviso triste de la llegada del invierno, sobre todo en aquella latitud, en la desconocida Vitoria, que tenía, como Burgos, algo de ciudad del siglo XIX, de capital de novela con clérigos, funcionarios y mujeres adúlteras, de Vetusta otoñal. Por primera vez en mi vida yo había entrado en el País Vasco, pero el paisaje, en las afueras de la ciudad, seguía siendo castellano, una llanura parda que se combaba en el horizonte hacia colinas desnudas, hacia unos rojos y violetas de anochecer melodramático.

Por las calles se veían carteles políticos colgados de las farolas en los que se alternaban dos palabras escritas con letras tan grandes que acentuaban su brevedad y su rareza, pues no sonaban a ningún idioma conocido: EZ y BAI. A medida que nos alejábamos de la parte antigua la ciudad se transfiguraba en un bronco suburbio con bloques de pisos entre desmontes pelados y muros de cemento que a veces eran frontones de pelota vasca y en los que había grandes pintadas en euskera, palabras que al cabo de unos meses ya me serían familiares: ETA y EZ, sobre todo, GORA ETA MILITARRA, LEMOIZ EZ, NUKLEARRIK EZ, TXAKURRAK KANPORA, GREBA OROKORRA. Yo creo, aunque no me acuerdo, aunque sin duda invento para suplantar un vacío absoluto de la memoria, que no hablaba con nadie en aquel autobús pintado de color verde oscuro, que sólo miraba el progreso lento de la oscuridad sobre las llanuras de Álava.

El campamento estaba varios kilómetros más allá de Vitoria, en una colina baja, pudimos ver desde muy lejos, en un páramo rodeado de vallas de alambre espinoso en cuya parte más elevada se veían las instalaciones militares, los campos de instrucción, los edificios de ladrillo de las compañías, con su monotonía de arquitectura penitenciaria, el solitario pabellón donde habitaba el coronel, con la bandera española ondeando en lo más alto, batida por el viento feroz, como un desafío triste y fantasmal a la llanura desierta, pedregosa y estéril que iba a ser durante varias semanas el único paisaje de nuestras vidas.

Policías militares con metralletas vigilaban la puerta de entrada, que recuerdo dominada por una torre metálica con reflectores. En una explanada muy grande y casi a oscuras bajamos de los autobuses y nos hicieron formar, con los mismos gritos y malos modos de la primera vez, una monotonía de órdenes que ya empezábamos a cumplir con el sonambulismo de la obediencia automática. Pero en medio de aquella extrañeza, de la fatiga, del aturdimiento, en aquella explanada en la que otros soldados nos hacían alinearnos a empujones y en la que nosotros mismos nos sentíamos desterrados de nuestras vidas anteriores, el primer signo indudable de que ya estábamos en el ejército fue el olor inmundo que el viento traía desde las cocinas. Ese olor yo lo conocía de antes, de una sola vez en un solo lugar, en marzo de 1974, en Madrid, en los sótanos de la Dirección General de Seguridad, y era el olor infame de la comida de las cárceles.

V.

Había que aprenderlo todo y que olvidarlo todo: había que aprender otra geografía, otra Historia, casi un nuevo idioma en el que las palabras habituales significaban cosas desconocidas hasta entonces y en el que a veces se perdía el uso de la misma articulación inteligible; había que familiarizarse con un universo infinitamente detallado de valores y gestos, de signos, de códigos morales, de tareas y ritos que modulaban y cuadriculaban las horas del día, de nombres propios que más allá de las alambradas no conocía nadie y que en aquel reino donde acabábamos de entrar se pronunciaban con reverencia idólatra; había que retroceder ideológicamente en el tiempo no sólo hasta los años aún recientes del franquismo, sino mucho más atrás, hasta una arqueología polvorienta del heroísmo y el sacrificio y el todo por la patria, había que olvidarse de lo que uno sabía cuando llegaba al campamento y que inscribir en ese espacio borrado las nuevas normas y las nuevas costumbres, todo, desde lo más grandioso a lo más ínfimo, desde la manera de atarse los cordones de las botas hasta el principio físico en virtud del cual la deflagración de los gases en la recámara del fusil producía el disparo, desde el nombre de una pieza ínfima de la granada de mano al del capitán general de la Sexta Región Militar, que era a la que nos había llevado nuestro infortunio.

Había que olvidar los frágiles derechos civiles recién adquiridos y aprender a resignarse de nuevo a la obediencia absoluta, y a vestirse y a caminar de otro modo y hasta a llamarse de otro modo: yo tenía que olvidar mi nombre y mis apellidos y aprender que cuando el instructor llamaba a Jaén-54 en la última formación de la noche, la de la lista de retreta, era a mí a quien se refería, y era preciso que me pusiera firme, que juntara los talones con un taconazo y gritara bien alto y levantando el pecho: «¡Presente!».

Al principio, a los más distraídos se les olvidaba su matrícula, y tenían que llamarlos varias veces antes de que cayeran en la cuenta de que se referían a ellos, y cuando por fin contestaban los instructores se reían con la saña excesiva del que disfruta sobre todo de los errores y los percances ajenos y les llamaban *empanaos,* palabra que según aprendimos muy pronto era de las de uso más frecuente y de significado más peligroso en el vocabulario de aquel Centro de Instrucción de Reclutas, en el idioma que desde aquella primera noche nos era preciso aprender: estar empanao era estar como estábamos casi todos nosotros al llegar, atontado, sin norte, sin enterarse de nada, sin obedecer con prontitud a las órdenes o sin ejercitar la mala leche o la mala idea necesarias para prevalecer sobre otros.

A algunos empanaos se les veía enseguida que iban a permanecer en tal estado de inocencia o de idiotez a lo largo de toda la mili, incluso de toda la vida, con una mantecosa empanada en el cerebro que solía corresponderse con la torpeza física y la medrosidad del ánimo, y nunca aprendían a marcar el paso ni a guiñar el ojo para disparar el fusil, y llegaban los últimos a las formaciones y cualquiera les robaba la gorra, de modo que casi monopolizaban los arrestos y acababan en la ignominia del pelotón de los torpes, y los instructores y los veteranos, incluso algún sargento de campechanía soldadesca, les vaticinaban con más desprecio que misericordia:

—Lo llevas claro tú, chaval.

Que uno lo llevaba claro era lo peor que le podían decir, la amenaza más ominosa, por ser la más general y la más imprecisa: llevarlo claro era una consecuencia de estar empanao, pero también se decía que lo llevaban claro los reclutas más díscolos, los que se atrevían a hacerles frente a los instructores o simplemente no obedecían con una velocidad abyecta cualquier orden de cualquier superior, fuera éste un oficial o nada más que un cabo o un soldado con algunos meses de veteranía y una precoz vocación de humillar: a estos, a los díscolos, se les llamaba *amontonaos,* y así resultaba que nada más ingresar en el ejército ya aprendíamos una nueva clasificación de los seres humanos, que no se dividían en apolíneos y en dionisiacos, ni en aristotélicos o platónicos, ni siquiera en pobres y ricos: se nacía, se era, amontonao o empanao, y aquel era un destino inquebrantable, se daba uno cuenta entonces, no sólo en la mili, sino en la vida, en lo que los militares llamaban con distancia y desdén la vida civil.

Ser un amontonao resultaba casi peor que estar empanao y prometía un futuro militar no menos siniestro: amontonarse era sublevarse, llevar la contraria, no sucumbir a una docilidad instantánea y perfecta cada vez que un superior se dirigía a nosotros. Había un amontonamiento colectivo que era el de la propia brutalidad automática, el del gregarismo feroz en el que nos sumergíamos y al que nos sumábamos a menos que la inteligencia supiera mantener una mezcla de lucidez y dignidad imposible: era el amontonamiento de las curdas berreantes los fines de semana, o el de la chusma de veteranos que se conjuraba para amargarles la vida a los reclutas con las novatadas, y ese amontonamiento, aunque recibía amenazas de castigo que muy pocas veces llegaban a la realidad, era en el fondo tolerado por nuestros superiores, que lo conceptuaban tal vez de inevitable inmersión en la hombría.

En el amontonao solitario había un punto arriesgado de gallardía y de gamberrismo, sobre todo si llegaba con un pasado de mala vida y delincuencia juvenil, y estaba siempre entre el calabozo y el respeto, entre la admiración de los ruines y el temor de los empanados, y algunas veces al filo del consejo de guerra, pero no era infrecuente que a las pocas semanas el amontonao descubriera en sí mismo una rabiosa vocación militar y acabara presentándose para legionario o paracaidista. El empanao sobrellevaba sin dignidad su empanamiento y no gozaba de la simpatía ni de la solidaridad de nadie, ni de los que estaban tan empanados como él, y vivía tan asustado por los reclutas de vocación amontonada como por los instructores, que se lo quedaban mirando con una mezcla de burla, de lástima y desprecio y repetían siempre lo mismo:

—Lo llevas claro tú, chaval. No sabes la mili que te espera.

Era la verdad: no sabíamos lo que nos esperaba, no sabíamos nada de nada. Nos oíamos llamar bichos o conejos por los temibles veteranos de mirada despectiva y sucios uniformes de faena que habían acudido a la entrada del campamento para vernos llegar, nos contaban y nos pasaban lista, nos dividían en grupos y nos guiaban hasta el barracón de ladrillo de nuestra compañía, y no sabíamos qué iba a pasarnos a continuación ni poseíamos nada, nada más que nuestro petate, nuestra experiencia inútil del lejano mundo exterior y nuestras tristes ropas civiles, de las que nos despojarían a la mañana siguiente para entregarnos los uniformes un poco antes de que nos pusieran en fila para raparnos la cabeza con grandes tijeras de esquilar.

Nos aterraba todo, al menos a los más pusilánimes, a los vocacionalmente empanaos, los que nos remontábamos en la memoria de nuestro empanamiento hasta los días lúgubres del colegio de curas, al que nos parecía de pronto que regresábamos, no con once o doce años, sino con más de veinte, como si nos hubieran abolido de pronto los privilegios modestos de la vida adulta y nos devolvieran a lo peor de la primera adolescencia.

Igual que en el colegio, aquella primera noche de nuestra llegada nos aturdía la incertidumbre de las órdenes, la falta absoluta y brusca de puntos de referencia, el desconocimiento de los lugares por donde no nos atrevíamos a dispersarnos, la incapacidad de comprender el significado de los galones, de las estrellas, de los toques de corneta, de las insignias en las solapas de las guerreras. Nos agruparon delante de la compañía, nos hicieron formar otra vez y numerarnos, nos volvieron a pasar lista, nos ordenaron descanso y rompan filas y la mayor parte de nosotros no nos atrevimos a movernos, volvieron a gritar, repitieron nuestros nombres y nos asignaron a cada uno la matrícula que llevaríamos desde entonces, así como el número de nuestra taquilla y de nuestra litera, y cuando hacia las diez y media pasaron lista por última vez ya obedecíamos mecanizados por la monotonía del agotamiento.

A las once en punto, en cuanto sonara el toque de silencio y se apagaran las luces, quien no estuviera acostado lo llevaría claro, le iban a meter un puro, un retén, una tercera imaginaria, una semana entera de cocinas: la mayor parte de las palabras que habíamos traído con nosotros ahora eran inútiles, pero aún no dominábamos el nuevo idioma que nada más ingresar en el campamento habíamos empezado a aprender, así que también vivíamos en una niebla de empanamiento verbal agravada por nuestra ignorancia de todos los demás signos y contraseñas de aquel mundo: no sabíamos lo que era un retén ni lo que era el chopo, ni el grado de suplicio que se escondía en el castigo de que le metieran a uno una cocina, pero tampoco comprendíamos los gritos inarticulados que subrayaban como signos de interjección cada orden y que recibían el nombre técnico de voces ejecutivas: gritaban, por ejemplo, «¡cubrirse!», y nuestro empanamiento y nuestra ignorancia nos impulsaban a levantar el brazo derecho y a posar la mano sobre el hombro de quien teníamos delante, y entonces el instructor montaba en cólera, pues resultaba que no habíamos sabido obedecer, que una orden sólo se cumple cuando ha sido enfatizada por la voz ejecutiva, que solía imitar las variedades más roncas y guturales del ladrido y era como la rúbrica definitiva de la autoridad.

El dormitorio era una nave muy larga, con una fila de dobles literas metálicas a lo largo de cada pared, bajo ventanas horizontales y enrejadas, tan altas que resultaban inaccesibles. Las taquillas y los barrotes de las literas eran del mismo color gris manchado de óxido, y el suelo de cemento. En la pared del vestíbulo estaba colgado un cuadro con la efigie y con el testamento del general Franco.

Me metí en la cama sin quitarme los calcetines ni la camisa, tiritando de frío, aunque sólo era octubre, guardé mi petate en la taquilla y la aseguré con el candado, atándome la llave a un cordón que me colgué del cuello, según la inveterada y recién adquirida costumbre militar. El interior de la taquilla olía como el del petate, pero de ese olor ya no me quedaba escapatoria, porque estaba sumergiéndome en él, en el olor colectivo de todos nosotros, no sólo los doscientos reclutas de la 31ª compañía, sino los dos o tres mil del Centro de Instrucción de Reclutas número 11, que en ese mismo momento, en cada uno de los barracones alineados en la cima ventosa de la colina de Gamarra, nos cobijábamos por primera vez en las sábanas rígidas y frías de nuestras literas.

Dentro de todo, uno se metía en la cama no sin un cierto sentimiento de alivio, porque lo más temible, que era la ignorancia absoluta sobre lo que nos esperaba al llegar, ya había sucedido, y es probable que la confrontación con la realidad de un peligro imaginado durante mucho tiempo acabe siempre siendo tranquilizadora. Aún no eran las once de la noche, y en las siete horas y media que faltaban para el toque de diana me encontraría a salvo, disfrutando de un sueño que ya me pesaba en los párpados y en el que se me desvanecía la rareza de aquel lugar y el tumulto que me rodeaba, los gritos y las burlas no sólo de los instructores que se reían de nosotros y amenazaban con arrestos a los más rezagados, sino de aquellos reclutas vocacionales y felices que habían llegado al mismo tiempo que yo y que parecían prolongar infatigablemente la juerga de quintos jactanciosos y beodos que debieron de haber comenzado varios días atrás en sus pueblos:

—¡Imaginaria, tráeme un plato, que se me ha roto un huevo!

—¡Conejos, vais a morir!

—¡Si pillara mi novia lo que tengo en la mano!

—¡Imaginaria, agárrame la polla!

—¡Aprovechad ahora, que mañana mismo empieza a hacer efecto el bromuro!

—¡Os queda más mili que al palo de la bandera!

Leí unos minutos, pero se me cerraban los ojos, y enseguida se oyó el toque de silencio y se apagaron las luces fluorescentes del techo. No se hizo la oscuridad, porque al mismo tiempo se encendieron unas bombillas rojizas que permitían distinguirlo todo y que daban a los rostros y a las cosas una fantasmagoría anticipada de mal sueño. Aquella claridad como de cristales infrarrojos nos despojaba de la tiniebla íntima y confortable en la que se refugia uno antes de dormir: también había que aprender a no estar nunca solo y a salvo de las miradas de otros, hasta el extremo de que las duchas eran colectivas y los retretes no tenían puertas.

Apreté los párpados para defenderme de la luz inquisidora y rojiza y me pareció de pronto que acababa de dormirme y que el sueño denso y hondo en el que caí no había durado ni un instante. Sonaba la corneta, en la primera madrugada, se encendían violentamente las luces blancas del techo, y yo me desperté con un sobresalto de urgencia en el estómago y en el corazón, sin saber dónde estaba, tiritando de frío, aturdido por las voces de los instructores que nos llamaban a gritos, que iban entre las filas de literas apartando colchas y batiendo palmas para que nos levantáramos más rápido, para que saliéramos corriendo hacia la explanada que había delante del barracón, abrochándonos los pantalones, que a algunos se les caían y se les enredaban a las piernas haciéndolos tropezar, arrastrando los zapatos con los cordones desatados, queriendo protegernos del viento frío apenas con una camisa, lo único que habíamos tenido tiempo de ponernos encima.

Salíamos a formar y todavía era noche cerrada, nos empujábamos, medio dormidos, nos íbamos alineando mientras sonaba por segunda vez el toque de diana, procurábamos repetir el orden que nos habían asignado la noche anterior y acordarnos de nuestra matrícula, y ponernos firmes y gritar presente con la necesaria energía cuando los instructores nos llamaran. Estaban arriba, sobre una breve escalinata, junto a la puerta de la compañía, con las gorras caídas sobre la frente, los brazos cruzados o en jarras y las piernas separadas. Se erguían apenas a un metro por encima de nosotros, pero nos miraban desde la lejanía insalvable de la autoridad y el desdén, y nuestra inexperiencia y nuestro miedo, al proyectarse hacia ellos, los agrandaban y los volvían más temibles, como reflectores que exagerasen sus sombras proyectándolas contra un muro inclinado.

Por miedo a ellos nos poníamos firmes en el amanecer neblinoso y helado y nos cubríamos y gritábamos ¡Presente! e intentábamos dar media vuelta al unísono con torpeza patética y juntar los talones y golpearnos los costados con las palmas de las manos rígidas y abiertas, y apenas pasada la primera lista nos ordenaban firmes y descanso y firmes otra vez y rompan filas y los más experimentados ya lanzaban al hacerlo un grito que muy pronto aprenderíamos todos y repetiríamos al final de cada formación con un alivio unánime.

—¡Aire!

Los instructores nos azuzaban para que nos diéramos prisa, nos empujaban, nos ordenaban que hiciéramos muy rápido las camas, que nos laváramos, que termináramos de vestirnos, porque muy pronto sonaría el toque para el desayuno, pero por mucha prisa que yo me diera no terminaba de hacer las cosas con un margen razonable de tiempo, y ya desde aquella primera madrugada me afligía la angustia de los últimos minutos, mi incapacidad de actuar con rapidez y eficacia, incluso mi falta de energía o de mala leche, mi empanamiento congénito, pues en los lavabos fui de los pocos que llegaron demasiado tarde para encontrar un grifo y un espejo libres, y cuando alguien me dejó su sitio vi que ya no me daba tiempo de afeitarme, o que había olvidado la crema en la taquilla, de modo que si volvía para buscarla iba a perder mi turno en el lavabo, o me iba a ver sorprendido por la llamada a formación en camiseta y con la cara llena de espuma, con la cuchilla de afeitar y la bolsa de aseo y la toalla en las manos...

Sonaba enseguida la corneta, provocando un nuevo sobresalto, una confusa desbandada entre los lavabos y las taquillas, entre el dormitorio y el patio, y el impulso cobarde e instantáneo de obedecer contrastaba con la imposibilidad de hacerlo tan rápido como se nos exigía, y se quedaba uno inmóvil, paralizado por la necesidad de hacer algo al mismo tiempo irrealizable y perentorio, y entonces se oían otra vez los gritos y las palmadas de los instructores que nos reclamaban para la segunda formación del día, la del desayuno, para un nuevo a cubrirse y firmes y media vuelta y descanso y firmes y derecha y paso de maniobra en dirección a los comedores.

Me acuerdo de los grupos compactos y alineados de hombres avanzando entre los edificios idénticos, bajo las luces amarillas de las esquinas y de las ventanas, con un punto de vaguedad tamizada de niebla, y del contraste entre el silencio que manteníamos todos y el ruido de nuestros pasos, varios miles de pisadas simultáneas sobre la grava y el asfalto, pisadas de botas militares y de calzados civiles arrastrándose con una mala gana de deportación.

Yo caminaba rodeado por un río de cabezas y de hombros moviéndose, de cabezas bajas por lo común y hombros abatidos, y conforme nos acercábamos a los comedores se hacía más intenso el mismo hedor que nos había recibido al llegar y empezaba a insinuarse hacia el este, en el cielo malva y nublado, sobre la llanura gris, una claridad azul de amanecer. El roce de la multitud y el ruido de los pasos tenía un efecto casi tan hipnótico como el de las órdenes otra vez repetidas, multiplicadas hasta una confusión de lenguas por los instructores de cada compañía, por los diferentes gritos o ladridos con que las rubricaban, alto, firmes, cubrirse, descanso, firmes otra vez, tal vez tres mil figuras erguidas y en sombras en una gran explanada donde apenas empezaba a debilitarse la noche, sometidas de antemano a una azarosa e involuntaria uniformidad que ni siquiera precisaba de ropas militares.

Había que subir una escalinata para entrar a los comedores, y cuando le llegaba el turno a cada compañía los instructores nos animaban a subir lo más aprisa que pudiéramos, sin mantener la formación, de modo que nos amontonábamos en las puertas demasiado estrechas para que cupiéramos todos y teníamos que abrirnos paso a patadas y a codazos para llegar cuanto antes a una mesa y encontrar sitio, y una vez allí, en medio de un escándalo de pasos, voces, órdenes, ruido de cubiertos, todo amplificado por las resonancias del techo demasiado bajo para un espacio tan grande, había que emprender otra disputa, pues no parecía que hubiera bandejas de bollos ni porciones de mantequilla para todos, y era preciso de nuevo armarse de arrojo, de velocidad, de mala idea para que no lo dejaran a uno sin desayunar, y una vez conseguido el pan, el café, la mantequilla, el azúcar y el cubierto había también que comer cuanto antes, pues al cabo de unos pocos minutos sonaba la corneta, esta vez dentro del mismo comedor, y nos gritaban que nos pusiéramos de pie, firmes delante de las mesas, y que saliéramos en fila de los comedores para formar de nuevo, ya idiotizados por el estupor de la obediencia, apacentados por los instructores, conducidos como zombis a los almacenes vastos y oscuros de vestuario, a las oficinas donde volvíamos a rellenar inacabables impresos de filiación en los que no faltaba una casilla para las creencias religiosas y otra para la militancia política, a la enfermería donde nos examinaban sumariamente la dentadura y los ojos y nos ponían una inyección en el hombro, en la que según algunos se nos inoculaba no una vacuna, sino el temido bromuro, que adormecería nuestra masculinidad sumiéndonos en una mansedumbre de cabestros.

Vivíamos al principio, los primeros días, en una alternancia perpetua de tiempos muertos y de aceleraciones angustiosas, de formaciones eternas y urgencias súbitas en las que se lo jugaba uno todo en un segundo. Durante horas aguardábamos en fila para que nos entregaran la ropa militar y luego, de vuelta en la compañía, teníamos que vestirnos en unos pocos minutos, y no sabíamos qué prendas eran las que debíamos ponernos ni cómo se ajustaban los correajes sobre la guerrera, y los dedos se nos enredaban queriendo aprender cómo se pasaban los cordones por las hebillas innumerables de las botas: había que olvidar la ropa de uno y dejarla guardada y como sepultada en la taquilla y aprender no sólo a ponerse, sino también a nombrar aquella ropa desconocida, aquellos cinturones, hebillas, pasamontañas, guerreras de paseo y de faena, guantes blancos y guantes de lana, insignias doradas, cuellos de celuloide blanco, correas de finalidad indescifrable, abrigos de tres cuartos con un olor de mugre invulnerable a la desinfección: aprendíamos a vestirnos con la tortuosa lentitud de un niño de cinco o seis años, acuciados por los instructores, que daban vueltas entre las filas de literas y los montones desordenados de ropa militar y civil y nos amenazaban de nuevo con formaciones y castigos, nos extraviábamos en ojales, cremalleras, bolsillos inesperados, creíamos haber perdido una bota o la gorra y al buscarlas aterrados se nos multiplicaba el desorden y desperdiciábamos segundos y minutos vitales, y de pronto estallaba en el aire, a través de los altavoces, el sonido agudo de la corneta, y cada cual terminaba de vestirse como podía y echaba a correr hacia el patio, donde los más rápidos y los más pelotas ya empezaban a alinearse.

Pero siempre había algunos que nos quedábamos atrás, que no acertábamos a descubrir por qué presillas se pasaba el correaje, o que nos habíamos puesto por equivocación los pantalones de paseo en lugar de los de faena y al cambiárnoslos nos los poníamos al revés, y mientras intentábamos remediar aquellas desgracias provocadas por nuestro empanamiento mirábamos a nuestro alrededor y veíamos que nos estábamos quedando solos en la compañía, pero la urgencia de terminar de vestirnos no aceleraba nuestros actos, sino que parecía volverlos más lentos y más difíciles aún, así que hallar la coincidencia exacta entre la punta de un cordón y el agujero correspondiente de la bota, o entre un botón y un ojal, era tan trabajosa como los esfuerzos por mover los labios que hace una persona dormida.

Sonaba otra vez la corneta, el segundo toque, no ya el de aviso, sino el definitivo, y del exterior nos llegaban las voces de los que ya estaban formando al grito de maricón el último: salía uno corriendo, algún instructor le daba una patada o un manotazo en el cogote con la intención benévola de que no llegara tarde, oía las carcajadas con las que sus propios camaradas de reemplazo celebraban las bromas de los instructores sobre el empanamiento de los más rezagados, y cuando por fin encontraba su sitio en la fila se apresuraba a adoptar una digna posición de firmes, procurando disimular que no llevaba atada una bota, o que se había abotonado mal la guerrera.

Arriba, sobre la escalinata, con las gorras caídas sobre las caras, los brazos en jarras, las piernas separadas, los uniformes usados y vividos, los instructores nos miraban como a un rebaño manso y lamentable, mandaban cubrirse, ar, firmes, ar, derecha, ar, descanso, ar, esas cabezas más altas, cojones, los pechos hacia afuera, que parecéis tísicos, el taconazo más fuerte, que se os rompan los talones, las manos pegadas al costado, que os duelan cuando las bajáis. Nos dejaban en posición de firmes, en una actitud de expectativa y de peligro, como a punto de dar una nueva orden, queriendo tensar hasta el límite los segundos de espera, la inmovilidad y la rigidez perfecta y la geometría de las filas. Verían cuerpos desiguales, mal vestidos, mal hechos, aposturas exageradas de marcialidad, de dejadez o desesperación secreta, de abyecto entusiasmo, caras de amontonaos y de empanaos y de verdugos y víctimas, caras pálidas de universitarios o de pobres miopes y caras angulosas y cobrizas de campesinos: todos igualados por las líneas rectas de la formación, uniformados por las guerreras y las gorras caqui, pero sobre todo —imagino ahora, queriendo ver lo que ellos veían desde arriba, lo que les mostraba su arrogancia— por la ilimitada vulnerabilidad de nuestra cobardía y nuestro desamparo.

Pasamos la tarde guardando cola ante los lavabos para que nos raparan. Los instructores eligieron al azar a cuatro o cinco reclutas, le dieron a cada uno unas tijeras y un peine y sin más preámbulos les ordenaron ponerse a la tarea. Había charcos de agua y de orines sobre las baldosas sanitarias, y bajo las suelas de nuestras botas empezó a extenderse una maraña inmunda y lanosa de mechones cortados de cualquier manera. Los cráneos rapados acentuaban el efecto clónico de los uniformes, nos reducían más aún a una identidad colectiva y numérica: sin el pelo, los rasgos y las miradas se afilaban, pero al mismo tiempo perdían misteriosamente su individualidad, tal vez porque se les borraba por completo el pasado. La cara que yo vi esa noche al lavarme los dientes en el espejo del lavabo tenía en los ojos la expresión de quien mira a un desconocido: no era yo mismo descubriendo lo que habían hecho de mí durante un solo día en el ejército, era otro mirándome, era un recluta rapado y asustado mirando con extrañeza y recelo a quien yo había sido antes de llegar allí, veinticuatro horas antes, en otro mundo, en el pasado inmediato y lejano.

VI.

Siempre deprisa, más rápido, desde antes del amanecer, desde que el primer toque de diana inauguraba el día, con sus notas veloces y su letra oficiosa que algunos coreaban mientras nos poníamos los pantalones, la guerrera y la gorra y nos enfundábamos las botas, las botas grandes, negras y pesadas, con su ruido de hebillas que ya se nos había vuelto habitual, y que se parecía un poco al de los fusiles cuando se llevan al hombro y rozan rítmicamente la tela y los correajes del uniforme durante el desfile: quinto, levanta, tira de la manta, cantaban algunos, mientras la corneta acuciante llamaba a formación en todos los altavoces de todas las compañías del campamento, en la noche invernal de las parameras de Álava. Los que éramos más perezosos o más torpes practicábamos la astucia menor de dormir casi vestidos, y de guardar la gorra debajo de la almohada, aun a riesgo de que nos la quitaran mientras dormíamos, así que cuando el toque de diana, los gritos del imaginaria y del cabo de cuartel y las crudas luces del barracón nos despertaban no teníamos que perder unos segundos valiosos abriendo y cerrando el candado de la taquilla o buscando en el suelo los calcetines.

Más rápido, conejos, gritaban el cabo cuartel y los instructores, dando puñetazos en la chapa resonante de las taquillas, a los diez últimos les meto un retén, por mis muertos, decía Ayerbe, tal vez no el más canalla, pero sí el más arbitrario y bocazas de todos, el que andaba más lento y con las piernas más separadas, el que llevaba la visera de la gorra más caída sobre los ojos, de modo que siempre miraba como vigilando de través: corred, me cago en vuestros muertos, que os desolléis el culo con los talones, me cago en Dios, que estáis empanaos.

Siempre deprisa, arrojados de golpe en el despertar, saltando sin respiro de una tarea a otra, de la instrucción a la gimnasia, de la bronca hambrienta en el comedor a las clases que llamaban teóricas, en las que un teniente viejo y algo temblón de voz o el mismo capitán de la compañía nos explicaban los misterios más impenetrables de la vida y de la ciencia militar, los pormenores puntillosos de las graduaciones y los ascensos y la geometría de las trayectorias balísticas, saberes que dada su oscuridad y nuestro grado brutal de cansancio nos producían a casi todos una somnolencia invencible.

De pie ante una pizarra en la que había trazado líneas elípticas o completado la pirámide de la jerarquía militar, el capitán preguntaba, aún de espaldas a nosotros, si alguien tenía alguna duda y nos animaba a intervenir, porque era, a diferencia del teniente, un capitán joven, animoso y gimnástico que gastaba una cerrada barba negra y afectaba una cierta naturalidad democrática, pero de nuestro silencio ovino no surgía ninguna pregunta, sino un ronquido profundo, sereno, solemne en su desahogo y su tranquilidad, y al oírlo el capitán se volvía con los brazos cruzados sobre el pecho musculoso y extendía el dedo índice para fulminar al dormilón.

El dormilón solía ser un ejemplar de la raza vasca que habría conmovido hasta el éxtasis a Sabino

Arana, un recluta alto como un álamo, de nariz ganchuda, mejillas rosadas, boca pequeña y prominente mandíbula que se llamaba Guipúzcoa-22 y hablaba un castellano lento y dubitativo de baserritarra. En las manos de Guipúzcoa-22, que tenían una dureza y una anchura de manos acostubradas a las herramientas campesinas, el fusil de asalto cetme, el chopo, que pesaba cuatro kilos y medio, se convertía en una miniatura de fusil tan liviana como una escopeta de corcho. Su fortaleza y su estatura le habrían garantizado un destino envidiable de cabo gastador, esos que van a la cabeza del desfile con polainas y muñequeras blancas, cordones rojos en la pechera del uniforme y palas y martillos de metal brillante a la espalda, pero la lentitud de sus movimientos y su propensión a no enterarse de nada y a quedarse roncando en las clases teóricas le depararon más de un arresto y fueron ocasión frecuente de escarnio.

Uno de los capítulos de nuestro aprendizaje militar era el de los nombres, apellidos, tratamientos y cargos de todos nuestros superiores en la cadena de mando, desde el sargento de semana hasta el Jefe Supremo de las Fuerzas Armadas, que era el Rey, si bien no solían encontrarse retratos suyos en los despachos, a no ser en compañía de los del difunto caudillo, que ocupaban lugar de preeminencia, como si aquel espectro en blanco y negro de las fotografías no llevara muerto casi cuatro años. Cada día, en la clase teórica de después de comer, que era la más propicia a la modorra, el teniente nos hacía repasar y luego nos tomaba aquellas lecciones, empleando en la tarea una paciencia monótona más propia de un sacristán o de un párroco. Igual que en las catequesis de mi infancia, los reclutas repetíamos a coro las enseñanzas que nos impartía el teniente, y nos arriesgábamos a un castigo pueril o a una reprimenda si no cantábamos lo bastante alto los nombres y los títulos del escalafón o no sabíamos responder a alguna pregunta tan simple como las del catecismo escolar. Igual que en las escuelas antiguas de palmetazo y coscorrón, los reclutas más torpes hundían la nuca entre los hombros y bajaban la cabeza por miedo a ser interrogados, se copiaban listas de nombres en las palmas de las manos o se guardaban chuletas en las bocamangas, oscilaban de un pie a otro, se rascaban la cabeza y se mordían los labios cuando no lograban acordarse del nombre del capitán, de cuántas puntas tienen las estrellas de un coronel o del tratamiento que debe darse a un general, que es el de vuecencia.

En las teóricas, Guipúzcoa-22 se quedaba inmediatamente dormido, con la poderosa barbilla euskalduna hundida en la pelambre negra del pecho, dormido grandiosamente como un tronco, volcado como un árbol contra el respaldo de la silla que crujía bajo el peso de su envergadura. A Guipúzcoa-22 lo despertaban a codazos, lo castigaba el teniente a quedarse de pie en un rincón, riñéndole con una blanda energía de catequista viejo, y luego le preguntaba el nombre del coronel del regimiento: Guipúzcoa-22 bajaba la cabeza, la boca se le sumía aún más por encima de la mandíbula en ángulo recto, la abría, parecía que empezaba a articular una palabra difícil, se quedaba callado, el rosa vasco y suave de sus mejillas se volvía rojo cuando el teniente comenzaba a reñirle y a llamarle ignorante y acémila y los demás reclutas se reían a carcajadas de él, sin que faltara nunca alguno que levantara la mano y se ofreciera ávidamente, con nerviosismo de niño repelente y empollón, a decir la respuesta inaccesible para la desmemoria de Guipúzcoa-22:

—El coronel del regimiento es el ilustrísimo señor don Julián Díaz López, con tratamiento de usía, mi teniente.

A Guipúzcoa-22 el teniente decidió preguntarle cada día el nombre del coronel, y le hizo copiarlo con letras grandes en una hoja de papel delante de todos nosotros y mirarlo fijamente y le ordenó que se lo guardara en el bolsillo y lo llevara siempre con él, y cada día, al comenzar la clase, antes de que Guipúzcoa-22 se quedara dormido, el teniente lo miraba en silencio, desmedrado y viejo por comparación con su estatura, sonreía, lo iba viendo ponerse nervioso, morderse los labios, enrojecer poco a poco, a medida que crecía el rumor de burla en torno a él, y sólo entonces formulaba la pregunta.

—A ver, Guipúzcoa-22.

—¡A la orden, mi teniente! —Guipúzcoa-22 se levantaba lento y rudo, con un breve temblor en la osamenta irreprochable de su mandíbula, doblemente aprisionado en la rigidez de su ademán y en las proporciones mezquinas de un uniforme de faena del todo insuficiente para su tamaño de gudari.

—¿Cómo se llama el coronel del regimiento? Venga, piénsalo, no te pongas nervioso, si te lo sabes.

Guipúzcoa-22 estaba a punto de decir algo, cerraba los ojos y apretaba los dientes en una tentativa dolorosa de concentración, se retorcía las manos descomunales y peludas, parecía que esta vez sí iba a contestar, al menos el nombre, aunque no se acordara de los apellidos, pero abría la boca, articulaba algo y era una sola sílaba, «don...», y en la garganta se le quedaba detenida una consonante áspera que no llegaba a pronunciar, ahogada por la humillación y la vergüenza. De Guipúzcoa-22 se reía todo el mundo, y los pocos que no nos reíamos abiertamente tampoco teníamos el valor preciso para defenderlo, ni siquiera para mostrar un gesto de desagrado ante la cruel burla colectiva en que se convertía la clase.

Nadie estaba en ningún momento a salvo de un castigo, pues no podíamos conocer y cumplir sin equivocación el número infinito de normas que nos envolvían: más dañino aún era que nadie estaba tampoco a salvo de la vergüenza y del ridículo, así que algunos de los que se reían de Guipúzcoa-22 lo hacían empujados por un impulso de desquite, porque en otras ocasiones ellos habrían sido o serían las víctimas elegidas de otra humillación.

Nos decían, nosotros mismos nos lo acabábamos diciendo, que debíamos ser crueles para sobrevivir, pero muchas veces la supervivencia era una disculpa o una coartada para la crueldad, que se ejercía universal y sistemáticamente de arriba abajo, con una transparente equidad de principio físico, de teorema matemático. Nosotros, los reclutas, los conejos, los bichos, ocupábamos el último escalón en aquella jerarquía tan abrumadora como la de los círculos del cielo y del infierno en las teologías medievales, éramos los apestados y los parias, los intocables, el sumidero y el pozo ciego de todas las crueldades que descendían de grado en grado desde el pináculo hasta la base del edificio militar, pero quienes con más saña nos trataban no eran los oficiales, sino los cabos y los instructores que a lo mejor sólo llevaban tres meses más que nosotros en el ejército.

Dentro de nosotros mismos, en nuestra densidad de chusma y de carne de cañón, había también un hervidero constante de jerarquías y maldades, un amontonarnos y adelantarnos y pisarnos y darnos codazos y patadas que acababa resultando una sórdida repetición, a escala de nuestra miseria, en nuestro sótano de postergados, del edificio entero que nos gravitaba encima, y cuyas categorías y denominaciones tanto trabajo le costaba aprenderse a Guipúzcoa-22: no había piedad para el que se caía o tropezaba, para el que perdía el paso, para el que estaba tan gordo que no alcanzaba a subir la cuerda o a saltar el potro, para el extravagante, el afeminado o el lunático. Quien sufría un robo era culpable del empanamiento y la debilidad de haber permitido que le robaran. Quien no podía evitar un temblor de miedo en el pulso antes de lanzar una granada de mano era culpable de su cobardía. Los últimos de todos los parias, los definitivamente empanados, los que lo tenían más espantosamente claro, reunían todas las torpezas y todos los golpes de infortunio, los atraían con el imán maldito del empanamiento, y acababan castigados cada pocos días a hacer un retén o a catorce o quince horas seguidas de suplicio en medio del vapor y de la mugre inmunda de las cocinas, y cuando los demás reclutas, a partir de las seis de la tarde, disponíamos de unas horas de descanso, ellos desfilaban machaconamente en la oscuridad, perdiendo el paso, chocando los unos con los otros al no saber dar la media vuelta, exhaustos, embotados y ridículos, con las gorras torcidas y los andares de pato, reducidos al oprobio final del pelotón de los torpes.

Yo no sé todavía cómo me libré de él.

A medida que aprendía los rasgos de mi nueva identidad militar y que olvidaba o dejaba en suspenso las experiencias de mi vida adulta, yo regresaba a sentimientos y a estados de ánimo sumergidos durante mucho tiempo, no exactamente en las profundidades de la desmemoria infantil, sino en esa edad rara y fronteriza que ya no es del todo la infancia y todavía no es la adolescencia, los once y los doce años, cuando uno se ve extraviado casi de un día para otro en una confusión atemorizada y turbulenta cuyo resultado más común es una forma particularmente avergonzada y solitaria de amargura: las oscuridades bruscas y los quiebros agudos de la voz, el primer bozo sobre el labio todavía infantil, la inexplicable y agobiante culpabilidad de las manchas amarillas en las sábanas.

A los suplicios usuales de los doce años yo añadía el de mi apocamiento físico. Era tan torpe que no sabía ni darme una voltereta, y me quedaba paralizado delante de uno de aquellos artefactos temibles, el potro y el plinto, tan incapaz de saltarlos como un tullido. El profesor de gimnasia, un fascista alcohólico de bigote negro y gafas de sol que también nos daba Formación del Espíritu Nacional, se burlaba de mí y de los dos o tres que eran como yo, animando al resto de la clase a secundarlo en sus bromas, y nos decía, acercándosenos mucho, envolviéndonos en una pestilencia de cigarro ensalivado y coñac:

—Pues ya veréis la que os espera cuando vayáis a la mili.

Once años después aquel profesor de gimnasia se había muerto de cirrosis, pero su amenazante profecía estaba cumpliéndose, y otros individuos de hombría tan beoda y ademanes tan bestiales como los suyos se erguían delante de mí y de todos nosotros para someternos a un grado de temor y obediencia que se parecía mucho al del colegio salesiano donde yo había pasado los tres años más sombríos de mi vida. En la parte más íntima, en la más inconfesable de mí mismo, aquel miedo infantil era más fuerte que la discordancia ideológica y que las protestas de la racionalidad civil contra la mezcla de barbarie, tiranía y absurdo que reinaba en el interior del perímetro alambrado del campamento. Despojados de los puntos de referencia de la vida adulta, el desamparo que sentíamos los más débiles entre nosotros era el de la infancia. A los veintitrés años, a punto de cumplir veinticuatro, yo sentía intacto el miedo de los niños cobardes a ser golpeados y engañados por los más grandes del colegio.

Para que todo se pareciera más a las amarguras de esa época un instructor la tomó conmigo. Los instructores de vez en cuando la tomaban con alguien, no por nada, sino por el puro deleite y la arbitrariedad del dominio, igual que los niños más osados o más fuertes eligen una víctima sin el menor motivo personal, tan sólo por la comodidad o el poco esfuerzo de martirizarla. El capitán, el teniente, incluso el alférez de la compañía, eran figuras más o menos lejanas, demasiado elevadas sobre nosotros como para distinguirnos o castigarnos individualmente: llegaban a las ocho de la mañana y solían marcharse a las cinco o a las seis de la tarde, y yo creo que tenían ciertas dificultades oculares para vernos, las mismas que tienen los ricos para ver a los camareros o a los criados que les sirven, esa habilidad singular para que la mirada atraviese o simplemente no perciba a los inferiores que sólo poseen los que han vivido siempre instalados en el privilegio, y que ningún advenedizo es capaz de imitar. Eran los instructores, a los que también llamaban auxiliares, quienes estaban siempre con nosotros, justo encima de nosotros, quienes nos despertaban para diana y nos formaban para el desayuno, quienes nos azuzaban como los perros al ganado durante todo el día, quienes nos pasaban lista a la hora de retreta y nos vigilaban después del toque de silencio. Cualquiera de ellos tenía la potestad ilimitada e impune de amargarle la vida a un recluta. Aquel Ayerbe de la mirada oblicua y la visera sucia de la gorra caída sobre los ojos decidió que iba a amargarme la mía: le dio por mí, igual que al teniente, que en realidad no debía de ser mala persona, le había dado por Guipúzcoa-22, y se le notaba que desde la primera hora del día estaba vigilándome para atraparme en alguna equivocación, y que cuando yo la cometía y él se aproximaba a mí para darme una patada o un bofetón estaba siendo empujado por una especie de furioso éxtasis de crueldad. Dentro de nuestra miserable jerarquía de sumidero militar Ayerbe ostentaba el grado más alto, que era el de bisabuelo, o bisa, y que se conseguía cuando a uno le faltaban menos de dos meses para licenciarse. Los bisabuelos mostraban un abandono definitivo y mugriento en sus uniformes, como si llevaran años sin relevo en algún puesto de la jungla, llevaban partida la visera de la gorra de faena y en el interior de ésta, donde era tradición que los soldados escribieran la lista de los meses que les quedaban de servicio, habían tachado ya la mayor parte. Cada noche, después de la lista de retreta, los bisabuelos gritaban el número exacto de los días que les faltaban para licenciarse, y a nosotros, los reclutas, que nos quedaba más de un año, nos parecía aquel grito un insulto y el testimonio de un incalculable privilegio.

—¡Veinte días a tope! —gritaba Ayerbe, por ejemplo, que se licenciaría cuando nosotros jurásemos bandera, y su veteranía se nos antojaba tan prodigiosa y abrumadora como la vejez de un patriarca bíblico, y apenas podíamos concebir que también a nosotros nos fuera reconocido alguna vez el título de bisabuelos, el privilegio chulesco de llevar una gorra vieja y torcida sobre la cara, de contar por días y no por meses eternos nuestro futuro militar y de hacer que algún recluta recién llegado se muriera de miedo ante nosotros. A la formación de diana Ayerbe se presentaba en pijama, sólo que con la gorra y las botas puestas, y se rascaba la entrepierna echada hacia adelante mientras el cabo de cuartel nos pasaba lista, mirándonos desde muy alto, desde la dignidad de bisabuelo y la cima de la escalinata, y entonaba con más chulería que nadie la consigna predilecta de los veteranos:

—Conejos, vais a morir.

Volvíamos del desayuno, rompíamos filas, sin perder ni un minuto, sin que nos diera tiempo ni a ir al retrete, más deprisa, gritaban, que estáis empanaos, y teníamos entonces que recoger nuestros fusiles y que formar de nuevo para la instrucción, ahora con los cetmes al hombro, o apoyados en el suelo y rectos junto a la pierna derecha, la mano derecha extendida sobre el cañón, las puntas de los dedos rozando justo el disparador (habíamos aprendido también que en el ejército no se dice gatillo, como en la vida civil, sino disparador, y tampoco tanque, sino carro de combate: que los civiles y los reclutas dijeran gatillo y tanque eran indicios de su inferioridad, incluso de su afeminamiento). Gritaban, sobre el hombro, armas, ar, y levantábamos el fusil con la mano izquierda y lo elevábamos hacia el hombro y sujetábamos la culata con la mano derecha en una sucesión de movimientos minuciosos y perfectamente regulados, en un acto que duraba un segundo pero que estaba dividido en lo que los instructores llamaban varios tiempos. Con el fusil sobre el hombro derecho, firmes, aguardábamos la orden de media vuelta a la derecha, y cuando ésta era formulada aún quedaba algún incauto que la obedecía sin esperar a la voz ejecutiva, y todo el mundo se reía y el cabo se lo quedaba mirando y le decía:

—Esta noche te apuntas una tercera imaginaria, empanao.

Nos ordenaban media vuelta, girábamos al unísono con las cabezas levantadas y ahora esperábamos la orden de empezar a marchar, siempre con el pie izquierdo, la voz inarticulada y monótona que regiría y numeraría nuestros pasos, un dos er ao, nosotros en fila, guardando las distancias ya sin necesidad de cubrirnos, fijos en los hombros y el cogote del que teníamos delante, la cabeza alta, conejos, que no estáis pastando, la mano derecha sujetando la culata del fusil, el brazo izquierdo moviéndose hacia atrás y hacia adelante en sincronía con los pasos, ni demasiado alto ni demasiado bajo, justo hasta que los dedos rozaran el hombro del que nos precedía, recto pero no rígido, con rabia, maricones, las botas pisando con fuerza unánime la grava de las explanadas de instrucción, un dos er ao, filas rectas de uniformes caqui, de botas negras, de brazos levantándose y cayendo, de fusiles en diagonal, más fuerte, conejos, que tiemble el suelo, que haya un terremoto, que se note que somos los mejores, los pasos humanos sometidos a un ritmo de maquinaria hidraúlica, la multitud subdividida en líneas rectas y en figuras geométricas que se ondulaban al unísono, con movimientos regidos por una sequedad de metrónomo, mientras en el cerebro de cada uno de nosotros iba desapareciendo cualquier residuo de pensamiento para dejar sólo la monotonía binaria del paso militar, uno dos, izquierda derecha, un dos, er ao.

Pero a veces aquella visión de maquinismo se malograba, porque un recluta particularmente torpe o empanado perdía el paso y la fila entera se descomponía. Perdían el paso con frecuencia el gigante vasco Guipúzcoa-22 y un gordo de la provincia de Cáceres que aseguraba tener los pies planos, aunque los médicos no le habían permitido librarse de la mili.

Para mi desgracia, uno de los que más perdían el paso en la 31ª compañía era yo, y como el instructor encargado de mi pelotón era el feroz Ayerbe, cada vez que me equivocaba y que quería angustiosamente unirme al ritmo de la marcha común Ayerbe me insultaba a gritos, y entonces sí que ya no tenía yo ninguna posibilidad de recobrar el paso, muerto de miedo, nervioso, dando breves saltos ridículos a ver si por milagro cuando adelantara el pie izquierdo lo hacía al mismo tiempo que los demás y braceaba igual que ellos, y no al revés, como si mi brazo derecho fuera la aguja rota de un reloj. Ayerbe se acercaba a mí, primero despectivo y luego furioso, los ojos mirándome de lado bajo la visera partida y mugrienta de la gorra, y al oír sus insultos sin detener el paso ni acomodarlo al de los demás yo notaba que empezaba a enrojecer, que me picaba el cuerpo entero, estremecido por el presentimiento físico de que iba a ser golpeado y humillado en medio del patio, delante de todos los reclutas de la compañía.

A veces, por casualidad, recuperaba el paso enseguida, y durante el resto de la instrucción Ayerbe seguía vigilándome los pies haciendo como que no me miraba, pero hubo una ocasión en la que por mucho que me empeñé no supe unirme al paso común, y Ayerbe, fuera de sí, me dio patadas y puñetazos y me sacó de la fila sujetándome por las solapas de la guerrera, amenazándome a gritos con el pelotón de los torpes, con quince días seguidos de cocinas y de terceras imaginarias, con el calabozo, con la repetición íntegra del campamento si no aprendía a desfilar. Jadeaba de rabia, muy cerca de mi cara, me miraba con una expresión de odio que yo no creo haber visto en los ojos de nadie, con un encarnizamiento en el desprecio que parecía exigir para satisfacerse la abolición en mí de cualquier residuo de dignidad humana.

No recuerdo haber tenido entonces un sentimiento de rebeldía: sentí tan sólo vergüenza, una vergüenza de mí mismo en gran parte, de mi inhabilidad física, de la rigidez cobarde de mi cuerpo, que me hacía desfilar, como me gritaba Ayerbe, a piñón fijo, como si mis brazos y mis piernas se movieran sin coordinación y sin ritmo. Sentía más o menos la misma humillación que cuando en los primeros cursos del bachillerato me suspendían la gimnasia: el abuso al que estaba siendo sometido en público, delante de otros reclutas y de los instructores, era una prueba bochornosa de mi incompetencia, no de la crueldad de las normas a las que obedecíamos.

Perdiendo el paso me distinguía y me separaba de la mayor parte de los otros, los que sabían desfilar sin equivocarse nunca, pero no por eso me sentía más cerca de los que eran más o menos como yo, los otros segregados, los más torpes aún: el pobre y gigantesco Guipúzcoa-22, con sus andares de criatura de Frankenstein y sus mangas tan cortas que le dejaban siempre descubiertas las muñecas y una parte de los antebrazos, el gordo Cáceres, el de los pies planos, que tenía en las caderas y en el culo una amplitud de adiposidades femeninas, aquel recluta alucinado y alunado de Madrid que nunca supo formar ni saludar como era debido, y que tenía una piel tan pálida que se le traslucían las venas de las sienes. Lo último que yo quería era ser como ellos o unirme a ellos para defender en común nuestras dignidades humilladas: lo que yo quería era ser exactamente igual que los otros, unirme a su normalidad y confundirme y fortalecerme en ella, y en mi vileza prefería una improbable sonrisa o una palabra de compañerismo zafio por parte de los que mandaban que una señal de reconocimiento en la cara bondadosa y equina de Guipúzcoa-22: como casi todas las víctimas, lo que yo quería no era acabar con los verdugos, sino merecer su benevolencia, y cuando por fin logré aprender a marcar el paso sin equivocarme y a sincronizar el movimiento de los brazos y me vi libre de la amenaza del pelotón de los torpes empecé a mirar con cierto desdén a los que no habían tenido la misma habilidad o la misma suerte que yo.

Un poco antes de la jura de bandera empecé a pensar que en realidad Ayerbe no era un mal tipo. En los corros de la cantina, que se llamaba el Hogar del Soldado, le reí ostensiblemente alguna de sus gracias sórdidas de veterano, de bisabuelo sentencioso, sin que él pareciera considerarme mucho más con su mirada oblicua que cuando me ponía zancadillas en los ejercicios de instrucción, y fui de los que se acercaron a él para despedirlo el día en que le comunicaron la fecha exacta e inmediata de su licenciamiento. Una parte sumergida y proscrita de mí se rebelaba con asco contra tanta obediencia, pero lo cierto es que el rencor originado por la persecución a la que Ayerbe me había sometido acabó siendo menos intenso que mi gratitud por que hubiera dejado de acosarme.

VII.

Para sobrevivir me ocultaba más hondo que nunca antes en mi vida. Emboscaba lo mejor de mí o lo más irreductiblemente mío para dejarlo a salvo no ya de la presión del exterior, sino de los mecanismos de obediencia, de embrutecimiento y olvido que también eran yo y que ya estaban dentro de mi alma antes de que los revivieran la disciplina y la claustrofobia del ejército.

La falta de términos de comparación y la pura fuerza de la monotonía pueden acabar otorgando un aire cotidiano de normalidad a los mayores absurdos y a las monstruosidades más bizarras. La repetición exhaustiva y unánime, en un lugar cerrado, de una cadena de actos que se justifican por sí mismos en virtud de una lógica inflexible, pero sin ningún vínculo con las realidades del mundo exterior, sume a quienes los practican en un espejismo de intemporalidad, en un estupor gradual de la inteligencia, atrapada ella misma en los automatismos rituales a los que al cabo del día no escapa ningún gesto, incluso ningún sueño ni deseo.

El sueño único y compartido de los tres mil reclutas del Centro de Instrucción era marcharnos cuanto antes de allí: contábamos avariciosamente cada día y cada hora, tachábamos con obstinada desesperación cada tarde una fecha en el calendario, y sin embargo el tiempo en el que vivíamos era eterno de tan exactamente repetido, y esa discordancia entre la eternidad y la duplicación idéntica de los días y el ansia nuestra de que pasaran cuanto antes terminaba por sumergirnos del todo en una ausencia perpetua de certidumbres temporales, más grave aún porque apenas recibíamos noticias del exterior ni sabíamos la fecha exacta de la jura de bandera, que iba cambiando cada día según los rumores difundidos por Radio Macuto: un día susurraba algún enterado que el Consejo de Ministros iba a reducir la mili a un año, y el campamento a cuatro semanas, y ya teníamos que modificar todos nuestros cálculos y hasta las tachaduras de nuestros calendarios, y al día siguiente, en la lista de retreta, un instructor nos notificaba con sarcasmo que lo llevábamos claro, que el campamento duraría tres meses, y no mes y medio, como nos dijeron al principio, y entonces la duración montañosa e incierta del porvenir de nuevo nos abrumaba, y éramos incapaces de imaginar que la mili terminaría alguna vez, aunque estuviera a punto de terminarse para los veteranos, igual que un niño no puede imaginar que alguna vez será como sus padres. Nuestra idea del tiempo se nos había vuelto tan cerrada como la del espacio y, del mismo modo que el paisaje exterior se reducía a los páramos que rodeaban las alambradas, nuestra perspectiva del futuro estaba limitada a la espera de los seis días de permiso que iban a darnos después de la jura de bandera.

No había nada individual ni único, nada que fuera súbito aparte de los arrestos, nada que no ocurriera porque estaba previsto y que no debiera ajustarse a una normativa tan detallada que terminaba siendo alucinatoria: el punto justo de la gorra que debía rozar los dedos de la mano derecha en el primer tiempo del saludo, los pasos que debían separarlo a uno de un superior en el momento de cruzarse con él para ir levantando la mano hacia la sien, la longitud reglamentaria del pelo en el cogote, el instante en que debían apagarse las luces en los dormitorios.

En aprender a arrodillarnos durante la consagración de una misa de campaña —la gran misa castrense que precedería a nuestra jura— tardamos varios días, porque había que llevar a cabo una serie de movimientos tan inextricable como la construcción de un mecano: adelantar el fusil, hincar una rodilla en tierra, quitarse al mismo tiempo, con la mano derecha, la gorra, llevársela al pecho, inclinar la cabeza, justo en el momento en que sonaran las notas más agudas del cornetín de órdenes, cuando el sacerdote levantara la hostia y la banda atacase la versión más solemne del himno nacional: como decía nuestro capitán, un soldado español sólo rinde sus armas delante del Santísimo Sacramento.

En aprender las gesticulaciones y las inmovilidades casi de ópera china de la posición de rindan se nos iba más tiempo que en las prácticas de tiro, y las repetimos tanto que hasta los más torpes de nosotros llegamos a alcanzar una perfección sonámbula. No había nada que no estuviera sometido al principio de la repetición, y lo que más agotadoramente se repetía era la misma presencia humana: en el campamento no estábamos solos nunca, ni siquiera en los retretes, que ya he dicho que carecían de puertas, y que nos infligían a todos el escarnio de vernos acuclillados sobre un agujero hediondo que rebosaba de orines y heces, sujetándonos los pantalones para que no se nos mancharan y al mismo tiempo abrazándonos las rodillas desnudas para no caernos hacia atrás, bajando la cabeza, queriendo no ver al menos a los que nos veían. La mirada se acostumbraba a la monotonía de los uniformes, de las cráneos mal rapados y de los edificios idénticos y numerados de ladrillo igual que se acostumbraba el oído al ritmo de las botas, y aquella repetición permanente en el espacio y en el tiempo, mezclada con la inseguridad sobre las normas y el miedo constante a que nos sobreviniera un arresto, debilitaba y muchas veces abolía del todo nuestra individualidad, volviéndonos así maleables y dóciles, uniformando nuestra conciencia en el mismo grado en que habían uniformado nuestro paso y nuestro vestuario.

Era fácil sentirse como aquel personaje del cuento de Papini que asiste vestido de dominó a un baile de carnaval en el que todo el mundo lleva también disfraz de dominó, y empieza a buscarse en los grandes espejos del salón de baile y tiembla de terror al no saber cuál entre todas las máscaras iguales y vestidas de blanco y negro es él, y ya se queda perdida para siempre su alma. Yo he visto fotos que me tomaron entonces, que mandé a mi familia o a mi novia, y en ellas soy tan plenamente un recluta que apenas me reconozco ahora, no sólo por el uniforme y por los años pasados, sino por la actitud y la sonrisa, que son las de un recluta atemorizado, pero no atormentado y tampoco solitario, un recluta exactamente igual a los otros que aparecen en la fotografía, con la cabeza ladeada, con una tentativa de chulería en la posición de la gorra, con los pulgares en el cinturón de la guerrera, un desconocido y al mismo tiempo alguien perfectamente familiar, no por ser yo, sino por ser cualquiera, cualquiera de los reclutas de mi reemplazo y cualquiera de los parientes que mandaban fotos militares a casa cuando yo era niño.

Me escondía para protegerme, pero también me escondía para disimular mi diferencia, para no señalarme, como habrían dicho mis mayores, empujado por una voluntad no demasiado noble de confundirme con los otros. Algunas tardes me escondía en la biblioteca del campamento, que era una habitación con unas pocas estanterías y unos pupitres de escuela de posguerra, con tablero inclinado y orificio para el tintero, con incisiones y rayaduras labradas durante décadas de monotonía escolar en la madera oscura y bruñida por el largo roce de las manos.

A las seis, ya casi de noche, después de la bajada de bandera y de la oración a los Caídos, cesaban durante tres horas nuestras obligaciones, a no ser que sufriéramos un arresto o que nos hubieran nombrado para algún servicio, y nos quedábamos rendidos y tirados sobre las literas o nos íbamos a matar el tiempo delante del televisor en el Hogar del Soldado. A veces yo reunía la fuerza moral necesaria para sobreponerme a la pura estupefacción del agotamiento físico y me pasaba una o dos horas en la biblioteca, y a pesar de su penuria y del frío que empezaba a subir del suelo de cemento la presencia de aquellos pocos libros ya me restituía poco a poco a mí mismo, aunque estuviera tan cansado y tan embrutecido que no lograse enterarme de lo que leía.

Bastaba el olor, el roce civilizado del papel, la quietud de aquel lugar en el que no había casi nadie. En aquella biblioteca leí por primera vez *El tercer hombre,* tan absorto en sus páginas como cuando leía a Julio Verne de niño, tan fuera de todo que cuando concluía el último capítulo y sonó el toque de fajina me pareció que salía de un sueño, uno de esos sueños detallados y felices cuyas imágenes lo siguen alentando a uno como un rescoldo de plenitud y entereza a lo largo de las horas diurnas.

Leía unos minutos cada noche, antes de que se apagaran las luces o me venciera el sueño, y procuraba aprenderme de memoria sonetos de Borges, y repetírmelos luego en silencio durante la instrucción o las marchas, como un alimento secreto del que nadie me podía privar, pero también gritaba «¡Aire!» al romper filas y echaba a correr y daba codazos y patadas para dejar cuanto antes mi fusil en los anaqueles de las armas, o para comprarme un bocadillo en el Hogar del Soldado, durante los diez minutos de descanso que teníamos cada mañana después de las dos primeras horas de instrucción. Tal vez sin darme cuenta me administraba yo mismo la dosis justa de encanallamiento que me era precisa para sobrevivir: veía caer a otros que no eran mucho más débiles que yo, los veía derrumbarse de pronto y romper a llorar o cometer audacias insensatas, no dictadas por la temeridad, sino por la pura desesperación, por el salvaje desamparo al que nos sometían y en favor del cual la mayor parte de nosotros conspiraba, y yo me decía a mí mismo que no iba a ser como ellos, y procuraba despreciarlos y no mirarlos a los ojos, no fuera a ser que descubriesen que yo era uno de sus semejantes.

Emboscado en mí mismo, me asomaba a mis ojos o a los del simulacro de recluta obediente en el que me había convertido, igual que un golfo asoma la cara por la boca del cabezudo de cartón dentro del cual gesticula y se esconde durante un desfile de feria. Al menos lograba resistirme a las formas más abyectas de la estupidez, al orgullo ridículo que los instructores y los mandos querían inocularnos, y que muchos de mis compañaros abrazaban, para mi sorpresa, con el entusiasmo de una religión o de una militancia política: venga, nos animaban, a ver si somos mejores que nadie, a ver si en el desfile de la jura quedamos por encima de las demás compañías, de esos maricones de la treinta y tres, la barbilla más alta, el taconazo más fuerte, que esos brazos se levanten con rabia, y resultaba que aquella arenga era más eficaz que las patadas y que las amenazas de arresto, y a más de un recluta gandul se le encendía la honra y ya desfilaba con una gallardía retadora, y podía ocuparse él mismo de llamarle la atención a otro que no compartiera su entusiasmo, dándole a su recriminación un tono emulatorio como de equipo americano: «Venga, hombre, ponle ganas, joder», me murmuraba siempre por encima del hombro Valencia-9, un imbécil entusiasta que iba detrás de mí en la fila, «que esto tenemos que conseguirlo entre todos». Yo no sé qué era más fuerte, el asco o la vergüenza ajena, que ya arreciaba hasta un grado de sonrojo cuando los instructores, en el calor de la instrucción, lanzaban una letanía de preguntas retadoras que contestaban al unísono la mayor parte de las voces, imitando sin éxito la mezcla de fanatismo helado y furia mecánica que suele verse en las películas americanas de marines:

—¿Quién desfila mejor que ninguna?

—¡La treinta y una!

—¿Quién marca el paso al revés?

—¡La treinta y tres!

Pero no era nada fácil resistir el embate obstinado de la tontería, no tanto porque fuera invencible en sí mismo o porque no se interrumpiera nunca, sino porque acababa encontrando dentro de mí y de cualquiera una respuesta, por débil y avergonzada que fuese, porque despertaba un instinto que yo no sé si estará en nuestros genes de primates o nos fue impreso en la infancia franquista como la marca indeleble de una ganadería: había un momento en el que yo también braceaba enérgicamente y me complacía en la unanimidad sin tacha de un rindan o un presenten, con su estrépito de botas y de culatas golpeadas. Es posible que una vez alcanzado un grado máximo de saturación en la unanimidad interminablemente reiterada de los gestos ningún miembro de una multitud pueda sustraerse a la identificación plena con ella, ni siquiera aunque busque refugio en el secreto y en la misantropía: al secreto no le basta la intimidad de la conciencia para salvaguardarse, necesita, aunque no lo parezca, asideros materiales, signos visibles de que la individualidad a la que pertenecía se mantiene intacta.

Pero casi toda nuestra vida individual, al poco tiempo de estar allí, al tercer o cuarto día, era un territorio devastado, el residuo último de un proceso de despojamiento que había comenzado con la pérdida de nuestra fisonomía, de nuestros nombres y de nuestras ropas civiles y terminaba en la ignominia máxima de la proscripción del pudor, cuando nos empujaban hacinados y desnudos por los pasillos con azulejos de las duchas, entre nubes hediondas de vapor y chorros de agua hirviente o helada que brotaban de las paredes y del techo, en una penumbra insana y húmeda como de sótano de hospital.

Las duchas estaban en un barracón separado de las compañías, y teníamos que salir corriendo hacia ellas con un mínimo de ropa, pues cuanta más lleváramos más peligro habría de que nos robaran. Salíamos en calzoncillos y camiseta al frío crudo de noviembre, con el jabón y la toalla en la mano, con los pies metidos en las botas de deporte, que eran unas botas de lona de un color verde castrense y con unas suelas de goma que despedían enseguida un olor fétido, agravado por el hecho de que nos lavábamos mucho menos de lo que hubiéramos debido.

Cruzábamos corriendo hacia el barracón de las duchas, azuzados a gritos por los instructores, y entrábamos a un vestíbulo encharcado y con azulejos antiguos, de un verde sanitario de los años cincuenta, con un aire de obvia decrepitud y dudosa higiene como el que solían tener las casas de baños públicos. Allí nos desnudábamos del todo, dejando la ropa interior donde podíamos, colgada de alguna percha, sin había suerte, o doblada encima de las botas, con gran peligro de que alguien le diera por casualidad o a propósito una patada y se nos empapara del agua sucia del suelo. La primera vez los reclutas no supimos qué había que hacer a continuación, porque no veíamos cabinas para duchas, sino un túnel ancho y oscuro delante de nosotros. Eran los veteranos o los instructores quienes nos empujaban sin miramiento hacia el túnel, algunas veces lanzándonos chorros de agua a presión con mangueras de riego, que nos quemaban la piel o nos dejaban morados de frío, y que en cualquier caso nos obligaban a internarnos en aquel pasadizo, medrosos y agrupados en la penumbra, en medio del vapor espeso, convertidos en un amontonamiento de carne pálida y rosada, de cuerpos blandos y violáceos que chocaban entre sí, con una desagradable superficie húmeda y lisa, como de vientre de batracio, algunos chillando con agudos tonos femeninos, por desahogo o por broma, algunos aprovechando para poner zancadillas o para conjurarse en contra de un empanao, de un gordo patético y temblón, de un sospechoso de afeminamiento.

No podíamos quedarnos quietos ni permanecer separados los unos de los otros, teníamos que correr bajo los chorros del agua que caían sobre nuestras cabezas o que brotaban diagonalmente de las paredes, corríamos resbalando sobre el suelo cubierto de una nauseabunda película de suciedad y de jabón, y mientras corríamos por el túnel que se quebraba en ángulos rectos teníamos que enjabonarnos y aclararnos, pues muy pronto se llegaba al final y si uno no había sido lo bastante rápido se encontraba embadurnado de jabón y con el pelo lleno de espuma y no tenía la posibilidad de volver, pues el río de cuerpos desnudos seguía viniendo y empujando y no permitía avanzar en sentido contrario. Aunque esto hubiera sido posible no habría quedado tiempo, ya estaban los instructores apurándonos, venga, conejos, deprisa, que no tenemos todo el día, maricones, que estáis aprovechando para poneros rabos: había que buscar la toalla, la ropa interior y las botas, porque éramos tantos y había tanto desorden y el aire estaba tan denso de vapor que era difícil ver algo con claridad en medio de aquella niebla de carne pálida y mojada, y más difícil todavía que no le hubieran quitado a uno algo, por necesidad o por gracia, porque había veteranos y también reclutas que estaban tramando siempre esa clase de bromas.

En mi calidad de empanado incorregible yo salí del túnel de las duchas con los ojos cegados por el jabón, tropezando desagradablemente con los cuerpos desnudos y reblandecidos por el calor que me rodeaban, y cuando al fin pude ver algo, rabiando de escozor, y cuando además encontré el sitio donde había dejado mis botas, mi gorra, mi ropa interior y mi toalla, descubrí con pavor que me habían robado la toalla y la gorra: de modo que no sólo no podía secarme y tenía que salir mojado al viento ártico de la explanada, sino que además iba a sufrir un arresto cuando me presentara en la formación con la cabeza descubierta, que era una de las mayores faltas que podían cometerse, uno de los mayores desastres que podían sobrevenirle a uno: ir sin gorra era como ir decapitado de antemano al patíbulo de los castigos y de las carcajadas soldadescas.

Miré a mi alrededor con la tonta esperanza de descubrir al ladrón, pero podía ser cualquiera, más iguales todos nosotros aún por el amontonamiento y la desnudez, y el frío creciente me laceraba menos que la infalible proximidad del castigo y del ridículo. Nadie parecía darse cuenta de mi desgracia, pero al mismo tiempo yo tenía un sentimiento de vejación colectiva, como si todo el mundo supiera ya lo que había ocurrido y se burlara de mí a mis espaldas. Un instructor batió palmas, en alguna parte sonó una sirena o una corneta: había que salir corriendo de las duchas porque llegaba el turno de otra compañía, y todo el mundo, salvo yo, estaba ya envuelto en sus toallas, se había puesto botas y gorras y se agolpaba ruidosamente para salir del barracón, peleando con rutinario fervor por no quedarse los últimos.

Era como esos sueños en los que uno está desnudo y vulnerable en una habitación llena de gente o en medio de la calle, pero a diferencia de los sueños lo que a mí me ocurría en ese instante era verdad. Me dieron ganas ya de rendirme, de no soportar más vergüenza, más miedo, más humillación, desnudo y tiritando de frío y con espuma en los ojos, destinado a un arresto inmediato y a ser víctima segura de las risas de mis superiores y de mis compañeros de armas. Entonces vi, colgadas de una percha, una gorra y una toalla cerca de las cuales no había nadie, y en menos de un segundo yo me había convertido también en un ladrón, y además en un ladrón afortunado, porque nadie me vio coger lo que no era mío y la gorra me venía perfectamente bien, cosa del todo extraordinaria, dado que según los veteranos que me habían medido la cabeza en el almacén del vestuario la mía era una de las más rotundas en la remesa de tres mil que llegaron al campamento conmigo.

Después me di cuenta de que el dueño desdichado de aquella gorra, aparte de en el diámetro del cráneo, se me parecía también en el empanamiento, pues además de incauto no había tenido la precaución de escribir en el forro su nombre, su matrícula y su compañía. Salí corriendo con la gorra y la toalla del otro en ese estado de euforia nerviosa que suele sentirse al escapar de un peligro cierto e inmediato. Era como si el robo me hubiera dado de pronto un coraje del que hasta entonces había carecido, y yo creo que me mezclé a la carrera y al tumulto de los otros con unas ganas de sumarme a ellos que no había conocido hasta entonces, en parte por un instinto de esconderme entre los demás para que no se me atribuyera el robo, en parte también porque mi acto de vileza me daba la oportunidad de ser como los más peligrosos o los más desalmados entre ellos y de alejarme así del número de los tontos, de los que sufren robos, novatadas y arrestos, es decir, de las víctimas.

Volvía luego a mí mismo, me reconstruía, era absuelto no por la valentía, sino por la pureza intolerable del dolor, por un grado de inhabilidad y de espanto que me prohibía a mi pesar cualquier clase de apaciguamiento. No aprendía a hacer nada, no lograba aprenderme los mecanismos y piezas infinitas del fusil de asalto y de la granada de mano, y menos aún desarmarlos y armarlos con la suficiente rapidez, todo lo cual a algunos de mis colegas no dejaba de intrigarles, dado que yo tenía una carrera, si bien era evidente que los estudios universitarios no mejoraban la inteligencia: un paisano mío de la provicia de Jaén con el que había compartido yo la espera de la primera noche en la estación de Espeluy me preguntaba siempre que por qué yo, teniendo estudios, estaba de recluta pelón en vez de haberme hecho alférez de las milicias universitarias. Me lo preguntaba con esa mezcla de reverencia, lejanía y recelo con que todavía entonces miraba la gente de los pueblos a quienes tenían carrera, que para ellos solía ser la carrera de médico, la de abogado o la de maestro. Yo le contestaba con algún embuste, dado que jamás habría accedido a contar la verdad, que no me había presentado a los exámenes para las milicias por miedo a que me eliminaran de forma humillante en las pruebas de gimnasia.

Qué clase de alférez o de sargento habría sido yo, si me escondía donde fuera con tal de no saltar el potro, si ni siquiera era capaz de guiñar el ojo para hacer puntería con el fusil en los ejercicios de tiro ni de lanzar una piedra a la distancia suficiente en los preparativos para el manejo de las granadas de mano. Me tendía cuerpo a tierra, alineado junto a los otros, en la extensión pedregosa del campo de tiro, frente a los soportes blancos de las dianas, apoyaba la culata en el hombro, según me habían explicado, quitaba el seguro, guiñaba el ojo procurando que el punto de mira coincidiese con la pequeña guía metálica sobre la boca del fusil, y que a través del círculo del primero se viese la diana, pero yo no veía nada, en parte porque de pequeño no había aprendido a guiñar bien los ojos, igual que no había aprendido a lanzar piedras ni a darme volteretas, en parte también porque estaba muy nervioso, porque el artefacto pesado y rudo que tenía entre las manos me sobrecogía con su evidente condición de máquina de matar, de la que era fácil olvidarse durante los ejercicios de instrucción, pero no ahora, cuando habíamos contado las balas largas y puntiagudas antes de guardarlas en el cargador y habíamos encajado éste en el fusil, antes de tirarnos cuerpo a tierra y de esperar la orden de fuego, intentando distinguir a lo lejos los círculos concéntricos de las dianas.

Oíamos detrás de nosotros las pisadas de las botas de los instructores y del teniente, que recorrían la fila corrigiendo posturas y repitiendo normas de seguridad que en su propia enunciación ya daban miedo, no soltar de golpe el fusil cuando estaba cargado, no apuntar con él a nadie, quedarse quietos en el mismo sitio si se encasquillaba, no ponerse en pie, pedir ayuda y esperar. La espera solía ser lo que más difícilmente soportábamos, sobre todo las primeras veces, la primera de todas, cuando aún no habíamos presionado nunca el gatillo ni escuchado la explosión del disparo, cuando no conocíamos el dolor que provoca en el hombro el retroceso ni el olor del humo de la pólvora. El campo de tiro estaba en una hondonada entre lomas sin vegetación, y sobre una de ellas se veía una ambulancia, y a su lado la silueta negra y ensotanada del páter, que daba vueltas y leía un libro de oraciones, lejos, muy nítidamente recortadas sobre la tierra desnuda la furgoneta militar con la cruz roja sobre fondo blanco y la carnosa figura eclesiástica, a la que sólo le faltaba un sombrero de teja para completar su anacronismo.

Cuerpo a tierra, con los guijarros del suelo hiriéndome los codos, con las piernas bien separadas y el dedo índice de la mano derecha posado medrosamente en la curva del gatillo, aguardando la orden de disparar, que aún tardaría unos segundos eternos, yo escuchaba las pisadas del instructor detrás de mí y miraba de soslayo hacia la ladera donde el páter y la ambulancia constituían una estampa de mal agüero, un aviso de que en medio de toda aquella irrealidad podía irrumpir de pronto la muerte. Gritaban, fuego, y yo disparaba sin ver la diana y me aterraba el estampido multiplicado y súbito de los disparos a mi alrededor, que me hería los tímpanos y me dejaba medio sordo durante varias horas, percibiendo los sonidos y las voces como detrás de una niebla muy densa.

Trataba de corregir la posición, de ver algo por el punto de mira, pero el humo me picaba en los ojos, y cuando la orden de fuego se repetía una segunda vez tampoco sabía hacia dónde estaba disparando, y me dolía el hombro y me temblaban las manos, y ya era por completo incapaz de mantener un ojo guiñado, incluso de saber cuál de los dos era el que debía guiñar.

No acertaba nunca, no ya en la diana, ni siquiera en el panel rectangular en el que estaba dibujada: terminados los cinco disparos de cada ejercicio, había que echarse el fusil al hombro y correr hacia la diana para contar los impactos, quedándose luego junto a ella en posición de firmes hasta que los instructores y el teniente pasaban tomando nota de los resultados. El teniente, al menos, no era despiadado:

miraba la diana intacta y luego me miraba a mí, que me ponía más rígidamente firme, y en su cara de catequista viejo aparecía un gesto de incredulidad: no podía creerse que yo no hubiera acertado ni una vez, y movía pesarosamente la cabeza y me vaticinaba que como siguiera disparando así me iban a quitar el permiso de la jura y además me obligarían a repetir el campamento, lo cual ya terminaba de aterrorizarme.

Un relamido individuo de la provincia de Granada resultó ser el recluta con mejor puntería de todo el campamento, y ganó un premio de quinientas pesetas instaurado por el coronel, que vino personalmente a entregárselo: éste Granada-nosecuántos era el mismo que levantaba la mano cuando el capitán o el teniente preguntaban en las clases teóricas si alguien necesitaba alguna aclaración o tenía dudas, y el que se ofrecía voluntario para decir el nombre del coronel cada vez que Guipúzcoa-22 no lograba recordarlo.

Me encontré con él en Granada siete u ocho años más tarde, en la oficina donde yo trabajaba, y aunque no lo había visto desde los días del campamento lo reconocí enseguida y descubrí que seguía guardándole todo mi rencor, que lo odiaba aún con la misma furia íntima y desconsolada que cuando nuestros superiores nos lo ponían como ejemplo y él sonreía delante de nosotros con la cabeza alta, con el uniforme impecable, con una sonrisa de satisfecha vanidad en su boca pequeña de enchufado, como un alumno modelo en un colegio de curas. Trabé conversación con él. No se acordaba de mí, desde luego, pero enseguida estuvo claro que todos sus recuerdos del ejército eran mucho más vagos que los míos. Tampoco se acordaba de aquel premio de quinientas pesetas que le había entregado el coronel delante de toda la formación, y me miró con algo de extrañeza, como si le pareciera muy raro o muy pueril que otra persona poseyera un recuerdo de su vida que a él se le había borrado, por su lejanía y por su irrelevancia: más pueril aún es sin duda que yo siga acordándome, que no me cueste nada ahora mismo revivir aquel rencor, aquel miedo a los estampidos secos de las balas, al ruido metálico de los cargadores, al olor de la pólvora en el aire helado de las mañanas de noviembre.

VIII.

Había una primera salida de uniforme, un primer domingo militar en la vida de uno, y aquella experiencia era tan definitiva para nuestro aprendizaje como la de la humillación permanente o la de las armas de fuego.

El domingo siguiente al de nuestra llegada salíamos por primera vez del campamento y nos parecía que hubiera pasado media vida desde que abandonamos el mundo exterior, con el que ahora confrontábamos nuestra recién adquirida identidad de reclutas. En las desiertas mañanas dominicales, siempre nubladas o lluviosas, iba uno por Vitoria vestido de quinto, de romano, de pistolo, de soldado de posguerra o de película en blanco y negro de los años cincuenta, con la visera rígida de la gorra llamada de paseo ensombreciéndole la mirada más de lo que la mirada ya estaba ensombrecida de por sí, que no era poco, con el ropón viejo del tres cuartos, con la guerrera de botones dorados y una entalladura como de los tiempos de la guerra de África y el cuello postizo de celuloide blanco que nos cogía un pellizco doloroso debajo de la nuez siempre que intentábamos abrochárnoslo. Contaban los enterados, los infalibles corresponsales de Radio Macuto, que en las guarniciones de Madrid los soldados ya se paseaban con uniformes modernos, no exentos al parecer de un cierto grado de dandismo: boina en vez de gorra, guerrera abierta y con solapas, corbata y no cuello duro, pantalón recto y zapatos, y no aquellos pantalones nuestros que se remetían en las botas exactamente igual que en los tiempos en que hacían la mili nuestros padres.

Pero esas noticias sobre los nuevos uniformes a casi todos nosotros nos parecían leyendas, igual que las especulaciones sobre el acortamiento a un año o a nueve meses del servicio militar, o sobre la declaración inmediata del estado de guerra en el País Vasco. Nosotros paseábamos por los domingos fríos y nublados de Vitoria nuestros ropones anacrónicos, y la ciudad, en el fondo, se correspondía con el anacronismo de nuestra presencia, una ciudad de soportales y miradores acristalados, con parques burgueses y estatuas de reyes godos, con una plaza en la que había un monumento enfático a una batalla de la guerra de la Independencia, con iglesias de piedras góticas empapadas de lluvia, con esa clase de papelerías-librerías un poco polvorientas que suele haber en ciertas calles estrechas de las capitales de provincia.

En el escaparate de una de ellas, acabo de acordarme, vi una novela recién publicada de Juan Carlos Onetti, *Dejemos hablar al viento,* y seguí viéndola cada uno de los domingos que paseé por Vitoria, inaccesible tras el cristal de la papelería cerrada, como un símbolo o un testimonio de todas las cosas que ahora no me pertenecían, como un recuerdo de la vida dejada atrás, suspendida en el tiempo, en la libertad del porvenir.

Los reclutas, como los novios pobres, mirábamos mucho los escaparates. Nuestro domingo militar era el paroxismo de lo peor que ha tenido siempre el domingo, especialmente el domingo por la tarde, que es cuando el tiempo ya se vuelca hacia el anochecer y cae sobre uno la dramática sombra del lunes, del lunes inmemorial que llevaba uno dentro desde los años de la escuela, y en mi caso, para mayor exactitud, del colegio salesiano Santo Domingo Savio, del que me doy cuenta que no paro de acordarme en relación con el ejército, sin duda por una afinidad entre ambas experiencias que sólo ahora he sabido descubrir, una afinidad o eso que llama Paul Auster la rima de los hechos: al clero español y al ejército español les debo las dos temporadas más sombrías de mi vida, los dos aprendizajes más dolorosos y más tristes, unidos por la disciplina, por el desamparo, por los uniformes, por la arquitectura penitenciaria, por los domingos, sobre todo por los domingos.

Descubríamos enseguida que una de las condiciones para sobrevivir a la mili era sobrevivir al domingo, al catálogo de domingos innumerables que iban a abrirse como agujeros negros delante de nosotros a lo largo de todas las semanas de nuestro servicio militar, y que empezaba con un primer domingo ansiado y ominoso, el primero en que a uno le dejaban salir del campamento, si es que había tenido la suerte de que no le metieran un arresto por empanao o por amontonao o de que no le tocara un servicio de cocina o de retén.

Era raro recobrar algunos hábitos civiles, aunque fuera con aquella ropa lamentable, que más que a un ejército de ocupación, como decían en las paredes de Vitoria pintadas abertzales, parecía pertenecer a un ejército vencido, a las fuerzas armadas de un país tan desastroso o tan pobre que no habían tenido dinero para renovar uniformes a lo largo de dos o tres generaciones. Durante los días de nuestro aprendizaje nos habíamos acostumbrado sin darnos cuenta a la normalidad irreal de los uniformes, y justo entonces nos tocaba salir a la calle por primera vez, y comprobábamos con extrañeza y algo de vergüenza que aquella normalidad del campamento no existía, que bastaba cruzar las alambradas y caminar hacia Vitoria y extraviarse en sus calles para verse a uno mismo extraño y anormal, rudo, menesteroso, más bien sucio. El mundo exterior, que tanto habíamos ansiado, se nos volvía de repente ajeno y hostil: el territorio de la libertad era una ciudad en la que uno se veía a sí mismo ridículo al descubrirse en los escaparates de las tiendas, ridículo y extranjero, mirado de soslayo, con burla y tal vez con desprecio. Se cumplía en nosotros el destino de todos los encerrados, que gastan la vida en imaginar el mundo que hay al otro lado de su encierro y que cuando llegan a él se encuentran perdidos y buscan instintivamente el regreso a las certezas y al abrigo de su cautiverio.

Con aquellas ropas y en aquella ciudad le entraba a uno el desaliento de los domingos antiguos, los de la primera adolescencia, cuando apenas tenía dinero más que para una bolsa de pipas y un par de Celtas cortos y se pasaba el día dando vueltas por las calles donde pasean las familias, con aquellos trajes que nos ponían entonces a los adolescentes apenas acabábamos de salir de la infancia, unos trajes muy serios, hechos en el sastre, de tela oscura, de cuadritos pequeños, con los pantalones estrechos, con un punto de audacia en las dos rajas posteriores de la americana, que debían de ser una moda reciente.

Al querer imaginarme paseando por Vitoria vestido de romano o pistolo la figura se me duplica como por un efecto óptico y me veo también en un domingo de Úbeda, cuando tenía doce o trece años, igual de solo y de asustado que en Vitoria, y más o menos igual de anacrónico, con mi traje oscuro y mi corbata, el traje que me había encargado mi madre en el sastre como una vestidura simbólica de la edad adulta, y que yo iba a abandonar muy pronto en favor de los pantalones vaqueros. En Úbeda, en los domingos de mis trece años, me estrangulaba un sentimiento abrumador de soledad, de miedo y de ridículo ante las mujeres, una congoja permanente, sobre todo en invierno, cuando anochecía enseguida y yo regresaba a mi casa pensando en los deberes que aún no había hecho y en las clases abominables del lunes, la gimnasia y las matemáticas, el miedo a las bofetadas de los curas salesianos, a las burlas de aquel profesor de gimnasia que me auguraba un porvenir más miserable en la mili que el presente que por culpa suya padecía.

También Vitoria guardaba un cierto parecido con las ciudades de mi primera adolescencia, tan comerciales y anticuadas, con sus tiendas de tejidos y de ultramarinos, sus mercerías y sus papelerías, y por sus calles paseaban familias que volvían de misa con abrigos opulentos y paquetes de dulces comprados en pastelerías de toda la vida.

Un letrero en euskera, un cartel con fotografías de presos etarras, la pared de un frontón furiosamente cruzada de consignas escritas con espray, me devolvían la conciencia del lugar donde estaba. Pero a pesar de todo, a media mañana, recién bajado del autobús que me traía del campamento, era una delicia recobrar las cosas comunes, de repente singulares y valiosas, las pocas horas de libertad, el privilegio de caminar por ahí sin ir en línea recta ni marcando el paso, el gusto de estar solo, de mirar los periódicos y las revistas desplegados en un kiosco, de leer *Triunfo* o *El País* mientras tomaba un café y fumaba tranquilamente un cigarrillo, sentado en algún bar, mirando sin propósito por las cristaleras, enterándome de lo que había ocurrido fuera de las alambradas del campamento en aquella semana con parecida avidez y extrañeza que si hubiera vuelto de una estancia muy larga en otro país.

Íbamos a Vitoria para darnos el gusto de no escuchar gritos ni obedecer órdenes durante unas horas, para mirar a las mujeres, para llamar por teléfono desde locutorios abarrotados de reclutas, para morirnos de aburrimiento viendo llover en alguna plaza con soportales umbríos: pero íbamos sobre todo a comer, a paladear verdadero pan y verdadera comida, no la basura industrial que nos suministraban en los comedores del campamento; íbamos a comer como era debido, en calma, con tranquilidad, sin el sofoco de subir corriendo las escaleras y de abrirnos paso entre los otros para encontrar un puesto en la mesa, sin la angustia de comer tan rápido que los demás no pudieran quitarnos la comida y que ésta ya hubiera terminado cuando sonara la corneta.

Más que la lujuria o que las ganas de libertad lo que nos empujaba cada domingo hacia Vitoria era el hambre, el hambre multitudinaria de tres mil estómagos desconsolados de café con leche que no era café, de cacao con sabor a cieno, del olor a internado y a cárcel de las cocinas, de aquellas recetas malditas que se repetían un día sí y otro no, pollo al chilindrón, lentejas con chorizo y garbanzos con callos, y cuando la nube de reclutas caía sobre la ciudad se concentraba en un par de calles del casco antiguo, detrás de la catedral, la Zapatería y la Cuchillería, o la Cuchi y la Zapa en nuestro lenguaje soldadesco, en bares de bocadillos y restaurantes baratos, de modo que acabábamos comiendo tan amontonados como en el cuartel, aunque de manera más sustanciosa: comíamos, todos, un plato soñado durante toda la semana, transmitido por la sabiduría de reemplazo en reemplazo, un plato combinado que se llamaba un *Urtain,* y que hacía honor a su nombre, aquel pobre boxeador cuya fama aún no se había apagado al final de los setenta. Los veteranos se lo decían a los reclutas, y los más listos entre éstos a los menos espabilados:

—Lo que hay que tomar en la Zapa es un urtain.

El urtain, lo mismo por su tamaño que por su composición y su textura, era más que un plato el sueño materializado del hambre, como los jamones y los pavos que soñaba Carpanta en los tebeos: dos chuletas de cerdo a la parrilla, dos huevos fritos, una montaña de patatas fritas, pan, vino, gaseosa y postre, todo por ciento cincuenta pesetas, en algún comedor angosto y populoso de reclutas, con la televisión a todo volumen, con el aire espeso de olores de cocina y seguramente también de olores cuartelarios, los que traíamos nosotros, los que pertenecían a nuestra propia falta de higiene personal y los que habíamos heredado de la mugre de otros, los soldados cuyos tres cuartos y uniformes de domingo llevábamos nosotros ahora.

Comerse un urtain, el primero de todos, después de una semana de soportar el rancho del campamento, constituía un delirio de gula, aunque ni los huevos ni la carne fueran demasiado frescos y las patatas estuvieran refritas. En la imaginación cuartelaria, en los paraísos artificiales que todos acabábamos compartiendo, el sueño del urtain se situaba en una posición tan de privilegio como el sueño de la novia con la que se iban a satisfacer las más desatadas ambiciones carnales durante el permiso de la jura. El urtain, la novia a la que se llamaba por teléfono los fines de semana y a la que se le escribían cartas laboriosas y sentimentales en hojas de papel rayado, las mujeres innominadas y desnudas que aparecían en las revistas pornográficas, las borracheras de cubata de ron en alguna discoteca, en el curso de las cuales alguna chica carnosa y ardiente se daría el lote con uno de nosotros: esos eran los sueños del recluta, manifestados en voz alta, exagerados por el exhibicionismo, por la simple y mecánica competitividad masculina en un lugar disciplinario y cerrado, y muchos los repetían por imitación, y otros por un simulacro de hombría y orgullo, y al final, cuando llegaba el domingo, todos salíamos a la calle tan idénticos en nuestros sueños como en nuestros uniformes, y algún tímido, que jamás en su vida se atrevió a mirar a una mujer en Vitoria, se apartaba unos pasos del grupo de reclutas y le decía a alguna un piropo, un piropo lamentable, entre cobarde y jactancioso, que seguramente ya era antiguo cuando mis tíos o mi padre se fueron a la mili:

—Como te dé un beso a pulso se te caen las bragas a plomo.

—Eso es un cuerpo, y no el de la Guardia Civil.

—No vayas por el sol, bombón, que te derrites...

Llegábamos a Vitoria en una turba cimarrona, en una chusma mestiza de orígenes y acentos, rapados, renegridos, con nuestras gorras absurdas y nuestros tres cuartos arrugados como harapos, sucios y vulgares, representando sin duda lo más lamentable del mundo exterior en aquella ciudad en la que parecía unirse la condición administrativa y levítica de las capitales de provincia castellanas con la altanería y la oficialidad del gobierno vasco recién instalado (unas semanas después de que llegáramos nosotros al campamento se había aprobado en referéndum el estatuto de autonomía).

Éramos la encarnación populosa de las peores pesadillas del nacionalismo euskaldun, una invasión de pobres, de desmedrados campesinos extremeños, jiennenses o canarios que sólo entonces habían salido de sus pueblos, y que gracias al ejército español estaban viendo mundo y aprendían a fumar porros y a usar la jerga de la droga y las cárceles. Nuestra condición de chusma gregaria y marginal nos empujaba a agruparnos instintivamente en el gueto soldadesco de la Zapatería y la Cuchillería, por donde apenas iba gente de paisano, igual que en los barrios para negros o turcos de las desalmadas capitales europeas apenas se ven caras de piel blanca. Salíamos huyendo del recinto militar y acabábamos hacinándonos en calles y bares donde sólo había reclutas, y el humo de los restaurantes baratos donde se asaban las chuletas de los urtain nos atraía y nos identificaba como los olores a guisos y las músicas africanas o árabes en un suburbio de París.

En el juego de aprendizajes y de olvidos que determinaba nuestra instrucción militar una de las cosas que habíamos olvidado primero eran los buenos modales en las comidas, así que la mayor parte de nosotros, salvo unos pocos exquisitos definitivos, comíamos haciendo toda clase de ruidos de masticación y deglución y hablábamos con la boca llena, ayudándonos sonoramente del tinto con gaseosa para bajar los colosales bocados de chuleta de cerdo y las sopas de huevo frito que engullíamos. El calor de la comida, del vino y del coñac, el sofoco de los comedores pequeños y poco ventilados, llenos de humo y de voces, nos producían una mezcla de excitación nerviosa y de invencible somnolencia, la somnolencia dulce y embrutecida del hartazgo, y después de comer solíamos irnos al cine, aún de día, a una hora infantil, las cuatro de la tarde, porque no teníamos otra cosa que hacer y estábamos ya cansados de dar vueltas por Vitoria, aquella ciudad de cielo gris y mujeres demasiado bien vestidas y con caras severas que a muchos nos producían una timidez exagerada por el miedo al ridículo que también era parecida a las timideces de la adolescencia: el uniforme nos resultaba ahora tan vejatorio como los granos en la cara diez años antes.

Llegábamos al cine sin darnos cuenta todavía de que estábamos repitiendo el primer paso en el ritual de la desolación de los domingos: no calculábamos que cuando saliéramos ya sería de noche, ya tendríamos que ir pensando en volver al cuartel, y no sólo porque se acercaba la hora de retreta, sino por un motivo más melancólico aún, porque no teníamos absolutamente nada que hacer, porque se oían en todas partes los resultados de los partidos de fútbol en los transistores y nos faltaban ánimos o dinero para entrar en las cafeterías, en esos bares desiertos y demasiado iluminados de los domingos por la noche.

El primer domingo de mi cautiverio militar yo vi la película *Hair* de la que recuerdo confusamente que trataba de hippies y de soldados que mueren en la guerra de Vietnam, pero cuya música, que me gustaba mucho, permanece muy clara en mi memoria. *Age of Acuario* y *Let the sunshine in,* dos canciones que se habían escuchado mucho en la radio cuando yo tenía trece o catorce años y que alcanzaron de nuevo una gloria fugaz gracias a aquella película, traían una emoción de rebeliones y desobediencias lejanas, con toda su tontería y todo su entusiasmo, con su magnífica alegría coral y su misticismo astrológico, y en la butaca del cine, aquella tarde de domingo, a mí se me formaba un nudo en la garganta y me venían las lágrimas a los ojos, y como estaba en la oscuridad, y a salvo por tanto del ridículo, me permití llorar un rato, debilidad ésta a la que un número sorprendente de personas suele abandonarse en los cines.

Habría muchos domingos así, los domingos innumerables del ejército, tan parecidos entre sí, tan idénticos en la memoria, convertidos en un puro sentimiento de amargura y desamparo, de incierta decepción, la decepción del día que tanto pareció prometer y no condujo a nada, tan sólo a la caída de la noche, al regreso desganado o angustioso primero al campamento y luego al cuartel, la sensación de haber entrado al cine cuando aún era de día y de salir en plena oscuridad, como si el tiempo nos hubiera estafado mientras veíamos tontamente una película, como si hubiera ocurrido mientras tanto un cataclismo, el de la extinción de la luz diurna.

En las ciudades con acuartelamientos la noche del domingo tiene un dramatismo particular, como una mayor densidad de las sombras nocturnas, un contraste más fuerte entre la claridad y la oscuridad, entre las luces blancas de las farolas y la tiniebla de los descampados y de las calles suburbiales por las que corren los soldados en dirección al cuartel unos minutos antes del toque de retreta, arrancados de los bares o de los cines, de la vida común, borrachos todavía, lentos y turbios de hachís, exaltados por las horas de libertad, conversando o cantando canciones soeces mientras corren, deteniéndose a encender cigarrillos, a terminar de abotonarse una guerrera, mirando el reloj con un miedo invencible al arresto, a que empiece a sonar la corneta y ellos la oigan todavía de lejos.

El anochecer del primer domingo militar, a la salida de los cines, era un recuerdo y una profecía, un resumen de los domingos más tristes de la infancia y de la adolescencia y el vaticinio de todos los anocheceres de domingo que vendrían después, no sólo en el ejército, sino en la inimaginable vida de libertad a la que regresaríamos cuando aquello terminara, cuando fueran pasando los años y se volviera lejano el recuerdo de la mili. Incluso ahora, en el futuro de catorce años después en el que escribo, no hay domingo que no se me haga un poco lúgubre a medida que anochece, sobre todo si he cometido la imprudencia de entrar en un cine cuando aún era de día, o si en un bar o en la radio de un taxi escucho los anuncios de coñac y las voces lejanas y acuciantes de los locutores deportivos transmitiendo en directo algún partido de máxima rivalidad provincial.

Uno de los mayores misterios de la vida es el de la imposibilidad de ser feliz un domingo por la tarde: yo ni siquiera lo fui la tarde del domingo en que juré bandera, cuando viajaba hacia el sur en un autocar lleno de soldados para disfrutar el permiso de una semana que nos daban antes de incorporarnos al cuartel. No podía creerme que había terminado el campamento, que no vería nunca más los barracones y las alambradas, el páramo invernal de las afueras de Vitoria. De domingo a domingo se dilataba ante mí un tesoro incalculable y acuciado de tiempo, un reino de libertad de seis días que iba a acabar como empezaba, en otro anochecer de carreteras que atravesaban paisajes despoblados y noticiarios futbolísticos en los altavoces del autocar. Pero entonces no viajaría a Vitoria, sino más lejos, hacia el norte, a San Sebastián, y ya no iba a ser un recluta, sino un soldado de Infantería, un miembro del Regimiento de Cazadores de Montaña Sicilia 67. Ardor guerrero vibra en nuestras voces, decía el himno, y de amor patrio henchido el corazón...

IX.

El cuartel era un edificio con torreones de ladrillo al otro lado del río, un río ancho y lento, cenagoso, del que ascendía una niebla húmeda, un olor muy denso a vegetación, a limo, a aguas corruptas, a tierra y hojas empapadas, a lluvia, el olor del norte, que para muchos de nosotros, venidos del secano, constituía un misterio y una novedad. El río, a medianoche, iluminado sólo por las farolas del puente que aún no habíamos empezado a cruzar, era también una frontera y un foso, un río abstracto, todavía sin nombre, un río silencioso y oscuro entre dos orillas borradas por una espesura de helechos, y sobre él, por encima de la niebla, que volvían amarillenta o rojiza los faroles del puente, tras un muro de árboles, se veía el mástil de la bandera y la fachada del cuartel, las torres con sus ventanas enrejadas y a oscuras, todo con una imprecisión nocturna que exageraba dimensiones y efectos, como un aguafuerte romántico o un decorado tenebroso de ópera, el puente con los globos amarillos de los faroles, las arboledas estremecidas por la brisa que venía del mar, la niebla, la oscuridad húmeda, las garitas donde montaban guardia soldados con las caras cubiertas por pasamontañas, la luz escasa que provenía de los portalones del cuartel, que acababan de abrirse para recibirnos.

Habíamos llegado a San Sebastián, al barrio de Loyola, nos habíamos bajado de los autobuses a este lado del río, nos alineábamos sobre el puente, buscábamos nuestra documentación militar, hablábamos en voz baja, rodeados por nuestro propio rumor de multitud acobardada, si bien ya no éramos del todo vulnerables, pues teníamos la veteranía del campamento y la jura de bandera, una veteranía escasa, pero no desdeñable, una ventaja de seis semanas sobre los nuevos reclutas que ahora estarían llegando a Vitoria, aún con ropas civiles, asustados, empanados, perteneciendo de pronto a otra categoría de la especie militar, la más ínfima, la única que estaba por debajo de la nuestra.

Nosotros ya sabíamos saludar y disparar, ir a paso ligero o a paso de maniobra, armar y desarmar el cetme, gritar aire al final de cada formación, llamar usía a un coronel y vuecencia a un general, discernir instantáneamente el número de estrellas en una bocamanga y el número de puntas de cada estrella, defender a codazos y a patadas nuestro turno para comprar un bocadillo y un refresco en medio del mogollón del Hogar del Soldado, envolvernos los calcetines dobles en plástico y en hojas de periódico para que los pies no se nos helaran: cada día tachado en el calendario había sido una victoria, un paso más hacia la sumisión y el probable encanallamiento, cada astucia aprendida un arma nueva para sobrevivir, y el día de la Jura de bandera y de la partida de Vitoria había tenido algo de punto final, pero ahora, en la medianoche de nuestra llegada al cuartel, teníamos en el fondo casi tanto miedo como cuando llegamos al campamento, y ya empezaban a alejársenos los recuerdos de los pocos días que acabábamos de pasar en libertad y los paisajes ahora remotos a los que pertenecíamos, ya se nos desvanecían en la uniformidad caqui y verde oscuro a la que regresábamos los colores de la vida civil.

Nos dábamos cuenta de que estábamos empezando de nuevo, y aquel edificio de ladrillo al otro lado del río era un enigma absoluto, un castillo de irás y no volverás, tan sumergido en la oscuridad y en la niebla densa y húmeda del Cantábrico como en los rumores difundidos por la ignorancia, por las confusas sabidurías soldadescas, toda una tradición oral de advertencias y peligros. Íbamos a vivir un año entero en el interior de aquellos muros, y que nos hubieran destinado allí ya era en parte una desgracia, un infortunio añadido al de haber comenzado la mili en Vitoria, pero ya iba acostumbrándome yo a que en el ejército me tocaran las peores posibilidades de la mala suerte, no como a otros, los felices enchufados que después del campamento habían sido destinados a Burgos, a las oficinas señoriales de la Capitanía general, o a Pamplona, donde se contaba que la disciplina militar era más bien relajada y que hacía un clima delicioso, o a la paradisíaca Logroño, donde jamás había atentados terroristas ni peligro de estado de excepción.

Se podía no tener enchufe y merecer sin embargo algún golpe de buena suerte, pero el mío estaba claro que era un caso imposible, pues además de carecer de cualquier influencia a la que arrimarme siempre acababa en lo peor, y lo peor, decía Radio Macuto, era que lo destinaran a uno a Infantería y a San Sebastián, y dentro de San Sebastián a aquel cuartel de Cazadores de Montaña —de nombre, por cierto, tan sugerente como amenazador— frente a cuyas puertas ahora estábamos formando, después de la medianoche, agotados al cabo de tantas horas de viaje en autocar, asustados y hambrientos: había algo más funesto aún, un último círculo de la mala suerte, se murmuraba en nuestras filas, conforme nos íbamos aproximando al cuerpo de guardia, a la oficina donde un sargento examinaba la documentación de los recién llegados, y era que dentro del cuartel le tocara a uno la segunda compañía, la más dura de todas, la que se encargaba en exclusiva de hacer las guardias.

Aquellos soldados inmóviles a ambos lados del puente, con las caras ocultas tras los pasamontañas y las manos enguantadas apoyándose en el cañón y en la culata del cetme, que les colgaba de los hombros, en una actitud menos marcial que cinematográfica, pertenecían a ella, a la segunda, y también aquellos cuyos ojos veíamos asomar por las mirillas de las garitas, vigilándonos, viéndonos acercarnos en fila y uno a uno a la entrada del cuartel, al vestíbulo donde estaba el cuerpo de guardia y donde había un banco muy largo apoyado contra la pared en el que dormitaban mano sobre mano una media docena de soldados, los arrestados a Prevención, a la Preve, que si el oficial de guardia era benévolo podrían irse al cabo de un rato a dormir a sus compañías, pero que en caso contrario pasarían la noche entera allí, sentados en el banco, como en un velatorio, durmiéndose cada uno sobre el hombro de otro, roncando con la boca abierta, poniéndose firmes de un salto si al oficial de guardia le daba por ordenarlo.

Nada más entrar a aquel vestíbulo se veía que el cuartel era otro mundo distinto al campamento, un espacio menos desolador, como más vivido y gastado, con un punto casi noble de antigüedad o linaje, manifestado, por ejemplo, en las vidrieras emplomadas de las puertas, vidrieras que tenían dibujados escudos de armas, o en los dinteles de madera bruñida de las salas de oficiales y suboficiales, o en las panoplias polvorientas de armas que colgaban de las paredes, como en los salones de un castillo de película. El cuartel era un edificio de los años veinte, y su arquitectura de ladrillo con aleros pronunciados y decoraciones entre mudéjares y platerescas se parecía mucho a la de los pabellones de la exposición universal de Sevilla de 1929, lo cual ya constituía una ventaja con respecto a los barracones desnudos y a la inhóspita funcionalidad del C.I.R.

El patio del cuartel, mirado a aquella hora de la noche, casi a oscuras, impresionaba por su amplitud sombría y su forma geométrica, cuyo centro exacto era el monolito, el monumento en homenaje a los Caídos, al que no era infrecuente, supimos enseguida, que los soldados llamaran el Manolito, y del que les explicaban a los conejos más ingenuos que tenía oculta en su base una trampilla por la que se pasaba bajo tierra al monolito o manolito del contiguo cuartel de Ingenieros, que no sólo era contiguo, sino también idéntico, como duplicado del nuestro al otro lado de un eje de simetría.

En el cuerpo de guardia nos daban un papel con nuestro destino provisional, y nos formaban en pelotones al mando de un cabo o de un cabo primero que debía guiarnos a la compañía donde íbamos a dormir esa noche. Cuando yo leí en el papel el número de la que me había correspondido casi me dio un escalofrío, la segunda, por supuesto, como si no hubiera otra, como si a mí no pudiera tocarme nada más que lo peor. «Venga, conejos, rápido, y sin hacer ruido», dijo el cabo, en voz baja, y nos llevó a unos diez o doce desgraciados bajo unos soportales y luego por unas escaleras que desembocaban en una galería, y allí nos detuvimos de nuevo, en la oscuridad, amontonados, sujetando muy fuerte nuestros petates, oyendo voces que murmuraban cerca de nosotros, los conejos, ya han llegado los conejos, voces alarmantes de veteranos que nos acechaban sin duda con la intención de someternos al escarnio de las novatadas. Había otra mesa, alumbrada por un flexo, y tras ella un suboficial o un cabo que comprobaba otra vez nuestros nombres en una lista mecanografiada, y alguien más que nos iba entregando a cada uno dos mantas y que nos señalaba la puerta entornada de un dormitorio, advirtiéndonos que no se nos ocurriera encender la luz para acostarnos.

Entré en él tanteando las paredes, alumbrándome con la llama del mechero: había varias filas de literas, casi todas ellas ocupadas por soldados que dormían, pero aquel no era un dormitorio tan vasto como el del campamento, sino una habitación no demasiado grande, con las literas tan próximas entre sí que era difícil no tropezar con alguna. Olía densamente a humedad, a sudor masculino y a calcetines sucios. Encontré una litera que estaba vacía, aunque sin ropa de cama, nada más que un colchón forrado de lona sobre el somier, y también una taquilla libre, en la que guardé mi petate, cerrándola después con mi candado, y me subí haciendo un mínimo de ruido a la litera, que era la de arriba, procurando no despertar al soldado que roncaba debajo de mí. No me desnudé, tan sólo me quité las botas, me tendí sobre la lona del colchón, que estaba un poco húmeda, y me envolví como pude en las mantas, sin lograr que me protegieran del frío, aunque encogía las rodillas contra el vientre y me quedaba inmóvil, con la vana intención de conservar el calor, y también de pasar desapercibido, de lograr que no se despertaran los soldados que roncaban o dormían en silencio o murmurban en sueños a mi alrededor.

Era a finales de noviembre, y a medida que progresaba la noche el frío húmedo del río helaba los barrotes metálicos de la litera y se filtraba poco a poco bajo las mantas. Pero no era sólo el frío lo que alejaba el sueño, era también el miedo, el miedo abstracto a un lugar a oscuras y poblado de desconocidos, y también el miedo a los veteranos que aprovecharían la noche y la impunidad para poner en práctica sus más feroces novatadas: volcar de golpe las literas de los conejos dormidos, despertarlos tirándoles sobre la cara un cubo de agua fría o de orines, ponerse una gorra de sargento o de oficial para obligarlos a cumplir órdenes humillantes, alinearlos desnudos en el pasillo de una compañía, cada uno sujetando la picha del que tenía al lado, estamparles en el culo el sello de la compañía... Otra broma muy celebrada, a la que llamaban la horca, consistía en atarle a alguien que estuviera dormido el cordón con la llave de la taquilla, que todos llevábamos al cuello, a un barrote de la cabecera. Entonces se le daba un grito junto al oído, o se le tocaba diana con la corneta, y el dormido despertaba de golpe y quería incorporarse, y el cordón atado al barrote casi lo estrangulaba, entre grandes carcajadas de la concurrencia.

Las noches en que llegaba al cuartel una remesa de conejos, los sargentos de semana, que pernoctaban en las compañías, tendían inopinadamente a desaparecer, y los oficiales de guardia no solían oír el escándalo de golpes, carreras, carcajadas y gritos que se organizaba en algunas de ellas. Como las novatadas estaban prohibidas, los oficiales y los suboficiales procuraban no enterarse de su existencia, a fin de no interferir en las celebraciones de aquella inveterada y recia tradición militar, que al parecer tanto contribuía a fortalecerles el ánimo a los recién llegados.

Encogido de frío, alerta y rígido en la oscuridad, asomando apenas la cara entre las mantas, yo escuchaba en mi primera noche de cuartel portazos y pasos que se acercaban, risas y gritos de borrachos, estrépitos de carreras, de taquillas golpeadas a puñetazos o a patadas, y cuando el ruido se amortiguaba o se alejaba casi me dormía, pero me despertaba enseguida, tan rápido como se despierta un perro, igual de asustado, incapaz de imaginarme cómo reaccionaría si era sometido a la brutalidad de una humillación, si la aceptaría como una res o me sublevaría o amontonaría contra ella, arriesgándome entonces a sufrir una crueldad aún mayor.

Sobre mi cabeza, en la oscuridad, vibraba el suelo de otro dormitorio, se oían golpes y pasos, aunque ya debían de ser las dos o las tres de la madrugada. De tanto despertarme y dormirme y no poder mirar el reloj se me producía un trastorno absoluto del sentido del tiempo, una confusión de realidad e irrealidad, de vigilia repetida exactamente en el sueño, de lucidez enturbiada por alucinaciones. Estaba pensando que faltaría muy poco para el amanecer y que no iba a poder dormirme cuando se abrió violentamente una puerta y una luz móvil y multiplicada de linternas que me hirió los ojos me hizo descubrir que en realidad había estado dormido hasta ese momento, dormido y soñando el insomnio. Cerré los ojos, instintivamente me encogí más aún. Las linternas seguían moviéndose en la sombra, y alguien golpeaba con ellas la chapa resonante de las taquillas.

—¿Hay conejos aquí? —dijo a mi lado una voz ronca y beoda.

—A ver, los nuevos, que se levanten y se identifiquen, orden del cabo de cuartel —añadió alguien más cerca, con un tono amenazador y persuasivo de oficiosidad—. Lo lleva claro el que se esconda, por mis muertos.

Es tan idiota uno en situaciones de amenaza, tan dócil, tan cobarde, que yo no estuve muy lejos de obedecer a aquella voz, y si no lo hice no fue por astucia, ni por entereza, porque me habría rendido sin la menor dificultad, sino porque las linternas se apagaron enseguida, y los intrusos se fueron, aburridos, supongo, con un desinterés de juerguistas cansados, con ese aburrimiento de los muy brutos cuando les falta público, cuando no logran la aquiescencia inmediata de sus posibles víctimas. Los pasos se perdieron, dejé de oír gritos ahogados y rumores de voces, volví a dormirme, aterido de frío, vestido con mi uniforme completo, salvo las botas y la gorra, bajo las mantas que olían a sudor y a humedad.

La luz de la mañana desmintió una parte de las impresiones y las incertidumbres algo fantasmales de la noche anterior. A diferencia del campamento, donde la mirada sólo descubría amplitudes ilimitadas de desolación, y donde el cielo nublado se confundía a lo lejos con la grisura de los páramos, sin más fronteras o puntos de referencia que las alambradas y las torretas de vigilancia, el cuartel era un sitio perfectamente cerrado y ordenado, una arquitectura del todo inteligible, de una racionalidad geométrica: el rectángulo del patio, con el monolito o manolito en el centro justo, en la confluencia de los senderos de grava; las filas idénticas de puertas y ventanas de las compañías y de las dependencias de servicio, la galería, sostenida por columnas, que daba la vuelta al patio, las dos torres frontales, con sus reflectores de vigilancia.

El cuartel era, en sí mismo, como una materialización o visualización de la disciplina militar, del orden absoluto y numérico al que nos sometíamos todos. Las ventanas y las puertas se sucedían en los muros tan rítmicamente como nuestros pasos en los desfiles, y todo tenía un aire menos de marcialidad que de aritmética, una perfección de lugar cerrado, de maqueta o croquis de cuartel. También el tiempo, igual que el espacio, estaba regulado por divisiones y subdivisiones que cuadriculaban nuestras vidas con la precisión de un mecanismo de relojería, pero enseguida se daba uno cuenta de que aquel mecanismo no era angustioso y digital, como el del campamento, sino que se movía con una lentitud de mecanismo primitivo, de artefacto anticuado e hidraúlico.

Desde la primera mañana, desde el primer toque de diana y la formación del desayuno, advertía uno que el tiempo en el cuartel pasaba más despacio que en el campamento, y que todas las cosas, debajo de la apariencia impecable del orden, estaban regidas por un principio de lentitud y desgaste, de oculta negligencia, de abotargada duración. A los conejos se nos notaba que lo éramos no sólo en la pusilanimidad y en el empanamiento, sino sobre todo en la rapidez y la exactitud con que cumplíamos las órdenes, en lo poco usados que estaban lo mismo nuestros uniformes que nuestros gestos. Nos habían adiestrado en una angustia de tareas cumplidas al segundo, en la aterradora incertidumbre sobre el minuto próximo, y ahora, al llegar al cuartel, teníamos que aprender exactamente lo contrario, no la máxima rapidez, sino la más inerte lentitud, no el miedo de no saber nunca qué iba a ocurrirnos, sino la seguridad letárgica de que todo lo que nos ocurriera en los primeros días iba a seguir repitiéndose sin variaciones perceptibles a lo largo del próximo año.

En el cuartel nos sorprendía el aire de desahogo y desgana con que los veteranos hacían instrucción, sin la rigidez mecánica y asustada que teníamos nosotros, con una dosis mínima de demora en cada gesto, la justa para no atraer un castigo. En el cuartel eran frecuentes las barbas y los uniformes de faena arrugados y sucios, y no se entraba corriendo y atropellándose en el comedor, ni se salía masticando el último bocado. A los superiores, cuando uno se cruzaba con ellos, se los saludaba llevándose la mano derecha al botón de la cinta de la gorra, rozando éste apenas con los dedos extendidos, pero ese gesto, que en el campamento tenía la rigidez crispada de un mecanismo de resortes, en el cuartel se contaminaba de un aire indudable de flojera, y los dedos no llegaban a extenderse del todo ni la cabeza ni el pecho se alzaban, y por supuesto uno no se detenía ni daba un taconazo.

Ahora el arte que nos correspondía aprender no era el de la obediencia instantánea, ni el de la encarnizada competitividad, sino el arte sutil, aunque nada heroico, del escaqueo, o acción de escaquearse, verbo reciente de nuestro vocabulario militar a cuya conjugación dedicaríamos una gran parte de los meses futuros. Escaquearse no era desobedecer, sino hacer más o menos lo que le daba a uno la gana fingiendo que obedecía; escaquearse era desaparecer durante horas con el pretexto de una tarea que podía completarse en segundos, o conseguir que a uno lo dieran de baja en el botiquín gracias a una dolencia marrullera e inventada. Había maestros absolutos en el escaqueo que se las arreglaban para no dar golpe a todo lo largo de la mili, o para disfrutar más permisos que nadie, y había también escaqueos menores que requerían un grado semejante de astucia y de sabiduría: en la gimnasia alguien se escaqueaba en camiseta y pantalón corto y se iba a dormir mientras los demás sudaban corriendo por el patio; a un oficinista lo mandaban a San Sebastián a comprar cartulinas o gomas de borrar y se escaqueaba para todo el día; el sargento de semana le ordenaba a un arrestado que limpiara los cristales de una ventana, y el trabajo duraba horas y horas, pues cuando no faltaba la balleta era preciso ir a la furrielería en busca de limpiacristales, y si había suerte y el furriel no estaba escaqueado en otra parte requería un vale de la oficina firmado por el sargento de semana o el cabo de cuartel para entregar el material...

Era la suma de todos aquellos escaqueamientos ínfimos la que daba su ritmo al tiempo del cuartel, y hacía falta tener desde el principio la suerte, la habilidad o el enchufe necesarios para situarse en una posición que facilitara la tarea diaria de escaquearse sin sobresalto ni peligro. Hacía falta, para decirlo en términos militares, que le cayera a uno un buen destino, y esa circunstancia se dilucidaba en los primeros días de nuestra llegada. Había que lograr, informaba Radio Macuto, que lo destinaran a uno a lo que fuera, cualquier cosa menos quedarse en fusilero sin graduación, en carne de maniobra y de garita.

Había quien ya desde el principio sonreía con la suficiencia de los privilegiados, había individuos con gafas y ademanes fluidos que aseguraban que irían destinados a la plana mayor del batallón, sugiriendo parentescos o influencias que a los demás nos degradaban al rencor de la envidia. Había cocineros que tenían garantizado de antemano un estupendo porvenir en la cocina de oficiales, y médicos que se sabían destinados a no dar golpe y a repartir aspirinas en el botiquín. Los músicos esperaban con tranquila paciencia la hora de incorporarse al escaqueo perpetuo de la banda, y los casados o enfermos vivían en la expectación dolorosa de que les llegara la licencia. Pero los demás, casi todos, aguardábamos a que nos seleccionaran para algo con más temor que esperanza, y mientras tanto procurábamos aprender a escaquearnos, sustrayendo minutos a las obligaciones como rateros que distraen sin demasiada habilidad unas pocas monedas, esperando, aguantando, habituándonos gradualmente a la particular lentitud del tiempo, igual que si nos acostumbráramos a un clima más caliente o a un exceso de altura.

Nos hacían formar, a los recién llegados, nos clasificaban, nos numeraban, nos distribuían según normas misteriosas, variables y seguramente arbitrarias, nos pasaban lista, nos llevaban a un aula con pupitres de formica para rellenar impresos multicopiados con datos que ya habíamos escrito docenas de veces desde que ingresamos en el Ejército. En el apartado de Estudios yo resaltaba siempre mi licenciatura universitaria, con la tonta esperanza de que eso me deparase alguna ventaja, y en el de habilidades especiales consignaba mis conocimientos de mecanografía y de idiomas, exagerándolos con una mezcla de oportunismo y de absurda vanidad.

Aguardábamos en filas, en posición de descanso, contestábamos presente poniéndonos firmes cada vez que era pronunciado nuestro nombre, y al oírlo siempre nos estremecíamos de miedo y también de esperanza, pues no sabíamos nunca si nos estaban designando para un castigo o para un privilegio. En voz baja se murmuraba que a una parte de nosotros los destinarían a la Legión, por falta de voluntarios, o que a los que hubieran obtenido las puntuaciones más altas en tiro durante el campamento los destinarían a los convoyes de escolta de los mandos superiores, o que iban a licenciar a un cierto número de soldados, por exceso de cupo... Radio Macuto estaba emitiendo siempre, y como en el cuartel, durante los primeros días, las zonas de incertidumbre eran tan anchas, y el tiempo tan desocupado y tan lento, los boletines informativos del rumor y del chisme no conocían tregua. Nos formaban en el patio después de comer, en tardes soleadas y tibias que nos sumían en pesados trances de siesta, y un sargento o un cabo furriel nos indicaban que los soldados cuyos nombres fuesen leídos a continuación debían dar un paso al frente, o a la derecha o a la izquierda, y eso ya nos sometía a una angustiosa expectativa. Cada nombre que era leído provocaba un movimiento brusco en las filas de la compañía, alguien que se ponía firmes, que se golpeaba los costados con las manos abiertas, que gritaba presente y daba un paso a la derecha o a la izquierda pisoteando la grava con las suelas de las botas, quedándose, en cierto modo, a la intemperie, más vulnerable que los otros, inapelablemente elegido, aunque no supiese para qué. La lista de nombres de pronto se interrumpía, y los incluidos en ella eran llevados en formación a alguna parte que los demás ignoraban, sustituyendo el desconocimiento por las hipótesis absurdas o las suposiciones disimuladas de certezas:

—Ésos lo llevan claro: van a limpiar retretes.

—Son enchufados, seguro que los mandan de oficinistas al gobierno militar.

—Van a hacerles un reconocimiento médico.

—Son testigos de Jehová. Seguramente van a licenciarlos porque su religión les prohíbe llevar armas.

Desaparecían, y regresaban al cabo de minutos o de horas, sin contar nada preciso, como enfermos a quienes el médico no les ha dado un diagnóstico claro. Desaparecían o desaparecíamos, porque una vez mi nombre también estuvo en una de esas listas, y temblé igual que los demás (o más que muchos de ellos, pues no creo que me deba incluir entre los menos cobardes), pensando que ahora sí que iban a darme un puesto de oficinista o de intérprete o que se habían enterado de mi récord inverso durante los ejercicios de tiro y me iban a devolver al campamento. El miedo más radical estaba siempre dentro de uno, aletargado en las horas o días de aburrimiento, dispuesto siempre a irrumpir con rápida crudeza, como un dolor que desaparece y casi se olvida hasta que de pronto vuelve su punzada: me quedaba distraído en el patio, fumando un cigarro mientras esperaba a que me llamaran para una prueba de mecanografía, en uno de aquellos paréntesis de tiempo baldío a los que aún no me acostumbraba, y de pronto oía un grito, y regresaba al mundo y alzaba los ojos y era que alguien con galones en la bocamanga me estaba maldiciendo porque yo no lo había saludado cuando pasaba junto a mí, y yo tiraba el cigarro y me ponía firme y me ardía la cara, me llevaba la mano derecha a la gorra, murmuraba, a la orden, y aquel tipo me gritaba que lo repitiera más alto, a la orden qué, decía, y entonces yo me daba cuenta de que ni siquiera se trataba de un sargento, sino de un cabo primero, a la orden, mi primero, y el tipo apretaba el puño y me golpeaba con una especie de suave o cautelosa crueldad en el centro del pecho, ten cuidado conmigo, ten cuidado conmigo porque si no lo llevas claro: se erguía, se calaba aún más la gorra sobre los ojos, me miraba de un modo que me hacía acordarme de la mirada de Clint Eastwood en algún polvoriento *spaguetti western,* daba la vuelta, con las manos a la espalda, y se alejaba a grandes zancadas, haciendo como que no oía las burlas y hasta las risas mal contenidas de los veteranos.

Era el idiota del cuartel, supe enseguida, un militar vocacional, un reenganchado, el Chusqui, un chusquero, un atravesado y una mala bestia, el cabo primero de la Policía Militar. Era una sabandija, era más bajo y seguramente tenía menos años que yo, pero no por eso a mí me había asustado menos, y si la tomaba conmigo podía amargarme un año entero de mi vida, con aquella potestad aterradora e impune de la que se investía cualquiera que ostentase un grado mínimo de autoridad, un miserable galón rojo y amarillo de cabo primero. Estaba recuperándome todavía de aquel amargo sobresalto cuando de nuevo el corazón me dio un vuelco en el pecho: alguien gritaba mi nombre, porque me había llegado el turno para la prueba decisiva de mecanografía.

X.

El nombre había sido casi lo que más impresión hacía de aquel Regimiento, Cazadores de Montaña, que cuando lo leí por primera vez, aún en Vitoria, en la tarjeta que me dieron el día antes de la jura de bandera, me sugirió novelesca y amenazadoramente una fortificación en la ladera o en la cima de alguna montaña, en los Pirineos, en la linde con Francia, a donde el regimiento fue enviado un poco después de que yo me licenciara, por cierto, con la misión, decían, de impermeabilizar la frontera, de vigilarla para que no se infiltraran a este lado los comandos etarras que por aquellos años se daban una vida tan regalada en el país vasco-francés.

Cuando lo supe, ya relativamente a salvo del ejército, pero desorientado todavía en la vida civil, me pregunté qué clase de impermeabilización, palabra ya en sí laboriosa, habrían podido llevar a cabo mis compañeros de armas en las estribaciones boscosas de los Pirineos, con sus cetmes viejos, que o se disparaban solos y mataban a alguien o se quedaban encasquillados o tenían tan torcido el punto de mira que jamás daban en el blanco, con la costumbre inveterada del apoltronamiento y del escaqueo, compartida universalmente por mandos y soldados, que nos convertía a todos en una máquina formidable de ineptitudes y desastres.

A quienes decidieron aquella misión, en la que yo me salvé por unas pocas semanas de participar, a los altos cargos del Ministerio de Defensa o de la Capitanía General de Burgos, les debió de pasar como a mí, que se dejaron seducir por el largo nombre épico de la guarnición, Regimiento de Cazadores de Montaña Sicilia 67, antiguo Tercio Viejo de Sicilia, lo cual sugería al mismo tiempo los heroísmos de los tercios de Flandes y una modernidad de fuerzas de intervención inmediata, de comandos alpinos, de escaladores y esquiadores buscando al enemigo por los precipicios de los Pirineos, combatiendo con sagacidad y nervio guerrillero a los canallas impunes que bajaban de Biarritz o de San Juan de Luz por una cómoda autopista sin controles aduaneros y mataban a alguien en San Sebastián de un tiro en la cabeza, lo dejaban desangrándose en una acera ancha y transitada, huían tranquilamente a pie hacia el coche y volvían a casa a tiempo para el sano poteo con la cuadrilla y la cena en familia, durante la cual verían tal vez la noticia ya rutinaria del atentado en los telediarios españoles, tan confortables ellos en sus destierros en el sur de Francia, en Iparralde, donde se acogían al estatuto de refugiados políticos.

Pero en lo único que se nos notaba a los Cazadores de Montaña que lo éramos era en el uniforme de franela verde oscuro y en las botas de suela más gruesa de lo normal que nos daban en invierno, y quizás también en una propensión montañera a las barbas feraces, lo mismo entre los soldados que entre los oficiales: en el cuartel, la democracia y la constitución se notaban sobre todo en que estaban permitidas las barbas, y lo cierto era que en el Hogar del Soldado o en la sala de oficiales se veían más rostros barbudos que en una facultad de ciencias políticas o en un bar de Herri Batasuna.

Si en el campamento habíamos ido disfrazados de reclutas tristes de posguerra, en el cuartel nos disfrazaban de cazadores de montaña, y es posible que la sola fuerza del nombre y del uniforme, de la franela espesa para resistir el frío y de las botas con suela de neumático para escalar riscos y pisar nieve helada, impulsara a nuestros superiores a enviarnos de vez en cuando a una montaña de verdad, no por ningún motivo práctico, pues aún no se le había ocurrido a nadie en Madrid o en Burgos que aquel regimiento pudiera tener alguna utilidad militar, sino cumpliendo el principio de irrealidad claustrofóbica y reglamentada en el que todos vivíamos, no sólo los mandos, sino también los soldados, a los que se nos contagiaba sin que nos diéramos cuenta una parte degradada y residual de las fantasmagorías castrenses.

Había, pues, una montaña, de la misma manera que había un cuartel y un monolito, y la instrucción de los cazadores de montaña no estaba completa hasta que no ascendían a ella. De modo que una de nuestras primeras noches en el cuartel, durante la formación de retreta, cuando todas las compañías se alineaban geométricamente en torno al monolito o manolito, también llamado monumento a los Caídos, que era el tótem corintio de nuestros heroísmos guerreros, el sargento de semana, después de pasarnos lista, leer los servicios y las efemérides (en las que nunca faltaba, por cierto, la de alguna hazaña del ya extinto caudillo), el menú del día siguiente y el valor calórico-energético de la papeleta de rancho, y antes de que la orden de rompan filas provocara en nosotros el grito ritual de alegría (¡aireeee!) y la estampida hacia los dormitorios, nos comunicó a los nuevos, no sin una sonrisa de condescendiente sadismo, que nos fuéramos preparando, porque a la mañana siguiente marchábamos de maniobras a nuestra montaña particular, que se llamaba Jaizkibel y venía a ser, como el cuartel, una isla de soberanía militar y española en medio de la hostilidad del País Vasco. Cerca de mí se oyó murmurar la voz de un veterano:

—A mí me jodería.

Esa era otra frase acuñada del idioma militar, y servía de réplica en un número inusitadamente amplio de circunstancias, siempre que a alguien le ocurría algún desastre o contratiempo del que uno, por casualidad o por astucia, se había escapado. Era una expresión a medias de alivio y a medias de burla hacia las desgracias de otro, y aunque muchos de los recién llegados la usaban en realidad formaba parte de las prerrogativas verbales de los veteranos, los cuales, en su grado más alto, el de bisabuelos, adquirían también el derecho casi nobiliario a hablar de sí mismos en tercera persona:

—El bisa va a sobar a la piltra —anunciaba uno, bostezando y rascándose la nuca debajo de la gorra mugrienta, y se retiraba a su camareta con una dignidad perdularia, seguido por las miradas admirativas de los nuevos, que tomaban nota de cada una de las palabras usadas por el veterano, a fin de incorporarlas al propio idioma y usarlas cuanto antes para humillar a los que llegaran tras ellos.

—A ver, conejo, cuánta mili te queda.

—Más o menos un año...

—A mí me jodería.

Tal como había anunciado el sargento, a la mañana siguiente, a las ocho, después del desayuno, que al menos era más sustancioso y sosegado que el del campamento, los padres, abuelos y bisabuelos de la compañía que estaban fuera de servicio se dieron el gusto de ver cómo los conejos nos preparábamos para salir de maniobras, para cumplir en la temible montaña de Jaizkibel, de la que todo el mundo contaba barbaridades, nuestro destino de cazadores de montaña. Nos hablaban de vientos homicidas que derribaban a los hombres durante las escaladas y de tormentas de nieve en medio de las cuales se extraviaban soldados inexpertos que aparecían luego congelados. Se afanaba uno preparando su equipo de guerra, el que le acababan de asignar, la mochila, el saco de dormir, los cubiertos, la bandeja de estaño, los vasos y platos de metal, que nos envolvían en un ruido de buhoneros, el casco, que no nos habíamos puesto nunca, y que tendía a estarnos demasiado grande y a bailarnos lastimosamente en la cabeza, los cargadores, el cetme completo, al que ya todos llamábamos el chopo, el machete, la ropa de invierno, para no morirnos de frío en la cima de aquella montaña, las camisetas de felpa, los calcetines de lana picante, los pijamas de franela traídos de nuestras casas. Los cabos y los cabos primeros llevaban subfusiles, o metralletas, según la terminología ignorante de la población civil, y los oficinistas, por algún motivo misterioso, iban a la temible montaña armados con pistolas, pero pistolas de madera, rudamente talladas y barnizadas y enfundadas en las pistoleras que se ataban al cinto.

Los cabos, los cabos primeros y los sargentos pasaban ladrando órdenes entre las camaretas, en la furrielería y en la armería se agolpaba un tumulto de soldados en busca de armas o de municiones o de cascos. La urgencia se volvía angustiosa, como antes de la jura, había que ordenarlo y que guardarlo todo y a mí todo se me perdía y se me acababan los minutos antes de bajar a formación. Ya estaba sonando la corneta y yo aún no había pasado los cordones por las hebillas infinitas de mis botas nuevas de montaña, pero ese toque no era para nosotros, me tranquilizaba, reconocía sus notas, que estaban anunciando la llegada del coronel al acuartelamiento. A lo mejor un veterano que andaba escaqueado con una escoba y un recogedor por las honduras de las camaretas se me quedaba mirando, siguiendo con los ojos mis carreras de un sitio para otro, de la taquilla a la mochila, y murmuraba como una condolencia, rascándose la barba o la nuca:

—¿Adónde vas con tanta prisa, conejo?

—A Jaizkibel.

—A mí me jodería.

Y a mí también, y a todos, supongo, salvo a algunos perturbados y algunos fanáticos, como el Chusqui, aquel cabo primero vocacional que se había reenganchado al terminar su mili y que era tan bruto que nunca aprobaba los exámenes de ingreso en la academia de sargentos. El Chusqui, algunos tenientes y capitanes jóvenes, algunos sargentos atléticos y chulescos que ostentaban pequeñas banderitas españolas en las correas de los relojes, agradecían la llegada de las maniobras, de la subida a Jaizkibel, como una liberación de la rutina cuartelaria, del encierro nada heroico en el que vivían los militares en San Sebastián, rodeados por un paisaje que para la mayor parte de ellos era extraño y de una población hostil, amenazados, en peligro siempre de recibir un tiro o de saltar por los aires al encender por la mañana el contacto del coche.

Si la vida militar era la preparación y la espera de algo que nunca sucedía, las maniobras tenían para los oficiales y los sargentos más jóvenes o más fervientes como un grado mayor de aproximación a la guerra, y allá se los veía excitados y enérgicos por el patio, apenas reconocibles todavía para mí, no individualizados, resumidos en la apostura idéntica, en los gritos, en los ademanes de las órdenes, frenéticos y extraviados en el desorden que ellos mismos agravaban con sus interjecciones, tratando de organizar aquel escándalo de compañías que formaban con todos los pertrechos, de camiones y jeeps que no acababan de alinearse, de piezas de artillería ligera, de remolques con la cocina de campaña, de mulos, mulos antiguos y tranquilos que cargaban las ametralladoras desmontadas y las cajas de municiones, mulos grandes y fuertes, como en la batalla del Ebro, como en la del Marne, imagino, sólo que a finales de 1979, en el Regimiento de Cazadores de Montaña Sicilia 67, antes llamado Tercio Viejo de Sicilia, parte del cual se disponía a salir de maniobras en una mañana húmeda y luminosa de diciembre con el mismo imponente despliegue de soldados, armas y vehículos que si se dirigiera hacia un campo de batalla, a la confrontación sanguinaria y heroica en la que la Infantería cargaba siempre con la parte más dura, pero también la más gloriosa, la definitiva, la que decidía, a pesar de todos los avances tecnológicos, el curso de una guerra.

Y allí íbamos nosotros, infantes o conejos, obedeciendo órdenes con prontitud desorientada y mecánica, firmes, ar, de frente, ar, derecha, ar, paso de maniobra, ar, cargados como buhoneros, lentos como galápagos bajo el peso de las mochilas y los cetmes, desfilando delante del coronel al son del himno que tocaba la banda, ardor guerrero vibra en nuestras voces, nosotros, la fiel infantería, la celebrada carne de cañón, subiendo a los camiones que ya temblaban con los motores en marcha y nos sofocaban de humo negro, porque también eran camiones viejos, aunque no de la batalla del Ebro ni de la del Marne, pero sí de muy ruidosos mecanismos, con los frenos inseguros y la suspensión inexistente, camiones altos, con una aterradora propensión a volcar en las curvas, o al menos a inclinarse cortándonos la respiración, sobre todo si los soldados veteranos que los conducían daban en la gracia de asustar a los pelotones de conejos que viajábamos en ellos, amontonados como ovejas, sentados bajo las lonas con remiendos sosteniendo nuestros fusiles entre las piernas y viéndonos ridículos los unos a los otros con nuestros cascos torcidos y también anacrónicos, pues su forma era idéntica a la de los cascos alemanes de la Segunda Guerra Mundial...

Era nuestro segundo o tercer día en el cuartel y el primero en que salíamos más allá de los muros de ladrillo y de los portalones herrados, de modo que el paisaje que vimos al cruzar el puente sobre el río me pareció casi desconocido a la luz de la mañana. Aún quedaban rastros de niebla en el aire, una opacidad parda y azulada en las orillas boscosas, pero hacía una mañana magnífica de luz invernal, y en las laderas verdes y suaves de los cerros se levantaba un vapor de tierra fértil, como de estiércol calentado por el sol. Algunas veces olía intensamente a mar y se escuchaban sobre nuestras cabezas graznidos y aleteos de gaviotas que volaban hacia el interior siguiendo el cauce del río.

Íbamos en dirección a la frontera, alejándonos de San Sebastián, un convoy largo y lento de camiones con toldos verde olivo que iban dejando tras de sí nubarrones de humo negro y cantos golfos de soldados que se convertían en bramidos si aparecía una chica caminando por una acera o conduciendo un coche con el propósito impaciente de adelantar a la columna de vehículos militares. Levantaban los toldos, agitaban las gorras o los cascos, silbaban, chillaban como simios, formulaban a gritos hipótesis sobre el humedecimiento de las bragas que habría provocado en ella nuestra aparición, competían por sugerirle las más diversas posibilidades y posturas sexuales, y cuando el coche conducido por la mujer sola adelantaba por fin o el semáforo donde nuestro camión había estado detenido se ponía en verde y ya perdíamos de vista a la que iba por la calle, aún quedaba atrás como un eco del bramido militar, tan espeso y tan irrespirable e insalubre como la humareda negra de los tubos de escape.

Sentado en la caja del camión, entre el tumulto de mis compañeros de armas, yo procuraba eludir, como algún otro soldado silencioso cuya mirada se cruzaba conmigo, el sentimiento de vergüenza, no sólo vergüenza ajena, sino también propia, porque en aquellas circunstancias yo estaba sumergido en la brutalidad tan plenamente como si la secundara, y si una de las mujeres a las que mis vehementes compañeros de armas dedicaban piropos alzaba la vista y veía mi cara entre las que se asomaban por la parte trasera del camión no habría tenido motivos para distinguirla de las otras, ni para exceptuarme a mí de la ira y del oprobio que sin duda sentía.

Cruzando broncos suburbios industriales con bloques de pisos ennegrecidos y murallones de cemento en los que se repetían pintadas en euskera y grandes carteles con fotos en blanco y negro de presos etarras no era difícil imaginarse que de verdad pertenecíamos a un ejército que se desplegaba por un país en guerra, ni costaba nada percibir la hostilidad en las caras de la gente que se detenía al ver pasar nuestro convoy. Grandes pancartas tendidas sobre la calle, de balcón a balcón, parecían desafiarnos exactamente a nosotros: GORA ETA MILITARRA, TXAKURRAK KANPORA, INDEPENDENTZIA.

Desaparecían los edificios y los murallones con pintadas, y sin mediación ni previo aviso ya estábamos otra vez en medio de un paisaje del todo rural, de una quietud arcádica, casi con el aire de confortabilidad que tiene el campo en un país escandinavo, pero apenas se había acostumbrado la mirada a los tejados ocres de los caseríos, a las chozas de heno, a las arboledas umbrías, a la ondulación perfecta de una pradera en la que pastaban vacas solemnes, incluso notariales, la clase de vacas que ya no deja de ver quien viaja hacia el norte por las extensiones verdes y lluviosas de Europa, de pronto el paisaje parecía reventado y asolado por un apocalipsis, por alguna barbaridad de cemento, los pilares de hormigón del puente de una autopista, los hangares y las maquinarias y los taludes de escoria de una acería abandonada, una brutal ciudad dormitorio, un río de espumas negras y agua pestilente junto a una fábrica de papel o una planta química: así vi una vez, desde lejos, varios meses más tarde, surgiendo en medio de un paisaje que se ondulaba hacia el mar, las alambradas y las zanjas inmensas y las torres ciegas de cemento de la central nuclear de Lemóniz, rodeada por garitas de vigilancia en las que se veían siluetas encapotadas de guardias civiles con tricornio.

Pero ahora ascendíamos, nos alejábamos hacia el nordeste, por carreteras cada vez más estrechas, viendo una franja de mar cada vez más amplia y más difuminada en niebla azul, deslumbrada por el sol, y en vez de entre colinas suaves e iguales con praderas brillantes y manchas de caseríos estábamos internándonos en un territorio más despoblado y más abrupto, con un aire más transparente y frío. Costeábamos la ladera de una montaña que tal vez ya era Jaizkibel, y desde la boca trasera del camión veíamos extenderse el país onduladamente hacia los valles ya muy lejanos y el mar. En cada curva el camión se inclinaba y crujían los neumáticos, y una vez caía hacia adelante una fila de soldados y otra la contraria, y si no andaba uno con cuidado se le escapaba el fusil o un cargador o la mochila y tenía que recuperarlo a gatas, conteniendo las naúseas y sujetándose donde podía cuando en la siguiente curva el camión se volcaba de nuevo, y procurando entonces no mirar hacia afuera para no morirse de miedo y de vértigo ante los precipicios que se abrían a unos centímetros de nosotros.

Pero yo ya no sentía el desvalimiento que me había lacerado y amargado en Vitoria, la angustia de ser débil y estar perdido sin remisión, de haber sido despojado de identidad y de nombre. Ahora, al menos, llevaba el mío, y había comprobado que me era posible sobrevivir, y contar y tachar los días que iban acortando mi cautiverio: casi dos meses habrían pasado muy pronto, y estaba claro que el único secreto era aguantar, y que uno aguantaba, no por astucia ni coraje, sino por el puro instinto de adaptarse a todo, de anestesiarse o endurecerse en la adversidad, de limitar el mundo al ámbito mezquino en el que por ahora tenía que vivir.

Pero quizás lo que ahora me hacía más fuerte, como a todos, no era tanto la capacidad de resistir como el hecho gradualmente obvio de que la instrucción militar estaba cumpliendo sus propósitos. En la cima de Jaizkibel, en una explanada rodeada de barracones prefabricados y presidida por un mástil en el que una inmensa bandera roja y amarilla restallaba al viento del Cantábrico, los recién llegados al regimiento de montaña saltamos de los camiones con chapucera prontitud de aprendices de comandos y formamos por compañías alrededor de la bandera con caras pálidas de mareo y de hambre, más demacradas por los principios de barba que casi todos habíamos empezado a dejarnos.

Desde aquel momento, y hasta que a las diez de la noche, una hora antes de lo habitual, sonó el toque de silencio y se apagó la luz en los barracones, no tuvimos más descanso que el de la media hora que nos concedieron para almorzar, y a la mañana siguiente, antes del amanecer, ya estábamos corriendo por laderas y riscos en pantalón de deporte, y luego reptando y disparando los cetmes y desollándonos las rodillas y los codos, y más tarde disparando ráfagas de subfusil o aplastándonos contra el suelo para que las ráfagas que disparaban otros no nos dieran, o lanzando granadas de mano hacia un barranco en el que retumbaban las explosiones como los truenos de una tormenta.

Durante unos días, en la cima de aquella montaña tan apartada del mundo real como el Sinaí, de aquel monte simbólico que parecía existir tan sólo para justificar el nombre y la propia existencia de nuestro regimiento, fuimos cazadores de montaña, soldados alpinos, disciplinados y gregarios ermitaños, salvajes hambrientos que se lanzaban hacia las grandes ollas de potaje humeante como búfalos hacia un abrevadero, gañanes devastados por el agotamiento que se desplomaban sobre los colchones y se dormían instantáneamente, y roncaban y carecían de sueños y despertaban otra vez a las ocho de la mañana y salían corriendo, sin el menor pensamiento ni recuerdo, para formar a la luz morada del amanecer, tiritando de frío, viendo surgir sobre una sucesión fantástica de montañas azuladas que ya pertenecían a Francia la primera claridad del sol. Cuando nos pasaban lista gritábamos ¡Presente! con una furia que habíamos desconocido hasta entonces, la misma con la que gritábamos ¡Aire! al romper filas o ¡A mogollón! o ¡Maricón el último! cuando aparecía a última hora de la tarde la furgoneta de los bocadillos, el tabaco y las bebidas.

En Jaizkibel nos enseñaban a luchar cuerpo a cuerpo, a derribar al improbable enemigo golpeándole la cara con la culata del cetme o clavándole en el estómago la bayoneta, y lanzando justo entonces un grito de agresión que las primeras veces daba mucha vergüenza emitir, porque era como esos gritos que lanzan los luchadores de kárate o de judo, de modo que echaba uno el cuerpo hacia adelante y esgrimía el fusil sin ninguna convicción, sin mirar a los ojos del contrario, para no morirse de risa o no enrojecer de vergüenza, y el grito apenas le salía del cuerpo, y eso con mucha dificultad, pero entonces se le acercaba el sargento instructor y ordenaba, ¡más fuerte, maricones, que no se os oye, que parecéis gatos maullando!, así que para que no lo arrestaran uno tenía que dar un salto al frente con una teatralidad de samurai y lanzar un grito rabioso, que se confundía entonces con los gritos de todos los demás, con el estrépito de las armas que chocaban entre sí y los gritos no menos feroces ni roncos de los instructores.

Y ocurría, para nuestra sorpresa, que el grito acababa convirtiéndose en un rugido de gozo y casi de liberación, y que uno, al gritar, se lanzaba contra el adversario empuñando el cetme y apuntándole al estómago con la bayoneta, sobre todo si se daba la circunstancia de que ese adversario era un poco más bruto que uno y ya lo había derribado previamente en el simulacro de lucha cuerpo a cuerpo, entusiasmándose tanto que le había dado un culatazo: nos levantábamos del suelo, me levantaba yo, apoyándome en el fusil, jadeando, trastornado de rabia y de agresividad, de bochorno y ridículo, y entonces el grito era más fuerte aún, y los ojos que se clavaban en las pupilas del otro ya no reflejaban burla ni complicidad, sino odio, y el alma de uno era sustituida por la ira cruel de un desconocido que hasta ese momento uno mismo ignoraba que formara parte de él.

Era como pelearse con diez años, como traspasar sin darse cuenta, igual que hacen los niños, la frontera entre el juego y la agresión, entre el desafío y la crueldad. Nos ordenaban alinearnos en el punto más bajo de una ladera, y cuando sonaba un silbato teníamos que tirarnos cuerpo a tierra y ascender reptando con el casco y la mochila y los cuatro kilos y medio del fusil en la mano, reptando sin levantar la cabeza, sin incorporarnos ni un centímetro, porque una ametralladora disparaba ráfagas entrecortadas hacia nosotros. Sonaba otra vez el silbato, nos incorporábamos, echábamos a correr, y al cabo de unos segundos había que arrojarse nuevamente a tierra porque las ráfagas de ametralladora iban a empezar otra vez.

Aplastado contra el suelo notaba uno la lisura, casi la curva del mundo, lo excitaba y lo colmaba el olor de la hierba, de la tierra húmeda y oscura, más intenso que el de la pólvora, como un paréntesis íntimo y fugaz de absolución, y el ritmo entrecortado de los disparos le impedía oír el de su propio corazón, los latidos excitados del miedo.

Había de pronto algo ignorado hasta entonces, la fascinación de las armas, la ebriedad del ejercicio y de la fuerza física, que para los débiles puede alcanzar paroxismos de delirio, sueños de vengativa arrogancia. Lo que más miedo había dado, una vez vencido, se convertía en motivo de euforia, y había como una alucinación de volver al límite de lo que hasta entonces aterraba, el instante en que se arrancaba el seguro a una granada de mano y se contaban los tres segundos justos que se podía tardar en lanzarla, o aquel otro en que el dedo índice, que había rozado el disparador del fusil, que sólo se había atrevido a pulsarlo en golpes sucesivos, de pronto se quedaba como aferrado a él, y en vez de tiro a tiro disparaba a ráfaga, y el cuerpo entero era sacudido por el temblor y la convulsión del retroceso.

La granada era un cilindro de plástico negro, que por lo demás no se parecía en absoluto a las granadas de las películas y de los tebeos. La granada de mano era un mecanismo que nos había dado terror cuando nos mostraban sus diagramas, la simpleza letal de su funcionamiento, y luego era algo que uno sostenía en su mano derecha, una cosa neutra, vulgar, que no pesaba nada, un cilindro de plástico que se apresaba entre los dedos y del que se retiraba en décimas de segundo un detonador, y luego se arrojaba al vacío de un barranco y enseguida se tiraba uno al suelo y se tapaba la cabeza con las dos manos y vibraba la tierra y se escuchaba muy lejos una explosión trivial. Aquella cosa negra de plástico contenía una carga inconcebible de muerte y destrucción, y mientras a uno le llegaba su turno en la fila de soldados le temblaban las manos y tenía encogido el estómago, y a mí casi me fallaban las piernas cuando un capitán me entregó la granada que me correspondía y apuré los últimos segundos de plazo para arrojarla, pero en el instante en que me puse en pie después de percibir en todo el cuerpo la vibración de la tierra sentía una excitación parecida a la de la cocaína, una mezcla de euforia y de alivio, la sensación de haberme salvado y de deseo de volver a exponerme al peligro.

Era ese límite el que traspasábamos en Jaizkibel, tan sólo al cabo de uno o dos días, el del agotamiento físico y moral y el del peligro y la excitación de las armas de fuego, la ofuscación de la pólvora, los espasmos de una ráfaga de subfusil, el retroceso violento de un disparo de cetme, el de una pistola de calibre nueve largo, que era el mismo que usaban los terroristas, y que yo descubrí que me gustaba disparar, sin duda porque lograba el alivio de algunos impactos en el blanco. Lo que sorprendía de aquellas pistolas era su peso y su materialidad, su rudeza de hierro, la dificultad de sostenerlas antes del disparo y de resistir luego el retroceso. Por culpa del cine, de las películas del oeste y de las de Humphrey Bogart, casi todo el mundo imagina que una pistola es tan liviana y personal como una estilográfica. Las pistolas, en realidad, son herramientas pesadas, de manejo difícil, y para apuntar con ellas hace falta sostenerlas entre las dos manos y separar bien las piernas y no soltarlas después de la deflagración que atruena los oídos.

Yo disparaba una pistola y veía con sorpresa y con un sobresalto de orgullo que en la silueta humana que había frente a mí se dibujaba la mancha oscura de un impacto. Me colgaba del hombro un subfusil, me alineaba en un pelotón de soldados, empezaba a avanzar y a disparar al oír un silbato, muy cerca de los blancos, porque el subfusil es una arma tan cruel como inexacta, de modo que sólo sirve para matar a un enemigo próximo, para segar vidas tan indiscriminadamente como se siegan los tallos de un trigal. A diferencia de la pistola y del cetme, el subfusil no pesaba nada, no requería precisión, ni siquiera era preciso apretar el gatillo. Bastaba una presión muy leve del índice sobre el metal curvado del disparador y de pronto era como si delante del pelotón que avanzaba un viento mortífero fuera derribándolo todo, una guadaña invisible y aniquiladora, objetiva, manejada sin ningún esfuerzo, sin premeditación ni maldad.

A lo lejos se veía siempre el Cantábrico, y en esa distancia parecían perderse los tableteos de los subfusiles y los cetmes, los disparos secos de pistola, la explosiones hondas de las granadas de mano. Veíamos la bruma húmeda y malva de los amaneceres sobre las montañas de Francia, el esplendor dramático de las puestas de sol, un disco rojo que se hundía lentamente en el mar, todo muy lejos siempre, como la vida real en la que no vestíamos uniformes ni manejábamos armas de fuego. Nos repartían la comida en bandejas de aluminio y la devorábamos sin levantar la cabeza ni mirar a nuestro alrededor, y cuando se hacía de noche, después de la bajada de bandera y de la formación de homenaje a los Caídos, deambulábamos una o dos horas en la oscuridad, muy abrigados contra el viento, las gorras sobre los ojos, ahuecando las manos para proteger las brasas de los cigarrillos, conversando en grupos pequeños, viendo luces remotas de barcos, luces inciertas de ciudades o puertos a donde ya nos parecía improbable que regresáramos alguna vez.

XI.

Una mañana de niebla, en Jaizkibel, durante la formación posterior al desayuno, fue leído mi nombre, y al oírlo me dio el corazón un vuelco, de ansiedad sobre todo, porque a aquellas alturas yo ya no creía que me fueran a seleccionar para ningún destino, aunque había escrito muy rápido y con muy pocas faltas en la prueba de mecanografía que hicieron recién llegado al cuartel, y aunque muchas veces, en todos los formularios que llenaba, repetía mi titulación superior, el número de mis pulsaciones en la máquina, el catálogo exagerado de los idiomas que hablaba.

También rellenábamos, con igual frecuencia, misteriosos tests psicológicos, en los que se nos solicitaba que averiguáramos secuencias de fichas de dominó o que atribuyéramos significado a vagas manchas de tinta, y yo temía siempre que de mis respuestas se dedujera algún maleficio para mí, un testimonio sobre las inestabilidades ocultas de mi carácter, sobre mi ateísmo o mis ideas políticas. Más que nunca comprobaba mi convicción antigua de las afinidades entre la Psicología y la Policía: en los formularios de test, junto a las preguntas de apariencia neutra, se ofrecían tres posibilidades a cuál más baladí, pero al tachar con el bolígrafo uno de los tres cuadritos en blanco yo siempre tenía la sospecha de haber elegido la opción más funesta, y de haber firmado con aquella cruz la prueba irrebatible de mi imbecilidad o la exacerbación de mi infortunio. Imaginaba insomnes psicólogos y grafólogos militares escrutando mis respuestas y deduciendo de ellas lesiones cerebrales o rebeldías o instintos conspiratorios, y como después de la primera prueba de mecanografía nadie me comunicó ningún resultado supuse que mi mala suerte y mi pusilánime activismo político en la universidad se aliaban para negarme el destino ansiado de oficinista y arrojarme sin remisión al pozo más negro de la mili y de San Sebastián, la segunda compañía, en la que por lo pronto, aunque de manera provisional, aseguraban, me habían encuadrado.

Inesperadamente, en Jaizkibel, a las nueve de la mañana, entre la niebla fría de diciembre, que borraba el paisaje de las montañas y el mar y afantasmaba los volúmenes de los barracones y las siluetas de los soldados inmóviles, un cabo primero dijo mi nombre y me ordenó salir de la formación, y los demás soldados me miraron de reojo, con una mezcla de alivio y de curiosidad, como se mira a quien va a ser castigado o excluido sin que se sepa aún por qué. Me latía muy fuerte el corazón y me temblaban las piernas cuando fui conducido al barracón de los oficiales. La mera proximidad de aquellos hombres nos amedrentaba, sobre todo en el espacio que sólo pertenecía a ellos, y que para nosotros tenía algo no sólo de prohibido, sino también de remoto, como las expresiones de sus caras o la altivez de sus modales: aquella manera, por ejemplo, de mirar hacia un punto más bien elevado del aire, de modo que sus pupilas nunca se encontraban del todo con las de un inferior, aunque se cruzaran fugazmente con ellas.

Al entrar en la barraca prefabricada donde un oficial me estaba esperando me quité la gorra, según prescribían las ordenanzas, sosteniéndola sobre el brazo derecho, doblado a la altura del codo, en ángulo recto con la vertical de mi figura. Me cuadré, la barbilla alzada, apretando las mandíbulas, los talones juntándose sonoramente, pero no tan fuerte como para que el capitán que había sentado detrás de una mesa, fumando abstraídamente un cigarrillo, se volviera hacia mí o diera alguna prueba de haberme visto. Antes de hablar me aclaré la garganta:

—A la orden de usted, mi capitán.

No dijo nada, siguió mirando hacia afuera, por el cristal medio empañado, apartando exageradamente de la cara la mano que sostenía el cigarrillo cada vez que le daba una calada, como si en realidad le molestara el humo y sólo fumara por sentido del deber. Tenía una cabeza más bien pequeña, pero de ángulos muy poderosos, con la nariz curva y afilada y los pómulos agudos, la frente calva y la nuca alta y rapada, y el cuello musculoso y muy ancho en proporción a la cabeza. Sobre la mesa, delante de él, había algo que parecía un expediente, y en un carrito metálico, contra la pared, una máquina de escribir portátil. Afuera sonaba el toque de llamada, y los soldados corrían a formar con los cetmes al hombro. Por primera vez lograba escaquearme de algo. Hacía calor en aquella oficina, sobre todo viniendo de la intemperie helada y sabiendo que iba a volver muy pronto a ella: el capitán tenía cerca de los pies una pequeña estufa eléctrica. Sin darme cuenta debí de relajar mi postura, porque mis aptitudes para la marcialidad eran muy limitadas, y porque el capitán no parecía reparar en mi presencia. Pero justo entonces se volvió hacia mí y detuvo la mirada no exactamente en mis ojos, sino un poco más arriba, tal vez no más de unos milímetros.

—¿Te he ordenado descanso?

—No, señor —volví de golpe a la posición de firmes, sin reparar en que había cometido otro error, y no pequeño. Por equivocaciones menos graves lo arrestaban a uno.

—«No, mi capitán» —me corrigió—. En el ejército no hay señores.

—No, mi capitán —repetí: la barbilla alzada, el codo contra las costillas, el brazo derecho en ángulo recto, la visera de la gorra hacia afuera, justo encima de la palma de la mano—. A la orden, mi capitán.

—Descansa.

—A la orden.

Las piernas ahora separadas, las manos juntas a la altura del vientre, la derecha apretando la izquierda, nunca al revés: también, me acuerdo ahora, el pie derecho tenía que estar un poco más adelantado que el izquierdo, detalle éste que durante las formaciones del campamento los instructores solían encargarse de recordarnos a patadas. El capitán tiró al suelo el cigarrillo y lo aplastó con el tacón de la bota, y luego se puso en pie y dio unos pasos hacia mí, mirándome a los ojos, aunque no a la altura que a mí me habría permitido devolverle la mirada, esquivando los míos. En la mano derecha sostenía un papel en blanco.

—¿Sabes escribir a máquina?

—Sí, mi capitán.

—Pues demuéstramelo —señaló hacia la máquina de escribir, tendiéndome la hoja en blanco.

—A la orden, mi capitán.

Tenía las manos ásperas, rojas y torpes por el frío, endurecidas por los ejercicios con las armas. Aquellas manos de uñas sucias que habían empuñado un fusil y una pistola y manejado una granada no eran del todo las mías, y el nerviosismo me las volvía aún más ajenas, pero era preciso que recobraran su antigua habilidad, su rapidez en el teclado, y al apoyarlas sobre él, después de haber introducido la hoja de papel en el carro, mientras esperaba a que el capitán me diese la orden de empezar a copiar un decreto o una lista de ascensos o condecoraciones del diario oficial del ejército, reconocí en ellas un gesto antiguo de expectación tensa y gusto de escribir. A través de mis manos, del tacto de las yemas de mis dedos sobre las teclas de aquella máquina, me reconocía o me recobraba en parte a mí mismo.

El capitán, en pie detrás de mí, mirando el carro y el papel por encima de mis hombros, dijo ya, como si diese la señal de salida en una carrera, y yo me puse a copiar y me olvidé de todo, o fueron mis manos y una parte automática de mi inteligencia las que emprendieron por su cuenta aquel ejercicio de mecanografía, aquel galope asustado y furioso de los dedos que saltaban sobre las teclas al mismo tiempo que mis ojos leían sin comprender nada las palabras y los nombres escritos en el diario oficial.

Detrás de mí el capitán fumaba y observaba, con el humo del cigarrillo subiendo a un lado de su cara de cera, y al cabo de no más de un minuto dijo basta y yo separé las manos del teclado y las posé en el filo de la mesa, mirando el folio que no había completado, descubriendo tachaduras, equivocaciones y faltas, notando todavía un cierto temblor en las puntas de los dedos.

Me puse de pie, me hice a un lado para que el capitán se acercara sin rozarme a la máquina, lo vi arrancar la hoja del carro con una especie de brusca exactitud y revisarla muy de cerca, aunque sin comparar lo escrito por mí con el modelo del diario. Ahora pienso que le habría correspondido llevar un monóculo: me doy cuenta retrospectivamente, o tan sólo lo imagino, que aquel capitán afectaba una distinción austrohúngara, una suficiencia como de deportista de los tiempos en que sólo los aristócratas y los militares de carrera practicaban deportes. Había al mismo tiempo en su cara una lisura de cera y una dura angulosidad de pedernal. No me dijo nada, no manifestó satisfacción ni fastidio, y si me miró directamente a los ojos al ordenarme que me fuera la mirada duró menos de una fracción de segundo.

Unos días más tarde, ya de regreso en el cuartel —después de los barracones y del frío de Jaizkibel el cuartel era de pronto un hogar recobrado—, mi nombre fue pronunciado de nuevo al final de la lista de retreta, y yo temí que fuera para comunicarme un castigo por alguna falta que desconocía haber cometido, o para asignarme una de aquellas tareas humillantes que según el folklore soldadesco se ganaban sin remisión los que decían poseer estudios o saber mecanografía o idiomas.

Llovía mucho esa noche, como tantas de aquel invierno y de los meses que le siguieron, y estábamos formados bajo los soportales, amontonándonos los unos encima de los otros, casi en la oscuridad, oyendo apenas, por el ruido de la lluvia y el ronroneo irrespetuoso de los veteranos, los turbulentos bisabuelos, la voz del sargento de semana, que después de pasar lista leía los servicios y los arrestos. A mí me ordenó más bien amenazadoramente que no me marchara después del rompan filas, así que cuando los demás gritaron aire, como todas las noches, y salieron corriendo como en una estampida hacia las escaleras de los dormitorios, yo permanecí quieto y asustado, igual que cuatro o cinco soldados a los que también se les había prohibido marcharse. El sargento vino hacia mí, con el cuaderno de la lista bajo el brazo y la gorra caída sobre los ojos, y me dijo en un tono de perfecto desprecio:

—Mañana a las ocho en punto te presentas en la oficina de la compañía. Te han nombrado escribiente.

Ahora me parece algo ridículo, pero aquella fue una de las grandes alegrías de mi vida, no mucho menos intensa que la que recibí años más tarde cuando el redactor jefe de un periódico me dijo que iba a publicarme mi primer artículo. Para sobrevivir uno acomoda siempre sus sueños a sus posibilidades, se cobija como puede en cualquier resquicio tan sólo un poco hospitalario de su malaventura, y eso son incapaces de advertirlo o de aceptarlo los doctrinarios del sufrimiento, que siempre exigen para ennoblecerse o para ennoblecer a otros desdichas absolutas, obras maestras de la amargura o del fracaso. En el campamento y en el cuartel yo había conocido a alguno de aquellos héroes ostensibles del dolor, que no por casualidad solían tener estudios universitarios, y que precisamente por eso estaban convencidos de sufrir más que la soldadesca iletrada que los envolvía: lo que les molestaba del servicio militar parecía que no era su sinrazón permanente y su inútil barbarie, sino el hecho de que ellos se vieran obligados a cumplirlo.

Por inercia, por necesidad de conversar con alguien, seguramente también por vanidad, yo me había aproximado a alguno de ellos, me había reconocido a veces en el desamparo y en la debilidad física que manifestaban casi todos, en el modo furtivo con que sacaban un libro de un bolsillo del uniforme de faena aprovechando unos minutos de descanso, en el pavor y en la extrañeza de un mundo agobiante en el que nada más que la obediencia ciega y la brutalidad física importaban. Pero también había algo muy poderoso, aunque todavía desconocido para mí, que me apartaba de ellos, y era tal vez el aire de exclusividad con que vivían un cautiverio común, la apariencia entre puritana y exquisita de no transigir nunca con los alivios vulgares que otros aceptaban, fuesen el grito jubiloso de aire después de romper filas o una cerveza tibia de litro compartida en el Hogar del Soldado mientras se veía una película en la televisión.

A mí, que me destinaran a la oficina, o para ser más exactos que me nombraran escribiente, me dio la noche en que lo supe una felicidad sin paliativos, pero era tan incapaz entonces de mostrar mis sentimientos verdaderos ante quienes me parecían más sofisticados o de mejor crianza que yo que oculté lo mejor que pude mi entusiasmo al contarles la noticia más tarde a los dos o tres universitarios con los que había hecho una cierta amistad. Experimentaba algo que después ha sido muy frecuente en mi vida, pero que entonces no sabía entender: que se me manifestaran afectuosas condolencias por algo que en realidad a mí me alegraba mucho, y que había deseado mucho más de lo que pudieran imaginarse quienes me felicitaban tan tristemente por haberlo conseguido.

La alegría da insomnio: uno no quiere resignarse a dormir. Me imaginaba, en la oscuridad instantánea que sobrevenía después del toque de silencio, un apacible porvenir de oficinista, sin guardias, sin maniobras, sin caminatas sobre el barro, copiando a máquina escritos oficiales y listas de nombres y aprovechando las horas de holganza, que seguramente serían muchas, para leer cerca de alguna estufa eléctrica los poemas de Borges, las novelas de Graham Greene, de Juan Carlos Onetti y de John le Carré que entonces, como ahora, me gustaban tanto. Después de dos meses amargos de empanamiento y desamparo veía abrirse ante mí el reino cálido del escaqueo militar, y cuando pensaba en mis compañeros, en los que ahora dormían o conversaban en voz baja o se masturbaban cautelosamente o gritaban bromas a mi alrededor, los que no habían logrado ningún destino, los que iban a pasarse cerca de un año haciendo guardias y marcando el paso, cuando me comparaba con ellos, casi me decía canallescamente:

—A mí me jodería.

A las siete en punto, en cuanto empezó a sonar el toque de diana, me desperté de un sueño ligero y feliz y salté de la litera, abrí como un autómata la taquilla con la llave que llevaba, como todos, colgada del cuello, de un cordón de zapatos, me puse la guerrera, los pantalones y la gorra, metí los pies en las botas, salí corriendo de la compañía, bajé atropellándome con otros las escaleras hacia el patio, donde seguía lloviendo y aún era de noche, busqué mi sitio en la fila, bajo los soportales, me cubrí con el soldado que tenía delante, me golpeé los talones con las botas flojas y los costados del pantalón con las manos abiertas cuando el cabo de cuartel dio la orden de firmes, aguardé a que se pusiera firme también él para darle novedades al sargento de semana, quien a su vez le ordenó que nos ordenara derecha y descanso, a fin de ordenarnos luego que volviéramos a ponernos firmes, porque iba a darle novedades al oficial de guardia, que le ordenaría que nos ordenara lo mismo que él le había ordenado al cabo de cuartel... Una de las tareas más constantes en el ejército era la de dar y recibir novedades, que se transmitían como impulsos de telégrafo desde los rangos más bajos a los más altos, desde el cabo cuartel dándole novedades al sargento de semana al coronel del regimiento dándoselas al general gobernador militar, pero las novedades que se daban de manera incesante eran siempre las mismas, es decir, que no había novedad.

Esa madrugada a mí me daba igual, incluso me complacía en aquel mecanismo repetido, amplificado, automático, perfectamente inútil. Yo iba a ser escribiente, me faltaba una hora para presentarme en la oficina, para ponerme a escribir a máquina y escaquearme en sutiles tareas administrativas mientras los demás hacían gimnasia en calzón corto o marcaban el paso con el cetme al hombro sobre la grava del patio, calados por la lluvia, entontecidos por la monotonía de las órdenes y de los movimientos, muertos de tedio y ateridos por la humedad en las garitas de las guardias, mirando subir la niebla sobre el río Urumea.

Y unos minutos antes de las ocho, cuando la compañía entera vibraba con la agitación de las órdenes y de los fusiles recién sacados de la armería, aquel estrépito singular de culatas y hebillas golpeando los costados, de cargadores chocando entre sí o ajustándose secamente en su lugar, de taquillas abriéndose y cerrándose, aquella premura de estar formados a las ocho en punto para la izada de bandera, yo caminé en dirección contraria a la del turbión de soldados que se lanzaba hacia la salida de la compañía: no bajaría a formar, y era posible que tardara mucho tiempo en cargar de nuevo con un fusil; había triunfado en la vida.

Llamé a la puerta de la oficina, y nadie respondió: recordé algo que olvidaba siempre, que en el ejército no se llama nunca a una puerta, que se abre con energía, se asoma la cabeza, se distingue instantáneamente a la persona de más graduación que haya en ella, y sin soltar el pomo se le pone uno a la orden.

—A la orden, mi brigada, ¿da usted su permiso?

Había un brigada menudo y pelirrojo y dos soldados con barba sentados alrededor de una mesa, y nada más entrar allí se notaba que la oficina era un espacio más cálido, casi hogareño, no sólo por lo reducido de sus dimensiones y por la estufa de butano que ardía en un rincón, sino porque además olía a café caliente, a cigarrillos rubios y a coñac: el brigada estaba leyendo el periódico y tomándose un café con leche al que le añadía de vez en cuando chorros prudentes de coñac, y los dos oficinistas desayunaban tan calmosa y tan privadamente como él, aunque sin la añadidura del licor, que debía de ser un privilegio de la superioridad.

—A la orden, mi brigada —me cuadré lo mejor que pude y me presenté de la forma exactamente reglamentaria, es decir, recitando mi nombre y mis dos apellidos: era una forma ridícula de presentarse, y en realidad sólo la usaban los conejos más empanados y los pelotas más febriles.

—Descansa, hombre, descansa, que tampoco es para tanto —dijo el brigada, y le guiñó el ojo a uno de los oficinistas, al mismo tiempo que sorbía un trago de café con leche recién bautizado de coñac—. ¿Tú eres el escribiente nuevo?

—Sí, mi brigada —me sorprendió que me mirara tranquilamente a los ojos: los suyos eran pequeños, de color azul claro, un poco húmedos. Tenía la piel muy blanca con pecas rojizas y el pelo liso y escaso, de un violento color zanahoria. Sólo me di cuenta de lo pequeño que era cuando se puso en pie, haciéndoles un gesto a los otros para que no se levantaran.

—Pues nada, hombre, a ver si aprendes rápido y les ayudas a éstos, que falta les hace.

El brigada acababa de salir cuando inmediatamente abrió de nuevo, y esta vez no tuvimos tiempo de obedecer al gesto de calma que nos hizo y los tres nos levantamos automáticamente. Volvió a mirarme muy fijo, como si me conociera de algo.

—Oye, por curiosidad, ¿tú eres de la provincia de Jaén?

—Sí mi brigada.

—¿Y de Úbeda?

—Sí, mi brigada.

—Hay que ver, lo que es la vida —el brigada me sonrió y me dio una palmada en el hombro, y al ver que todavía quedaba un poco de coñac en la copa que había estado vertiendo en el café con leche aprovechó para apurarla—. Me mandan destinado a donde Dios tiró el palustre y al primero que me encuentro es a uno de mi pueblo.

—Joder con el conejo —dijo uno de los oficinistas cuando el brigada se marchó, no sin advertirnos que no nos levantáramos, y que si nos hacía falta encontrarlo estaría en la sala de suboficiales—. Has caído de pie.

XII.

La oficina era pequeña, con viejos muebles de madera, con un par de carteles turísticos grapados en la pared, con un armario metálico en el que se guardaban legajos y una mesa pequeña, junto a una ventana, sobre la que había una máquina de escribir, una Olympia de carrocería acorazada, con una línea y un color verde olivo que se parecían a los de un casco de guerra, un casco de guerra alemán, para ser exactos, como el que yo había llevado en la expedición a Jaizkibel. La oficina tenía ese olor de papel rancio y de madera con orificios de carcoma que solía ser el olor de todas las dependencias administrativas del cuartel, y que casi lo ahogaba a uno cuando entraba en la biblioteca, donde a los olores del papel y de la madera se unía el de los cortinones rojos como de teatro a los que tal vez no se les había sacudido el polvo desde los tiempos del general Primo de Rivera.

La oficina era un paréntesis de quietud, un breve hogar o un refugio modesto y seguro en medio de la gran intemperie de la experiencia militar, pero algunas veces los sargentos de la compañía entraban como golpes de vendaval en ella y daban portazos y gritos y le exigían a uno algo imposible y urgente y lo amenazaban con meterle un puro, y cuando unos minutos después ya se habían marchado con un segundo portazo no quedaba ni rastro de aquella calma de burocracia pobre en la que uno se había adormecido como un escribiente sin grandes ambiciones en la vida.

A los sargentos de la compañía, lo mismo que al feroz Chusqui de la Policía Militar, que a lo que aspiraba inalcanzablemente en la vida era a aprobar los exámenes de ingreso en la academia de suboficiales, el trabajo de la oficina y su misma existencia les parecían un residuo innoble de tranquilidad civil, un nido de pacifistas o desertores, de lectores potenciales de libros y adictos sospechosos a la burocracia y a la palabra escrita. Los sargentos, que eran individuos de una brutalidad y de una juventud temibles, caminaban al galope, se ataban hacia atrás los cordones de las botas y no sabían hablar sino a gritos, y a gritos cortos, a ser posible, y aun en el más crudo invierno tendían a ir con la camisa abierta y remangada para mostrar los bíceps, y con gafas de sol: me acuerdo, sobre todo, del sargento Martelo y del sargento Valdés, que llevaban pequeñas banderas españolas con el escudo franquista en la correa del reloj y que lo miraban a uno de arriba abajo o de través con un desprecio frío, jactancioso y sin límites, con un aire de vigilancia y sospecha que en mi caso resultó ser más literal de lo que yo imaginaba. Desobedeciendo consignas superiores de prudencia se paseaban por el centro de San Sebastián con el uniforme de faena, que les daba aún más aspecto de legionarios del que ya tenían: no sólo despreciaban a los civiles y a los oficinistas, también a los mandos que según ellos se doblegaban o se dejaban corromper y humillar por los políticos y salían siempre de paisano o cruzaban las avenidas de la ciudad precedidos y seguidos por jeeps de escolta.

En Jaizkibel yo había aprendido a distinguir a aquellos sargentos y a temerles, pero en la oficina, al principio, me pareció que estaba a salvo de ellos, sobre todo cuando el brigada Peláez supo que éramos paisanos y decidió que me tomaba bajo su protección. En la oficina, al fin y al cabo, yo iba a manejar papeles y máquinas de escribir, y no armas de fuego, así que me sentía mucho menos vulnerable: corriendo a campo través con un mosquetón máuser en las manos o disparando con un cetme a la silueta negra de una figura humana era muy fácil que me quedara el último, pero escribiendo a máquina ya había demostrado que podía medirme con cualquiera, hasta el punto de que sólo gracias a la mecanografía había logrado eludir el progreso metódico de mis infortunios militares.

Había además una parte de mí que se complacía profundamente en las tareas tranquilas y monótonas de la administración, en el aprendizaje de los formularios y las sabidurías sutiles de la contabilidad y en las variedades lingüísticas de la redacción de los escritos oficiales. Mis maestros eran los dos escribientes, Salcedo y Matías, este último el más veterano, el titular oficioso de la administración en la compañía, tan cerca ya de licenciarse que contaba por días el tiempo que le faltaba para recibir la mitológica Blanca, que era el Grial de nuestros sueños soldadescos, la cartilla militar cuya posesión simbolizaba el final gozoso de la mili.

Matías era menudo, sonriente, con esa sonrisa blanda de los que tienden demasiado a agradar, con una simpatía entre servicial y bondadosa, porque era muy creyente, creyente moderno, desde luego, a la manera de ciertos maestros rurales de entonces, y cuando saliera del ejército quería estudiar Psicología y Pedagogía para ayudar a los demás. Matías era un talento de la burocracia castrense, un virtuoso de la administración que salía todas las mañanas con su carpeta de documentos bajo el brazo para pasearlos por todas las misteriosas oficinas del cuartel con una desenvoltura y una diligencia como de alto funcionario o de encargado de negocios, y cuando había que pasarle la firma al capitán —su oficina estaba junto a la nuestra— era él quien se encargaba de hacerlo, con una obediencia deshuesada de marcialidad, más de mayordomo que de soldado, o de camarero untuoso y servil en un café viejo de provincias.

El otro oficinista, Salcedo, era del reemplazo anterior al mío, así que iba a alcanzar de inmediato, en cuanto Matías se licenciara, no sólo el puesto de escribiente titular, sino también el rango de padre, que si no era muy alto tenía al menos la ventaja estupenda de librarlo de la ignominia de ser conejo. El exceso de afabilidad de Matías se compensaba con la reserva de Salcedo, igual que el físico algo mezquino de aquél contrataba con la estatura fornida de éste. Salcedo era alto, con el pelo claro y los ojos azules, gastaba parte de su tiempo libre en carreras solitarias de jogging y en sesiones de aparatos en el gimnasio, y hablaba con la severidad de la Castilla del norte, lo cual hacía que su sentido del humor tardara en ser percibido.

Salcedo había adquirido una perfección absoluta en su reserva, una capacidad secreta y admirable de no mezclarse con lo que sucedía a su alrededor, de permanecer ausente y recluido en un monacato invisible, pero riguroso, tan libre de melodrama como de misantropía. No era especialmente huraño ni se abstraía más que cualquiera, y en la oficina trabajaba con una exacta pulcritud, la misma con la que hacía su cama todas las mañanas o se duchaba y cambiaba de ropa interior cada día, hecho inusitado entre los cazadores de montaña, cuyo ardor higiénico estaba casi a la altura del ardor guerrero que nos asignaba nuestro himno.

El de Salcedo era un simulacro perfecto de presencia, un prodigio budista de quietud: estaba y al mismo tiempo no estaba, era un desertor íntimo que escapaba inadvertidamente del cuartel por la trampilla de su ensimismamiento, sin necesidad de escaquearse ni de emborracharse o ponerse ciego de canutos, como decían los más golfos, simplemente ordenando las cuartillas con membrete y los calcos en la máquina antes de escribir un oficio, o dedicando algo más de un minuto a sacarle punta a un lápiz. Encaraba las sinrazones, las barbaridades y los abusos del ejército con una mezcla de incrédulo asombro y resignación, y del mismo modo que había logrado reducir sus gestos y sus movimientos al mínimo imprescindible para cumplir sus tareas y fingir la presencia que reglamentariamente le correspondía, también había logrado economizar hasta el límite los recursos verbales con los que explicaba sus reacciones al espectáculo de la vida militar. Se encogía de hombros, fruncía los labios, movía tristemente la cabeza y declaraba:

—Te cagas.

Aquello era un manifiesto lacónico, una declaración de principios, un reconocimiento de derrota, una interjección al mismo tiempo de protesta y de fatalismo, de indiferencia y de horror. Entraba en la oficina con tumulto mular el sargento Valdés, buscaba algo, nos desordenaba todos los papeles, tiraba al suelo la copia de un escrito oficial y la pisaba con una bota sucia de barro, nos amenazaba con meternos quince días de prevención o con hacer de nosotros carne de garita si no le encontrábamos lo que buscaba, Matías se desvivía sonriendo y fingiendo actividad y repitiendo sí, mi sargento, a la orden mi sargento, y resultaba entonces que el papel aparecía inopinadamente o que el sargento lo había llevado desde el principio en un bolsillo de la guerrera, así que bufaba un poco apretando los dientes, se marchaba y cerraba de un portazo, y cuando nos quedábamos solos en la oficina y a Matías aún le duraba en la cara la sonrisa de servicialidad era Salcedo quien nos ofrecía un juicio definitivo sobre la invasión:

—Te cagas.

Era eso lo que decía cuando la lluvia arreciaba en las tardes oscuras de invierno, o cuando veíamos por el bulevar de San Sebastián una manifestación de abertzales que quemaban pilas de neumáticos y autobuses enteros, o cuando nos refugiábamos tras las cristaleras de una cafetería para que los antidisturbios no nos fulminaran con pelotas de goma y gases lacrimógenos cuyos destinatarios no eran los abertzales, sino cualquier figura humana que se moviera por las cercanías, o cuando probaba en el comedor la primera cucharada de un guiso abominable, o cuando el pobre brigada Peláez, que era tan novato como yo en aquel cuartel y en aquella oficina, le daba para copiar a máquina una carta llena de faltas de ortografía. El brigada se iba, recordándonos que si lo necesitábamos estaría en la sala de suboficiales, nos indicaba con un gesto de las manos que no nos levantáramos, y Salcedo, con los codos sobre la mesa, releía el borrador, contaba las faltas y los disparates sintácticos, movía resignadamente la cabeza, con incredulidad, ya sin asombro, como si al cabo de seis meses en el ejército hubiera comprendido que cualquier disparate era verosímil:

—Te cagas.

Entre Matías y Salcedo me fueron introduciendo en los misterios burocráticos de la compañía, que eran de una complejidad tan irreal como laboriosa, pues su finalidad consistía en inventar administrativamente un mundo perfecto, pero separado de cualquier vínculo con la realidad, del mismo modo que el mundo del cuartel estaba separado herméticamente de lo que sucedía al otro lado del río Urumea. Todo se hacía por escrito, todo se copiaba por duplicado o triplicado y se anotaba en los registros de entrada y de salida, se repartía por otras dependencias y se archivaban las copias en el armario metálico. Prácticamente todos los días se redactaba una lista de los miembros de la compañía, detallando graduaciones, permisos, arrestos, raciones de pan y plazas en el comedor, y cada tarea llevaba consigo el correspondiente formulario y exigía una redacción peculiar, un cierto número de trámites sinuosos, firmas y sellos que la corroboraran.

En la cumplimentación y en el reparto de todos aquellos papeles, desde tarjetas de identidad y solicitudes de permiso a oficios en los que se comunicaba una baja por enfermedad o un arresto, los oficinistas pasábamos hacendosamente la mayor parte del día, aunque también se consideraban incluidas entre nuestras obligaciones la limpieza de la oficina del capitán y el servicio ocasional de cafés con leche y copas de coñac a los suboficiales, que algunas veces parecía que tomaban nuestro breve recinto como la sucursal de un casino, y se recostaban en el sillón cruzando las botas de montaña sobre la mesa y fumaban tirando la ceniza y las colillas al suelo, aunque tuvieran delante un cenicero, exhibiendo musculosos antebrazos y rolex sumergibles en los que nunca faltaba la pertinente banderita. Un día, el sargento Martelo, sabiendo que Salcedo poseía una excelente habilidad para plastificar documentos, abrió su cartera con el gesto de quien va a exhibir un fajo de billetes y le entregó una foto de Hitler que tenía en el reverso una svástica, ordenándole que se la plastificara. Mientras buscaba el plástico adhesivo y las tijeras, Salcedo murmuró en voz muy baja a mi lado:

—Te cagas.

Yo era un aprendiz, al principio, un subalterno voluntarioso y callado, muy dócil, obediente a todo lo que me mandaban, aunque no me enterara mucho, dada la complejidad mandarinesca de las fórmulas y los procedimientos administrativos, que Matías me explicaba con una sonrisa blanda y animosa, de pedagogo o de psicólogo, dotado de una paciencia cristiana para mis equivocaciones. Me ponía a copiar a máquina escritos antiguos, para que me fuera aprendiendo las fórmulas obligatorias, tengo el honor de comunicar a V.S., Ruego a V.E., Dios guarde a Vd. muchos años, me dictaba despacio, señalándome las comas y los puntos, me daba una regla, un lápiz, una goma y un puñado de folios y me encargaba enigmáticamente que los rayara o los cuadriculara uno por uno, deteniéndose a hacerme ver cómo se trazaba una línea recta con la ayuda de la regla, me pedía que lo acompañara en su recorrido matinal por las dependencias del cuartel para que así pudiera yo aprenderme punto por punto el itinerario, siguiéndolo como si fuera su sombra, el secretario o ayudante de Matías, su acólito.

Debía de ser un par de años más joven que yo, pero me parecía mayor, más digno de respeto, no sólo por su veteranía, o por su barba, o por el aire de prematura vejez que suelen tener las personas con la boca sumida y la barbilla saliente, sino porque uno de los efectos que el ejército estaba teniendo sobre mí era el de olvidarme de mi edad verdadera, situándome en un estado de ánimo como de permanente y acobardado aprendiz, en una posición de inferioridad aceptada con respecto a mis superiores, parecida a la del alumno adolescente e interno con respecto a los curas penitenciarios del colegio, una distancia radical, aunque falsa, de la persona adulta, portadora de la autoridad.

Yo iba a cumplir veinticuatro años, y Matías tenía veintidós, pero cuando me equivocaba haciendo algo que él me había explicado me sentía tan abatido y tan ridículo como un adolescente. Algunos sargentos no pasaban de los veinte años: el teniente Postigo, recién salido de la academia de oficiales, y también llamado el teniente Castigo por el rigor con que los aplicaba, tenía veintiuno, y el capitán, a quien Salcedo y yo le limpiábamos la oficina todas las mañanas, veinticinco. Pero a todos ellos, a poco que me descuidara, yo los veía como adultos severos o amenazadores, y sin darme cuenta me humillaba para obedecerlos, me arrancaba o escondía una parte de mi experiencia y de mi edad para aceptar su dominio sobre mí tan instintivamente como un niño débil se encoge para no soliviantar a un grandullón.

—A ver, escribiente, tráeme el periódico.

—A la orden, mi sargento.

—Me cago en diez, muévete, que estáis todos empanaos.

—Es que es nuevo, mi sargento, hay que comprenderlo.

—Tú te metes las lengua en el culo, Matías, que a ti no estaba hablándote.

—A la orden, mi sargento.

A primera hora de la mañana, después de la firma y de la cumplimentación del registro de salida, que se llevaba a efecto en unos libros grandes y apaisados como lápidas, Matías iba distribuyendo el surtido diario de escritos en los diversos apartados de una gran carpeta de acordeón que constituía el cofre del tesoro y el emblema de la oficina, el símbolo augusto de la veteranía del escribiente bisabuelo que la transportaba. Era, igual que casi todo en el ejército, un artefacto arcaico y maltratado por los años, con las tapas de cartón recio, con gomas elásticas y cintas, una carpeta de funcionario prolijo y camastrón del siglo XIX.

Alguna vez, en un futuro de varios meses más tarde que sin embargo a todos nos resultaba muy lejano, yo me constituiría en portador de aquella carpeta, que ahora Matías estaba a punto de legar o de traspasar a Salcedo. Por lo pronto actuaba de acólito en el itinerario matinal y pastoral de Matías, fijándome, a instancias suyas, en cada uno de sus actos, imitando la mansedumbre algo eclesiástica con que se quitaba la gorra y bajaba la cabeza antes de entrar en las oficinas catedralicias del batallón o el paso resuelto con que atravesaba las dependencias de menor rango, repartiendo saludos, sonrisas y oficios como si repartiera estampitas piadosas o bendiciones de cura moderno y laboral. A su lado fui internándome en las profundidades más desconocidas, en las dependencias más insospechadas y raras del cuartel, descubriendo otro mundo en gran parte sumergido bajo las apariencias castrenses y casi del todo ajeno a ellas, un laberinto de oficinas ocultas, inactivas, silenciosas y umbrías, como covachuelas de los tiempos de Fernando VII, un alcantarillado de almacenes de objetos anacrónicos, de talleres de guarnicionería o talabartería, de cuadras, de cocinas inmensas y cámaras frigoríficas en los que se conservaban reses enteras que habían llegado ya congeladas de Argentina en los años cincuenta, de buhardillas irrespirables de tan polvorientas en las que reinaban furrieles misántropos como ermitaños, excéntricos como robinsones o buhoneros que hubieran reunido a base de rapiña tesoros de despojos, montañas de correajes o de botas, muros colosales de uniformes viejos y de mantas.

Hasta entonces yo había recorrido el cuartel en línea recta, en fila, como un autómata, siempre marcando el paso, siempre siguiendo una línea de puntos, lo mismo en el espacio que en el tiempo, del patio al dormitorio, del monolito a la puerta de salida, de la formación de diana a la del desayuno. Ahora, a la zaga de Matías, con el salvoconducto recién adquirido de mi destino de escribiente, yo ingresaba en territorios inaccesibles, en espacios cerrados o prohibidos, y siempre había que quitarse la gorra al entrar bajo techado y que volver a ponérsela al salir, y que decir a la orden y da usted o da usía su permiso, y si al subir uno por una escalera bajaba por ella un superior había que cederle el pasamanos, o en su defecto la derecha, porque el menor descuido podía significar un arresto, el trastorno de un permiso o de un fin de semana, y por mucho que uno se esforzara nunca podía sentirse a salvo de la equivocación o del castigo.

Levanta más la cabeza, me asesoraba Matías, pide permiso en voz más alta, no vayan a no oírte, no camines demasiado despacio, no sea que piensen que andas escaqueado, ni tampoco muy aprisa, para que no sospechen que te escapas de algo. Había grandes oficinas con balcones al patio, con techos artesonados, suelos de tarima y puertas de cristal escarchado, y en ellas se veía a veces de lejos a algún comandante o teniente coronel que parecían imitar el porte de los militares británicos de las películas, y que de algún modo se correspondía con el lujo tronado y anacrónico del mobiliario. En aquellas oficinas pasaban una mili indolente y dorada los beneficiarios de los mayores enchufes, hacia los que Matías profesaba un desdén populista, de escribiente de base, como si dijéramos, de becario pobre que se lo ha ganado todo a pulso y a quien ni siquiera su bondad cristiana exime por completo del resentimiento.

Por escaleras de mármol, con pasamanos de madera bruñida, cruzando altos dinteles con bajorrelieves de símbolos militares, Matías y yo ingresábamos en las dependencias de la más alta autoridad, pero después de dejar allí un cierto número de papeletas y de oficios y de recoger otros tantos viajábamos al otro extremo de aquellas secretas arquitecturas sociales, y entregábamos un papel en una cuadra donde los soldados olían a sudor y a estiércol exactamente igual que los caballos y los mulos a los que cuidaban. A los caballos y a los mulos se les pasaba lista de diana y de retreta, igual que a la clase de tropa, y el soldado que se ocupaba de cada uno de ellos lo sostenía de la rienda y gritaba presente poniéndose firme cuando escuchaba el nombre del animal.

Nos deteníamos un rato en el portal de remendón del subteniente guarnicionero, que era un hombre mayor, calvo, vestido entre de paisano y de militar, tan apacible que era muy raro cuadrarse ante él, tan solitario y absorto como un jubilado: con el subteniente guarnicionero Matías hablaba como si le hablara a un lugareño sentencioso, a gritos, porque el hombre estaba algo sordo, y después de hacerle entrega de algún papel y de una parte evangélica de su cordialidad me urgía a continuar nuestro recorrido.

Íbamos a la imprenta, atendida por dos hermanos gemelos que eran pelirrojos y tenían algo de articulado en sus movimientos, entrábamos en la oficina del capitán ayudante, donde entregábamos un vale para las raciones diarias de pan, y donde el capitán ayudante y el soldado oficinista no parecían tener otra misión que la de esperarnos a nosotros y guardar nuestro vale en un cajón, subíamos de nuevo por escaleras nobiliarias al gabinete topográfico, en el que unos cuantos soldados con gafas y ademanes de universitarios enchufados examinaban grandes hojas de mapas como si fueran frailes medievales preparándose para emprender una copia que duraría décadas, y procurábamos terminar el recorrido en las cocinas, donde entregábamos el parte de los soldados que asistirían al comedor y recibíamos a cambio, si había suerte, un tazón de chocolate o incluso una chuleta a la plancha.

Algunas veces nos cruzábamos con el páter, el capellán castrense, vestido de *clergyman,* porque sólo se ponía la sotana y el manteo para la ofrenda a los Caídos de los viernes, junto al monolito. Matías se paraba a charlar con él, y se notaba que al verlo había vencido la tentación de inclinarse para besarle la mano: hablaban un rato del Hombre, o del compromiso con el Otro, o de darse a los demás en Cristo, y yo asistía a sus conversaciones, a sus blandas disputas de teología social, con una sonrisa mimética de la de Matías, como sonríe uno y mueve la cabeza cuando le hablan en un idioma extranjero y finge que se entera de algo.

Dar la vuelta al cuartel repartiendo y recogiendo papeles era cada mañana como dar la vuelta al mundo cerrado y populoso en el que vivíamos, y para no perderme cuando tuviera que repetir yo solo aquel trayecto procuraba fijarme en detalles que me orientaran y decía que sí a todas las explicaciones que me daba Matías, sonriéndole con atención incondicional, con gratitud, como si estuviera enterándome de algo. Desde arriba, desde la galería que daba la vuelta al patio, yo veía con alivio y sin la menor solidaridad a los otros, los condenados a la instrucción o a la gimnasia, los que braceaban y marcaban cansinamente el paso, con el cetme al hombro, siguiendo al cabo de guardia que los repartiría por las garitas, los que bajaban despavoridamente a formar porque estaba sonando el toque de retén.

Yo me había escapado, yo había logrado escaquearme, y calculaba, aconsejado por Matías, que en cuanto le diera un poco de coba a mi paisano el brigada Peláez éste me buscaría un permiso. Me sentaba delante de la máquina, esperando a que Matías o Salcedo me dictaran algo, y mientras escribía listas de nombres o extravagantes fórmulas protocolarias y abreviaturas idénticas a las del barroco miraba absorto por la ventana que tenía frente a mí, miraba el patio en el que durante tantos meses no dejó de llover, las filas de ventanas idénticas que se iban iluminando una por una mientras caía la noche prematura del norte.

Algunas tardes, después del toque de homenaje a los Caídos y de la bajada de bandera, que indicaba melancólicamente la hora de paseo, en lugar de salir a San Sebastián me quedaba en la oficina por el gusto de estar solo en ella, cerraba con llave, me ponía a leer, permanecía atento para prevenir el sonido de los pasos de algún suboficial, y si oía el gruñido y los taconazos del sargento Martelo o del sargento Valdés apagaba la luz y me quedaba inmóvil en la penumbra hasta que dejaban de golpear la puerta y se marchaban, no sin sacudir el pomo como si les costara convencerse de que la llave estaba echada, como si quisieran arrancarlo.

Una noche, al volver de la formación de retreta, encontré reventada mi taquilla. Los robos eran frecuentes en la compañía, pero a mí los ladrones no me habían quitado nada, limitándose a desordenar mi ropa, los pocos libros que guardaba. Cuando di parte del hecho al sargento Martelo, que era entonces sargento de semana, me miró de través, como miraba a todo el mundo, y me dijo que si no tuviera el empanamiento que tenía no me pasarían esas cosas.

A los pocos días, ya de noche, con la compañía desierta, porque aún no habían terminado las horas de paseo, yo copiaba a máquina un trabajo que debíamos entregar a la mañana siguiente mientras Salcedo limpiaba la oficina del capitán. Sonó el teléfono interior, el que el capitán utilizaba para darnos las órdenes: Ven enseguida, me dijo Salcedo. Empujé con sigilo la puerta de la oficina contigua y Salcedo, con la escoba y el trapo del polvo en la mano, como dispuesto a fingir que limpiaba si alguien nos sorprendía, me señaló sin decir nada un papel que había encima de la mesa. Era un escrito oficial, atravesado diagonalmente por un sello en tinta roja que daba sobre todo, o al menos eso pienso ahora, una impresión de melodramatismo y de novelería: Alto secreto.

Era un informe dirigido al capitán sobre un soldado que acababa de incorporarse a la compañía: con estupor primero, con un miedo súbito, recobrando de golpe el sentimiento de vulnerabilidad que me había angustiado cuando era un recluta, leí mi nombre en el informe. Desde la capitanía general de Burgos le comunicaban al capitán que yo había sido detenido por la policía en 1974, produciéndose en manifestación no pacífica, según los términos de aquella prosa entre confidencial y administrativa. Elemento potencialmente peligroso, continuaba el informe, se ruega discreta vigilancia durante seis meses. Encima de la fecha estaba escrita la misma fórmula que yo repetía diariamente en los oficios que Salcedo y Matías me dictaban: Dios guarde a Vd. muchos años.

XIII.

Quiero acordarme de la textura peculiar del miedo, de su cualidad del todo física, a la vez una punzada como de vértigo o de naúsea y un peso sobre la respiración, una suma instantánea de todas las formas del miedo a la autoridad que uno había conocido en su vida, en su infancia escolar y franquista, el estremecimiento en la nuca una décima de segundo antes de que un cura me golpeara en ella con los nudillos secos y cerrados como un garfio, el sobresalto de oír pasos y cerrojos viniendo por el corredor de un sótano de la Dirección General de Seguridad, el terror ante la posible irrupción nocturna de la policía en un piso que compartí con militantes comunistas en el siniestro invierno entre 1976 y 1977, cuando había empezado a llegar la libertad sin que se retirase todavía la dictadura y vivíamos en una confusión turbia y asustada, en oscilaciones de alegría en el fondo cobarde y aluviones de pavor, de oscuridad y de sangre.

De nuevo habitaba yo en aquella clase especialmente afilada del miedo, lo respiraba como un aire muy enrarecido, el aire rancio de las dependencias militares que la Constitución de 1978 ni siquiera había empezado a ventilar, igual que nadie había cambiado aún los escudos en las banderas, que seguían luciendo el águila negra del franquismo, ni descolgado los retratos de Franco ni los carteles con su testamento, ni modificado la leyenda escrita con letras doradas en el monolito, Caídos por Dios y por España en la Cruzada de Liberación Nacional.

Faltaban unos días para que empezara la década de los ochenta, tan trepidante y celebrada luego, pero en alguna oficina militar de Burgos con muebles viejos de madera, tampones de almohadilla y retratos sepia del general Franco alguien había recibido y enviado luego una información secreta que concernía a un estudiante detenido en marzo de 1974 en la Ciudad Universitaria y encerrado durante algo más de cuarenta y ocho horas en una celda de la DGS. Pero la militancia antifranquista que seis años después me deparaba aquella notoriedad confidencial en el ejército había durado aproximadamente unos veinte minutos, los que transcurrieron entre el comienzo de la primera manifestación ilegal en la que participaba en mi vida y el momento en que fui tundido a golpes y amontonado junto a otros estudiantes en el interior de un autocar gris que tenía las ventanillas cubiertas por una celosía de alambre.

Me tomaron las huellas digitales, me hicieron fotos de perfil y de frente en un sótano con azulejos, me quitaron los cordones de los zapatos, el cinturón y el reloj antes de encerrarme en una celda casi a oscuras, hasta la que llegaban, por una tronera enrejada, los gritos de los vendedores de lotería y los pasos de las mujeres que taconeaban en la acera de la Puerta del Sol. Me interrogaron con más desgana que sadismo policías con gafas oscuras y trajes marrón claro, me soltaron dos días más tarde tan sin preámbulo como me habían detenido, después de inocularme un pavor que me duró mucho más que la dictadura, y que me inhabilitó para conspirar seriamente contra ella; la primera manifestación ilegal a la que asistí fue también la última, y mis raptos más febriles de antifranquismo se ciñeron desde entonces al ámbito inocuo y no muy arriesgado de la imaginación, de las conversaciones con amigos y de las asambleas tumultuosas y disparatadas de la Facultad: que el servicio secreto del ejército, a finales de 1979, me considerara un elemento potencialmente peligroso no sé si atestiguaba su aterradora omnisciencia o su desatada estupidez.

Pero no era posible entonces una ironía que me entibiara el miedo, la sensación súbita de que me vigilaban, de que todo se me hacía hostil de nuevo, la dificultad de respirar, viendo aquella hoja mecanografiada sobre la mesa del capitán, con el sello melodramático y rojo de alto secreto, sello que al capitán, por cierto, no debía de impresionarle mucho, pues no se había molestado en guardar bajo llave el informe, como si se hubiera olvidado de él nada más leerlo: el sobre que lo contenía, con el lacre abierto, también estaba encima de la mesa, todo lo cual le mereció a Salcedo un comentario terminante sobre la eficacia del espionaje militar español:

—Te cagas.

Sin tocar nada salimos de la oficina del capitán y la cerramos con llave. Era mejor no contarle nada a Matías, me dijo Salcedo, ni a nadie, seguro que aquello no tenía importancia, que el capitán no haría ni caso, bastaba ver el descuido con que había dejado el informe encima de la mesa y se había marchado sin echar siquiera la llave. El capitán era un hombre alto, delgado, con barba, con una expresión nada agresiva o soberbia, con largos apellidos que lo vinculaban a las castas más privilegiadas de la oficialidad y de la diplomacia. Yo había observado que pedía las cosas por favor y que daba las gracias, sin duda en virtud de esa buena educación cuyas maneras de respeto hacia los subordinados proceden de una conciencia indisputada y absoluta de superioridad.

Los que me daban más miedo eran los otros, el teniente Postigo o Castigo y los sargentos, Martelo y Valdés, que entraban siempre tan bruscamente en la oficina, como queriendo sorprenderme en algo, que registraban con cualquier pretexto mis cajones y que según supe muy pronto eran quienes me habían reventado la taquilla, buscando qué, me preguntaba, qué podían imaginarse que introduciría yo clandestinamente en el cuartel y escondería en ella. En sus miradas habituales de desdén ahora descubría un matiz de vigilancia y amenaza: ten cuidado, parecían decirme, ahora sabemos quién eres.

Yo era, o volvía a ser, lo que había sido como tantos otros, un huésped y un rehén del miedo, de un miedo inmediato y práctico, recobrado, irrespirable, el miedo de los recuerdos y el de la imaginación agudizado por los rigores inhumanos del Código de Justicia militar, que permitía a los mandos disponer de nosotros casi tan impunemente como de los súbditos de una tiranía asiática. Cualquier cosa podía ser considerada insubordinación, y bastaba la palabra de un superior para arrojarlo a uno a un calabozo inmundo o al espanto de un consejo de guerra. Era mentira la desahogada lentitud que aparentaba la vida en el cuartel, pensaba yo ahora, sintiéndome espiado y amenazado, acordándome de aquella frase, discreta vigilancia durante seis meses: cualquier paso en falso o equivocación mínima, cualquier apariencia de indisciplina, podían hacer que el mundo se trastornara a mi alrededor, igual que ya les había ocurrido a otros; el ejército era una maquinaria de un herrumbroso anacronismo y de una lentitud mineral que seguramente no habría podido ganar ninguna guerra, pero que podía aplastarlo y triturarlo a uno bajo la pura inercia de crueldad de sus normas. Por las tardes, hacia las seis y media, salían un rato al patio los castigados al calabozo, barbudos, muy pálidos, con una palidez blanda y como húmeda, arrastrando los pies, con los uniformes muy sucios, las guerreras desceñidas y las botas sin cordones, vigilados de cerca por soldados de guardia que esgrimían los cetmes en dirección a ellos: al menor gesto sospechoso tenían orden de disparar.

De un soldado vasco de la compañía contaban los veteranos que estaba preso en un castillo militar por culpa del sargento Valdés. Muerto de sed, durante unas maniobras de verano en Jaizkibel, el soldado se había salido de la formación unos segundos para beber de un botijo, y el sargento Valdés, de un puñetazo, se lo había roto en la cara. En un acceso instintivo de ira el soldado había alzado el puño contra el sargento, sin llegar a tocarlo: el consejo de guerra lo había condenado a un año de cárcel por agresión grave a un superior. Cuando lo cumpliera tendría que continuar en el cuartel los meses de mili que le faltaban en el momento de su arresto, durante los cuales lo humillarían y lo vejarían con más saña que antes y lo seguirían amenazando con una nueva prolongación de la mili.

Eso era tal vez lo que daba más pavor, la posibilidad de que el tiempo por algún motivo se dilatara o se detuviera volviendo vanos nuestros cálculos, nuestra paciencia, las tachaduras que cada noche hacíamos en los almanaques, los rectángulos de los meses ya cumplidos furiosamente aniquilados con tinta, como para prevenir su regreso. Entre los atributos de la autoridad militar se contaba también el de detener el paso de los días, y cuando a los veteranos les faltaba poco para licenciarse los sargentos y el teniente practicaban con ellos una forma particular de chantaje que consistía en amenazarlos con arrestos que les impedirían marcharse junto a los demás: en el último día, en las últimas horas, imaginaba uno, la angustia habría de ser tan insoportable como la necesidad de no manifestar abiertamente la alegría de estar a punto de irse de allí para siempre.

Un minuto antes de salir con permiso a uno podía sobrevenirle un castigo, y esa noche, en lugar de en el tren, la pasaría en el calabozo o en los bancos de la prevención. Todo podía quebrarse, lo mismo mi destino de oficinista que la democracia española, casi a diario estallaban bombas y eran asesinados militares, policías y guardias civiles, se hablaba en los periódicos de la inminencia de un estado de excepción, de una nueva sospecha de complot militar, siempre desmentida por el gobierno, siempre renovada al cabo de una semana o de un mes. La irascible tensión física y la violencia mal dominada de los sargentos de la compañía eran para mí la forma visible de un peligro demasiado cierto como para no consumarse en desastre. Al general gobernador militar lo habían matado de un tiro en la cabeza el verano anterior mientras caminaba de paisano bajo las farolas blancas del Paseo de la Concha. La planta baja del gobierno militar estaba protegida con sacos terreros, y los soldados que hacían guardia en la puerta iban sin armas, para que no se las robasen a cara descubierta los gudaris de la goma dos, como ya había ocurrido varias veces, para desgracia de aquellos soldados, a quienes la mala suerte de estar de guardia durante la hazaña de los etarras les había costado un consejo de guerra.

Furgones blindados de la policía por cuya portezuela trasera asomaba el cañón de un fusil recorrían lentamente en fila las avenidas burguesas de la ciudad. Los oficiales llegaban al cuartel vestidos de paisano, y procuraban que en el vecindario donde vivían, si no era de casas militares, nadie supiera a qué se dedicaban. Si tenían que desplazarse a otras instalaciones del ejército lo hacían en convoyes con escolta: al bajarse del coche los rodeaban soldados con subfusiles y cetmes. Casi todos ellos habían sido enviados forzosamente al País Vasco y es probable que contaran los días que les faltaban para irse con la misma avidez que nosotros. Casi todos, salvo unos pocos que habían pedido aquel destino en el norte, por impaciencia de ascender o por heroísmo o por chulería o desesperación: Martelo y Valdés estaban allí voluntarios, desde luego, con dos cojones y a mucha honra, según solían repetir, y cada vez que el periódico traía la noticia de un atentado maldecían y juraban que si a ellos los dejaran con las manos libres iban a salir ahí afuera y a matarlos a todos, no sabía uno si a todos los terroristas o a todos los vascos, o incluso a todos los civiles, porque Valdés y Martelo habitaban un heroísmo imaginario que excluía del honor o de la simple decencia a quien no llevara uniforme, una valentía entre deportiva y etílica, de exhibición de musculaturas y de armas de fuego en los desfiles de los viernes y en las barras acolchadas de los bares de alterne.

También ellos, los militares, respiraban miedo y claustrofobia, y el desequilibrio permanente entre sus fantasías verbales de heroísmo y la estrechez y la angustia de la vida real, entre las arengas de valentía de las que se alimentaban y el hecho nada heroico de que ganaban muy poco dinero y vivían encerrados en mediocres pisos de extrarradio, amenazados de muerte y dejándose matar, los sumía sin duda en un estado de enervamiento y alucinación, los empujaba a afirmarse en las certidumbres ilusorias pero inamovibles que aún poseían, que habían heredado de sus padres y de sus profesores y que transmitirían a sus hijos. Jamás sufrían la menor contaminación de desánimo ni de realidad, entre otras cosas porque no era muy frecuente que se aventuraran en ella: pertenecían a familias militares, habían vivido siempre en barriadas militares, habían ido a colegios donde todos los alumnos eran hijos de militares y desde ellos habían pasado a la academia militar, y cuando se casaban lo hacían con hijas de militares.

Su trabajo diario era una demorada representación teatral, una perpetua ceremonia. A las ocho en punto de la mañana se izaba la bandera en la puerta del cuartel, en un mástil más alto que los aleros y que las copas de los árboles, y mientras iba ascendiendo por la cuerda se oía el toque de homenaje, y todo el mundo, en el minuto largo que duraba la ceremonia, tenía que quedarse perfectamente firme, con la mano derecha en posición de saludo, y sólo podía moverse una vez que terminaba de sonar la trompeta. A las seis de la tarde, la guardia formaba en la puerta del cuartel, y el oficial de guardia la encabezaba en su desfile hacia el mástil, seguido por un soldado que llevaba un cofre abierto y forrado de raso. Sonaba la trompeta, la bandera empezaba a descender, y los soldados adelantaban los fusiles ante el grito de ¡A la bandera! Presenten... ¡Armas!, y de nuevo toda la actividad visible en el cuartel quedaba inmovilizada como por un conjuro, como esos reinos en los que el tiempo se detiene durante cien años. El oficial recogía la gran bandera roja y amarilla, la doblaba con un respeto litúrgico, la depositaba en el cofre, y el desfile se repetía de vuelta hasta el cuerpo de guardia: pero bastaba cruzar al otro lado del puente, al barrio de Loyola, para que nada de eso existiera, para encontrarse en otro mundo del todo ajeno a aquellas ceremonias y a aquella bandera, y cuando uno volvía a esa hora al cuartel y oía la trompeta y tenía que quedarse firmes y llevarse la mano a la sien en mitad de una acera lo veía todo menos ridículo que irreal, aunque la gente, desde el interior de los bares, se le quedara mirando con burla o malevolencia.

Aun a la luz del sol y en los días sin niebla bastaba mirar hacia el cuartel desde el otro lado del puente para advertir la fantasmagoría y la insularidad de aquel edificio con aleros mudéjares y torreones de ladrillo, con piezas de artillería decorativas e inútiles asomando sus cañones entre los árboles, con una bandera que a pesar de su tamaño y de la altura del mástil en el que ondeaba también tenía algo de bandera fantasma. Sólo al cruzar el puente se distinguía a los soldados de guardia, los que estaban apostados tras las verjas y entre los árboles, los que asomaban los ojos por las ranuras de las garitas: pero lo que fortalecía el cuartel, lo que irradiaba de sus muros, era la sugestión y la fuerza del miedo, el miedo de todos nosotros, el miedo particular y secreto de cada uno, el del centinela entumecido de frío que a las cuatro de la mañana temía dormirse y ser sorprendido por el oficial de guardia, el del capitán que revisaba todas las mañanas su coche en busca de una bomba o cambiaba el trayecto hacia el cuartel para evitar una emboscada, el del vecino de Loyola que imaginaba camiones y jeeps militares erizados de fusiles cruzando el puente en la noche de un golpe de estado.

Acaso era el miedo la fuerza verdadera que impulsaba aquella máquina a la que todos pertenecíamos y de la que todos formábamos parte, el impulso de gravitación que impedía que la vida militar se dispersara o sufriera un colapso, el miedo administrado a diario, igual que nos decían que nos administraban el bromuro en el campamento, repartido eucarísticamente en dosis reglamentarias, en soluciones químicas de diferente densidad, el miedo de los generales y el de los reclutas, el del sargento Martelo y el de los terroristas a los que soñaba con ejecutar, el mío y el del brigada Peláez, que me invitaba todas las mañanas a un café y a una copa de coñac y se olvidaba del tiempo acordándose de cosas de nuestro pueblo, preguntándome si conocía a gente a la que él llevaba años sin ver, contándome su llegada al ejército, a los dieciséis años, no sólo el miedo, sino el hambre de entonces, el hambre de la que huía al alistarse como aprendiz de corneta y la que encontró en los cuarteles sórdidos como internados de posguerra donde pasó su adolescencia.

Al brigada Peláez tampoco le hablé sobre el informe secreto, del que yo estaba seguro que no sabría nada, porque se vio desde el principio que entre los mandos de la compañía el pobre hombre era un cero a la izquierda. Habría sido inútil buscar apoyo en él porque el brigada Peláez aún me parecía más acobardado y vulnerable que yo. También él tenía miedo de todo, no sólo de un disparo en la cabeza o de una bomba terrorista, sino también de las arbitrariedades de sus superiores, de los embrollos administrativos, de cada uno de los peligros del mundo exterior, que eran infinitos y que a su juicio sólo se detenían en la puerta de su casa, cuando entraba en el piso diminuto que compartía con su mujer en una luctuosa barriada de Martutene y se ponía las zapatillas de paño y se tomaba una copita de fino mirando la televisión mientras ella le preparaba la cena, las frituras y guisos cuyo olor nada más ya lo consolaba de aquel destierro en el norte.

Pero el miedo estaba en todas partes, no sólo en las calles como túneles de Rentería ni en el barrio donde vivía entre la penuria y la clandestinidad el brigada Peláez, sino también en el centro mismo de San Sebastián, en los jardines con tamarindos que hay frente a la playa de la Concha, en el mediodía de la Avenida o del Bulevar, que tenían en las mañanas de domingo una claridad de lujo, un brillo de escaparates de tiendas de joyas o de pieles y de cafeterías con grandes ventanales donde las señoras donostiarras de mediana edad tomaban té y tostadas y sándwiches de jamón y queso después de la misa de mediodía en el Buen Pastor.

San Sebastián, en las mañanas dominicales iluminadas por un tibio sol de invierno, era una ciudad balnearia y burguesa, una ciudad de orden, de derechas de toda la vida, con su casino y su Sagrado Corazón en el pico del monte Urgull y aquel palacio gótico tudor con céspedes ondulándose frente a la bahía del que contaban que fue construido para endulzarle las nostalgias inglesas a la reina Victoria Eugenia. San Sebastián tenía como una calma de veraneo antiguo, monárquico y eterno, el veraneo heráldico de los años veinte y el de los veranos fascistas de la guerra civil, cuando los ricos de Madrid, en lugar de volver a la ciudad en septiembre del 36, como habían hecho siempre, prolongaron las vacaciones indefinida y perezosamente esperando a que Franco se la devolviera recién conquistada.

San Sebastián, el San Sebastián de la Concha, de la Avenida de la Libertad (antes de España), del Bulevar, era una ciudad con perspectivas arboladas y ambiciones francesas, con opulencias de repostería y de gastronomía, una postal algo desvaída de la costa azul en el Cantábrico, y uno se paseaba por ella vestido de soldado, con el tres cuartos y la gorra, con los bolsillos y el estómago vacíos, con un desamparo casi de clochard o de inmigrante magrebí.

Pero de pronto, en medio de aquella calma, de los domingos lujosos y católicos, con escándalo de campanas en la catedral y rumor de cucharillas, porcelanas y pulseras de oro en las cafeterías, el miedo irrumpía igual que una inundación, al principio invisible, difícil de advertir para quien no conociera la ciudad, para quien no estuviera acostumbrado a ciertos cambios bruscos que se producían en el aire. Era como una onda opresiva de silencio que se abatiera sobre la ciudad dejando vacía una acera o las esquinas de una calle. Se cerraban puertas, se oía un eco de cortinas metálicas, se quedaban desiertos los veladores de una cafetería. Era el aviso del miedo, la pujanza de su onda expansiva, las décimas de segundo entre el estallido de un relámpago y la llegada del trueno.

Sin darse cuenta, sin saber qué había ocurrido, uno se encontraba atrapado en medio de una contienda de pedradas, de botes de humo y de pelotas de goma, en una discordia de sirenas y gritos, de vidrios rotos y golpes secos de disparos, y la humareda negra de una barricada de neumáticos daba una opacidad de eclipse a la mañana de domingo. Me acuerdo de los autobuses atravesados en los puentes del Urumea y de las siluetas veloces y jóvenes que se tapaban las caras con pañuelos negros y volcaban latas de gasolina sobre las ruedas y las carrocerías para levantar luego murallas de fuego y humo negro contra el avance de los furgones policiales. Saltaban de ellos los policías antidisturbios, con los uniformes marrones que llevaban entonces, algunos protegidos por cascos y escudos y otros a cuerpo limpio, con boinas ladeadas, con las guerreras abiertas, con pañuelos de colores fuertes al cuello, avanzando con el fusil de arrojar pelotas de goma apoyado chulescamente en la cadera, disparando contra cualquier cosa, histéricos de furia y de miedo, apuntando hacia las siluetas embozadas que les lanzaban piedras o hacia los balcones donde les parecía distinguir la figura de alguien. Solían llevar el pelo inusitadamente largo aquellos policías, y los que no se habían dejado barba tenían anchas patillas que les llegaban a la altura de la boca, y que acababan dándoles, junto a los pañuelos rojos o verdes y las camisas abiertas, un aire temible de bandolerismo.

Yo corría sujetándome la gorra para no perderla en la contienda y las piernas se me enredaban en los faldones del tres cuartos, me aplastaba contra una pared, me escondía en un portal abierto, y el olor del humo y el escándalo de las sirenas y de las consignas, la opresión en el pecho, el sobresalto del corazón, me devolvían al miedo de la primera y única manifestación ilegal de mi vida, al espanto de verme esposado en el interior de un furgón, esposado y sangrando por la nariz, mirando hacia la calle a través de una celosía de alambre.

Al cabo de unos minutos, confiado en la duración del silencio, abandonaba mi refugio y los encapuchados y los antidisturbios ya habían desaparecido, pero casi nadie se aventuraba aún en la avenida desierta, y entre los veladores volcados de una cafetería quedaban vidrios de vasos y de botellas rotas. En el aire flotaba todavía un residuo de pólvora y de gas lacrimógeno, y en la perspectiva afrancesada y dinástica de un puente fin de siglo seguía ardiendo un autobús con llamas rojo oscuro y humaredas densamente negras que nublaban el sol.

San Sebastián cobraba de golpe una grisura hostil de ciudad en estado de sitio, una tristeza de domingos militarizados y lluviosos en los que el silencio de una calle podía ser interrumpido por la trepidación cercana de una bomba, por un disparo que fulminaba a alguien sobre una acera y que se confundía de lejos con el petardeo de un tubo de escape. Al general gobernador militar le habían disparado a quemarropa en la cabeza durante la hora más plácida del paseo matinal junto a las barandillas de la Concha, y mientras agonizaba y se retorcía y se desangraba en el suelo la gente se apartaba un poco, como si no viera el bulto oscuro y la gran mancha de sangre, y seguía paseando con una perfecta serenidad de caminata balnearia. En Rentería, unos meses antes, varias compañías de antidisturbios habían entrado a saco arrasándolo todo, disparando a ciegas contra los escaparates de las tiendas y las ventanas de las casas en un paroxismo de barbarie, en una exasperación vengativa del miedo que a su vez alimentaba la embriaguez homicida de los terroristas.

Los sábados y los domingos por la mañana matrimonios perfectamente respetables asistían del brazo en el Bulevar a las manifestaciones encabezadas por grandes fotografías de presos y banderas vascas con crespones negros y con la serpiente y el hacha de la insignia etarra. Mientras tanto, al otro lado del Urumea, por encima de los árboles y de los aleros del cuartel, una descomunal bandera española con el escudo franquista ondeaba al viento que venía río arriba del mar, como la niebla y las gaviotas a las que oíamos graznar sobre el patio en los días de galerna, extraviadas en la lluvia, buscando abrigo tierra adentro.

Asustado y solo, potencialmente peligroso, sometido tal vez a una discreta vigilancia, paseándome con mis ropones de soldado por los atardeceres rosas de la Concha mientras que muy cerca de mí, en la Avenida, sonaban las sirenas, ardían las barricadas de neumáticos y estallaban las pelotas de goma en los cristales de los pisos, yo atesoraba en mi apocamiento, en mi desolación y cobardía, todas las formas posibles del miedo, a las pelotas de goma y a las pedradas, a la ikurriña con la serpiente y el hacha y a la bandera española con el águila sosteniendo un escudo, a los sargentos y a los abertzales. Entraba en una librería, incómodo por la evidencia de excepcionalidad que me agregaba el uniforme, iba al cine y al salir ya era hora de regresar al cuartel, echaba a andar hacia las afueras, para ahorrarme el autobús, y al llegar a Loyola, antes de cruzar el puente sobre el río, tomaba la precaución de tirar *El País* en una papelera, por miedo a que quienes tal vez me estaban vigilando consideraran el periódico como una prueba más contra mí. Una noche vi al llegar luces que se movían como reflectores bajo el agua, y luego unas figuras de hombres ranas chorreando cieno y manejando linternas emergieron entre la maleza de la orilla, absurdas y solemnes como personajes de un sueño. Uno de ellos se quitó la máscara de goma y vi la cara pálida, desencajada y carnosa, la mirada oblicua del sargento Martelo. En aquellos días se reforzaban las guardias, se entregaba munición doble a los soldados de escolta, se nos mantenía a todos en un estado permanente de alerta. Patrullas de hombres ranas sondaban las lentas aguas verde oscuro y el lecho cenagoso del río. Informes fidedignos difundidos confidencialmente por Radio Macuto aseguraban que el Servicio de Inteligencia Militar había descubierto que los etarras planeaban un ataque submarino o anfibio al cuartel.

XIV.

Cuánta mili te queda, lo tienes claro tú, más mili que al palo de la bandera, más que al monolito, decían, y aseguraban luego, con una ficción de condolencia y sarcasmo, a mí me jodería, y continuaban engolfándose en las comparaciones desmedidas, en los vaticinios de permanencia eterna, aquí te vas a quedar, como el buzón de correos, como el puente sobre el río, te quedan más guardias que al brigada Peláez, que llevaba veinte años de mili y que en los veinte más que le faltaban para el retiro no pasaría el pobre hombre del empleo de subteniente, te vas a licenciar tú cuando le den la Blanca al retrato del generalísimo, te vas a chupar más pochascaos y más retretas y dianas que el Chusqui, cabo primero eterno al que acababan de suspender una vez más en las pruebas de acceso a la academia de suboficiales, y que llevaba la gorra más hundida sobre el ceño que nunca y las botas con más hebillas y cordones que nadie, como si no fuera clase de tropa, un pringao idéntico a cualquiera de nosotros, sino oficial de comando, de boinas verdes, y era tanta su vocación que algunas veces, aunque no le estaba permitido, se colgaba al cinto una pistola y se ataba la base de la funda al muslo, como cualquiera de sus héroes, como los sargentos del cuartel y los mercenarios y comandos de las películas. Al salir de la compañía vigilaba de soslayo, si veía que un oficial se le acercaba tenía que esconderse, porque le podía imponer un arresto, y si lo arrestaban no sólo sufriría la vergüenza de verse moralmente degradado y mezclado con la chusma sin vocación que penaba sus empanamientos o sus indisciplinas en el banco de la prevención, sino que además vería más dañadas aún sus posibilidades de ingresar en el lugar de sus sueños, en el olimpo cerrado a cal y canto de la academia de suboficiales, cuyos exámenes de acceso no superaba nunca, a pesar de que no pudieran ser calificados precisamente de desafíos intelectuales, según apuntaba con sorna Salcedo, teniendo en cuenta que los sargentos Martelo y Valdés los aprobaron en su día.

Venenoso y patético, el Chusqui bajaba las escaleras golpeando muy fuerte los peldaños, con energía castrense, con rapidez gimnástica, se llevaba la mano a la sien al cruzarse con un superior y luego la dejaba caer con ese desgaire que era el dandismo de los veteranos, salía al patio, haciendo rechinar la grava, braceando, tal vez marcándose el paso a sí mismo en el interior de su cerebro empecinado, un, dos, er, ao, y entonces, viniendo no se sabía de dónde, de una ventana abierta o de las barandillas de hierro de la galería, se escuchaba un grito que le hacía volverse rígido de furia y buscando al culpable anónimo sin la menor esperanza de identificarlo:

—¡Chusqui, aquí te vas a quedar!

Ésa era su tragedia, que quería quedarse y no lo dejaban. El Chusqui era un solitario, un iluminado, un incomprendido, un místico de la marcialidad y del escalafón, el creyente más fanático de una religión que sin embargo no lo aceptaba entre sus fieles, el admirador más fervoroso de héroes que menospreciaban su entusiasmo y ni siquiera llegaban a sentirse envanecidos por él. Los sargentos, hacia quienes lo inclinaban la chulería innata, la disposición sentimental y la proximidad jerárquica, tendían a menospreciarlo para enaltecerse comparativamente a ellos mismos, y porque entre un cabo primero y un sargento, por mucha vocación que el cabo tuviera, había una insuperable diferencia de casta: el cabo primero era clase de tropa, y el sargento pertenecía al rango de los suboficiales, y eso los situaba en mundos que aunque fueran contiguos estaban separados por un muro tan hermético como el de lo estamentos en el Antiguo Régimen o el de las clases en la Inglaterra victoriana.

En los grados inferiores de toda organización muy jerarquizada suele darse una conciencia de los privilegios y de los matices menores de la dominación más aguda y seguramente más cruel que en los escalones altos: un comandante, un teniente coronel, un general, veían a la tropa como una gran mancha más o menos geométrica cuyos elementos individuales, si se distinguían, resultaban siempre borrosos, casi abstractos, puramente numéricos. Para los sargentos y los brigadas, sin embargo, los soldados éramos una presencia continua, incompetente, deslavazada, haragana, sordamente hostil, al mismo tiempo intrusos o civiles emboscados y carne de cañón. Estaban diariamente tan cerca de nosotros que tenían que erguirse con jactancia simbólica para distinguirse de la chusma con la que no era difícil que se les confundiera de lejos: los sargentos, igual que los cabos, llevaban galones en la gorra, en las hombreras y en la bocamanga, y no estrellas, como los oficiales.

En los desfiles, los oficiales iban a unos pasos por delante de sus compañías, accionando los sables, que relucían al sol con un brillo de plata, con una curvatura de sables novelescos de esgrima o de carga de caballería. Los sargentos marchaban en la formación, en primera fila, pero dentro de ella, con subfusiles al costado, como los cabos primeros, como el iluminado Chusqui, que a cada convocatoria para la academia en la que era suspendido se aproximaba más a la ruina de sus sueños: al provenir de un reemplazo normal, el Chusqui sólo podía reengancharse un número limitado de veces, de modo que si no lo admitían en la academia de suboficiales se vería obligado a licenciarse más o menos al cabo de un año. Lo que él más temía era justo lo que más ansiábamos todos los demás, y los días y las semanas y meses que nosotros borrábamos en nuestros almanaques como victorias personales contra la lentitud del tiempo eran para él los episodios consecutivos de su fracaso.

Aquella discordia, aquella pasión imposible, aquel empecinarse en estudiar temarios de examen que nunca penetraban en su cabezón berroqueño, convertían al Chusqui en un misántropo más peligroso que un alacrán, pero también en una parodia y casi en un héroe de un propósito solitario que nadie le agradecía y que no provocaba otra reacción que el escarnio.

Aun cuando llovía más recio cruzaba el patio en diagonal, a cuerpo limpio, sin impermeable, renunciando a la blandura afeminada o civil de ampararse de la lluvia en los soportales, con la pechera de la camisa abierta, con los brazos desnudos hasta la altura de los bíceps, con la pistola al costado, atada al muslo con una cinta negra, y la mano derecha oscilando abierta junto a ella, como un discípulo más bien de Lee van Cleef o del primer Clint Eastwood que del Gary Cooper de *Solo ante el peligro,* película que le sería menos familiar que los *spaguetti westerns* de su adolescencia, y de la mía. El agua le oscurecía los hombros y le chorreaba por la visera de la gorra, pero él seguía avanzando firme y un poco encorvado hacia adelante, braceando en sincronía perfecta con sus zancadas castrenses, y parecía entonces que estaba solo contra las adversidades del mundo, solo e indiferente a las miradas de burla que lo espiaban, marcándose el paso con un metrónomo cerebral e inflexible, el mismo que aplicaba en la instrucción a los soldados zánganos que tenía asignados, un, dos, er, ao, y estaba tan embebido en su fantasía militar o llovía tan fuerte sobre la grava del patio que ni siquiera levantaba los ojos ni se volvía en busca del culpable cuando desde una ventana del Hogar del Soldado una voz irreverente y beoda repetía el grito de costumbre:

—¡Chusqui, aquí te vas a quedar! —y replicaba otra:

—A mí me jodería.

Y allí nos quedábamos, no sólo el Chusqui, sino casi todos nosotros, salvo los bisabuelos a punto de licenciarse y algún dudoso enfermo o gordo excesivo a los que un tardío tribunal militar declaraba inútiles totales, como aquel gordo de la provincia de Cáceres que estaba conmigo en el campamento y que se comió un bocadillo de chorizo en el momento más solemne de la jura de bandera, un gordo magnánimo y feliz, rotundo, con un culo temblón y una perfecta panza búdica, invulnerable a las humillaciones del pelotón de los torpes y a cualquier amenaza de arresto por su lentitud o su torpeza. Al gordo lo habían destinado, igual que a mí, a San Sebastián y a Cazadores de Montaña, y luego a la segunda compañía, pero ni siquiera en Jaizkibel había adelgazado un gramo ni perdido aquel embotamiento de digestión feliz en el que parecía siempre dormitar. Una mañana, hacia las once, al salir de la oficina, lo vi vestido de paisano en su camareta de la compañía, que a esas horas estaba desierta. Era extraordinaria la rapidez con que se había despojado no sólo de la ropa militar, sino de cualquier actitud vinculada al ejército. Con dedos gruesos y cortos se ceñía al diámetro hinchado del vientre una cazadora, y al verme se echó a reír guiñando mucho los ojos, con una perfecta felicidad de lama imperturbable:

—Oficinista, aquí te vas a quedar. ¿Y sabes lo que te digo?

—Que a ti te jodería.

—Exacto.

Famélicos de envidia, estrangulados de congoja, como aplastados por la cruda y recobrada conciencia del porvenir enterno que nos esperaba, mirábamos irse a los bisabuelos y aceptábamos tristemente la repetición de sus burlas y el escándalo violento de sus celebraciones, en el curso de las cuales no era inusual que repitieran con nosotros, al fin y al cabo todavía conejos, alguna de sus más selectas novatadas. Durante la formación de retreta se tambaleaban en las últimas filas con las gorras torcidas, y ni siquiera el toque de silencio detenía su juerga, a pesar de que el imaginaria y el cabo de cuartel y hasta el sargento de semana les gritaran amenazas que ya no tenían el menor efecto sobre los más borrachos o los más amontonados. Tras el rompan filas gritaban ¡aire! con más furia que nunca, ebrios de antemano de libertad, trastornados por la cercanía de lo imposible, el cumplimiento del sueño único y común que los había atormentado y sostenido durante catorce meses, el que compartíamos en todos los cuarteles y campamentos del país unos trescientos mil soldados, cabos y cabos primeros, con la excepción del Chusqui, la entrega de la Blanca.

Si estaban libres de servicio se emborrachaban todas las tardes en el Hogar del Soldado, cantando mientras golpeaban las mesas y vaciaban botellones de cubata apócrifo y de calimocho, que era una bebida bárbara hecha de refresco de cola y de vino tinto peleón, un cubata de pobres que provocaba luego resacas mortíferas. Entonaban a gritos *Ardor guerrero* y *El vino que tiene Asunción* y *Asturias patria querida*, canción que por esa época no había sido elevada al rango de himno regional y era todavía patrimonio de las cuadrillas civiles y militares de borrachos. Sin demasiada precaución, porque era raro que los mandos entrasen en el Hogar, fumaban porros de hachís, que al mezclarse con los efectos del tinto malo y de la ginebra de garrafa los exaltaban primero en un delirio de temeridad y luego los sumían en un muermo negro de pesadumbre y resaca, en un sopor de animales tristes.

Las barbas, los uniformes sucios, las botas viejas, cuarteadas por el polvo, la lluvia y el barro, la dejadez idéntica de los ademanes, les daban a los bisabuelos un aire general de vejez prematura, de antigüedad legendaria en el ejército, y cuando a las ocho de la mañana, después de una noche entera de guardia, regresaban desfilando a la compañía, tenían un aspecto como de soldados harapientos de la guerra civil americana, soldados de morral al costado, mosquetón largo y daguerrotipo, resabiados, escaqueados, embrutecidos por catorce meses de mili y un año entero de guardias, por la costumbre del gregarismo y del hachís y las borracheras con licores infames en el Hogar del Soldado y en las discotecas más broncas de la ciudad, a las que acudían en masa los fines de semana vestidos de paisano, aunque con una uniformidad en la que no faltaba un punto carcelario: pelo muy corto, barbas, vaqueros ceñidos y gastados, marcando paquete, el de la hombría militar en la entrepierna y el del tabaco rubio, Fortuna o Winston, en el bolsillo superior, zapatillas de deporte, jerséis cortos y chubasqueros en invierno, y en verano camisetas ajustadas o camisas abiertas mostrando alguna cadena y el cordón del que colgaban las llaves de la taquilla.

Se movían en grupos, con un instinto de manada y una vaga actitud de pillaje, practicando en los autobuses y en las colas de los cines y de las discotecas la táctica cuartelaria del asalto a mogollón, intoxicados de fuerza bruta, de abstinencia sexual y de pornografía, a la que entonces casi nadie estaba acostumbrado. Las mujeres abiertas y lívidas de las revistas pornográficas, traspasadas por hombres de virilidades monstruosas o arrodilladas frente a ellos y lamiéndolos con lenguas largas y rojas y párpados apretados, con las comisuras de los labios y las barbillas brillantes de semen, con una precisión de obstetricia en los primeros planos, eran el sueño del erotismo soldadesco, las diosas procaces de tipografía y papel couché que aparecían desafiantes y resplandecientes en su desvergüenza cuando una mano entreabría por primera vez las páginas y se iban degradando a medida que las revistas se gastaban con el uso excesivo, con la frecuentación solitaria, exasperada y devota.

En los cuarteles españoles, en el tránsito ya tan lejano a la década de los ochenta, los soldados de pueblo se iniciaban al mismo tiempo en las germanías de la delincuencia y de la droga, en las revistas pornográficas y en el uso del hachís, así que en cierto modo cumplían la vieja tradición de hacerse hombres en la mili: de reclutas más bien lampiños y medrosos pasaban en algo más de un año a onanistas consumados y bisabuelos coriáceos, y el vocabulario de mocetones rurales con el que llegaron al campamento se enriquecía velozmente con las palabras más turbias de la marginalidad urbana, que manejarían con vanagloria después de licenciarse, cuando regresaran a sus pueblos y contaran en el nuevo lenguaje a los más jóvenes sus aventuras militares.

Vivían, al aproximarse el final de la mili, en una efervescencia como de milenarismo, entre los terrores de un posible estado de excepción que cancelaría todo licenciamiento y las desatadas alegrías alcohólicas que provocaba el rumor de que iban a darles la Blanca unos días o unas horas antes de lo previsto. Asaltaba la oficina un grupo de bisabuelos borrachos o colgados, y nos asediaban a Salcedo y a mí porque alguien les había dicho que las cartillas militares las teníamos guardadas nosotros, y aunque era falso se empeñaban en registrar los cajones y en amenazarnos: la llegada de un sargento, o del brigada Peláez, interrumpía la invasión y el motín, y cuando nos quedábamos solos otra vez en la oficina Salcedo movía melancólicamente la cabeza al mismo tiempo que ordenaba el desastre y abría la ventana para que se fuera el humo del tabaco y el hedor alcohólico que los veteranos habían dejado tras de sí, manifestando con su admirable laconismo la opinión que le merecía todo aquel espectáculo:

—Te cagas.

Habíamos visto irse, recién llegado yo al cuartel, al reemplazo del escribiente Matías, que se nos alejó enseguida a un recuerdo del pasado distante —el tiempo tenía en el ejército casi la anchura y la lentitud del tiempo de la infancia—, y ahora veíamos irse a los que entonces ascendieron a bisabuelos, y les escuchábamos las mismas bromas que a los anteriores, aquí os vais a quedar, carne de garita, tenéis más mili por delante que el palo de la bandera, que el Chusqui, que el brigada Peláez, que el alma en pena del Generalísimo, vais a hacer más guardias que el monolito, me pegaría un tiro si me quedara la mitad de mili que a vosotros.

Una tarde, al volver Salcedo y yo de un paseo o del cine, los vimos cruzar en tromba el puente sobre el Urumea en una estampida de felicidad, gritando aire por última vez mientras arrojaban a las aguas pardas y grumosas del río los candados de los petates y las llaves de las taquillas, que iban a unirse en el limo del fondo con los candados y las llaves de todos los bisabuelos que se habían licenciado en no sé cuántos años, desde la primera vez que alguien hizo aquel gesto e inauguró aquella costumbre. Para que no nos sometieran a una última sesión de burlas consabidas Salcedo y yo nos refugiamos en un bar cuya ventana daba justo a la salida del puente: ahora me acuerdo que había una máquina de discos en la que yo ponía canciones de The Specials y de Madness, que me gustaban mucho entonces. En silencio, muy serios, vestidos con nuestros uniformes, veíamos a los veteranos que cruzaban hacia este lado del río y lanzaban al agua los candados como proyectiles o símbolos de una odiosa esclavitud, y es posible que los dos pensáramos que ellos, a diferencia de nosotros, nunca más tendrían que repetir el camino de regreso. Empezó a sonar el toque de bajada de bandera, y luego el de la oración de los Caídos, y nosotros, aunque estábamos dentro del bar, nos cuadramos instintivamente: los recién licenciados, los ex-bisabuelos, seguían corriendo y empujándose, de paisano, libres del ejército, guardando cada uno como el tesoro más preciado del mundo la cartilla que acababan de entregarle, la Blanca, el trofeo de catorce meses de encierro y de espera y el certificado absoluto de la libertad.

Ahora que los veteranos se habían ido hubo como un silencio nuevo en la compañía, hecho a medias de la ausencia de los recién licenciados y de la pesadumbre de quienes nos quedábamos. Una cuarta parte de las literas y de las taquillas estaban desocupadas, y la formación de retreta transcurría en una calma que nos extrañaba a todos, sobre todo al cabo de cuartel y al sargento de semana, que no se veía en la obligación de enronquecer a gritos ni tenía la sádica oportunidad de meterle una semana de prevención y arruinarle el final de la mili a un bisabuelo amontonado o borracho.

Pero aún no nos dábamos cuenta del modo en que nos parecíamos ya a quienes acababan de irse. Nosotros, los que llegamos a finales de noviembre, los conejos de entonces, ahora llevábamos barbas y uniformes de faena desaliñados y sucios, y obedecíamos desmadejadamente las órdenes en la formación, y bebíamos cubata y calimocho en el Hogar del Soldado, y teníamos taquillas ilegales alquiladas en bares de Loyola para cambiarnos de paisano. También sin que nos diéramos cuenta, la compañía había terminado por convertirse para todos nosotros en el lugar donde vivíamos, y la litera y la taquilla en nuestro espacio más íntimo, el refugio de la pereza y del sueño, incluso de la secreta lujuria, del erotismo solitario y nocturno que algunas veces provocaba un gruñido de muelles de somier en la oscuridad, una respiración tan fuerte como la de un sueño profundo, pero mucho más entrecortada.

Después del toque de silencio, los imaginarias rondaban la compañía en turnos de dos horas. El turno peor de todos era el tercero, entre las tres y las cinco de la madrugada, que partía cruelmente la noche y lo desalojaba a uno de las mejores horas del sueño. Recién extinguido el toque de silencio, apagadas una a una las luces en todas las ventanas del cuartel, salvo las del cuerpo de guardia, el imaginaria emprendía su ronda, pertrechado de correaje, fusil y machete, y los chistosos usuales repetían sin desmayo sus gracias más celebradas:

—Imaginaria, agárrame la polla.

—Imaginaria, tráeme un plato, que se me ha roto un huevo.

—Imaginaria, ¿sabes de electricidad? Ven a ver si esto mío es corriente.

—¡Alerta, imaginaria, que me la están metiendo!

—¡Callarse, maricones!

Aun en la oscuridad ya reconocía uno todas las voces, y sabía perfectamente quién dormía en cada litera y en virtud de qué acuerdos o afinidades tribales se reunían los grupos de soldados en las camaretas. Había conciliábulos de vascos, de catalanes, de gallegos, de canarios, pero no de andaluces, porque los andaluces en ese tiempo aún no habían sido plenamente informados por el gobierno andaluz de que lo eran y se agrupaban por provincias, o no se agrupaban en absoluto, dispersándose en fraternidades más abiertas o regidas por principios menos visibles. Las autoridades militares habían decidido que nadie, salvo los voluntarios, podía hacer la mili en su región de origen, con la finalidad, según aseguraban ellos, de que todos llegáramos a conocer los lugares más lejanos de nuestro país, o lo que es lo mismo, que descubriéramos eso que en la prosa franquista se llamaba la rica variedad de los hombres y las tierras de España.

Los más malévolos, los más politizados entre nosotros, suponíamos que la intención oculta de los militares era que en caso de un golpe de estado las tropas carecieran de vínculos personales con el territorio que ocuparan, lo cual facilitaría la eficacia de la represión. Pero yo no creo ahora que en el ejército español, y menos aún en sus cavernas golpistas, hubiera esa capacidad de sofisticaciones estratégicas. Sea cual fuese el motivo, lo cierto es que los cazadores de montaña de San Sebastián constituíamos una especie de Legión extranjera en tono menor, una desastrada confusión de orígenes y acentos en la que apenas se advertía el balcanismo que sin embargo ya estaba incubándose, y que a veces se manifestaba más como un exabrupto o un rasgo de mala leche que como un síntoma de algo: de pronto, sin venir a cuento, un valenciano se embravecía porque le habían llamado catalán, o un voluntario vasco censuraba cruelmente a otro por decir Bilbao en vez de Bilbo o San Sebastián y no Donostia.

Se observaba que había, en los gallegos y en los canarios, una solidaridad en el desamparo y la pobreza, un agruparse en el miedo al mundo desconocido al que el ejército los había arrojado, en la lealtad masónica o de cristianismo primitivo a los alimentos de la tierra de origen, que para los canarios era la más remota, la más definitivamente extraña: recuerdo la cara diminuta y cobriza de un campesino de Lanzarote al que siempre le venía grande la ropa y el correaje, su expresión de incredulidad y maravilla y hasta de pavor la primera vez que vio la nieve borrando el paisaje de parameras de Vitoria. A los catalanes se les notaba enseguida que provenían de una tierra próspera y bien organizada, y que una vez que se alcanza un cierto nivel de vida las nostalgias por el lugar de origen se vuelven mucho más tolerables. Un catalán nunca llamaba catalán a un compatriota; un gallego, al dirigirse a otro, siempre le decía galego, y los canarios acentuaban la intimidad de su pertenencia doblando el vocativo:

—Canario, me dijeron que trajiste gofio, canario.

Los gallegos se agrupaban en los rincones de las camaretas con los hombros muy juntos y las cabezas bajas, compartiendo el lacón o el orujo traído por uno de ellos que hubiera vuelto de permiso, o llegado en uno de aquellos paquetes de cartón atados con cuerdas que encarnaban el sueño de la gula igual que las revistas pornográficas y las chicas golfas de los barrios marginales encarnaban el de la lujuria. A los gallegos de origen aldeano los unía el idioma, la medrosidad, el arraigo en las topografías y en las nomenclaturas rurales: se emborrachaban sin escándalo, y se reblandecían entonces en una sentimentalidad de casa regional y de escudo de porcelana o de plástico con un hórreo y una gaita y una inscripción de las que se veían hace años en las ventanillas traseras de los coches, en los tiempos del zoi ezpañó, cazi ná: eu tamen son galego.

De los canarios descubría uno lo que seguramente no habría sabido de no ser por el ejército, que su identidad regional, aún poco celebrada, a pesar de un lunático que por aquellos años proclamaba desde una emisora de Argelia el derecho a la independencia y la africanidad de las islas Canarias, se subdividía en un encono de identidades menores, la de los chicharreros y la de los canariones, a quienes aparte del acento caribeño sólo unía la desconfianza hacia la península y el amor enigmático y apasionado por el gofio, una harina o polenta cuya aparición en el cuartel, en el petate de alguien recién llegado de las islas, provocaba por igual entre los canariones hercúleos y los menudos chicharreros una conmoción no inferior a la de la llegada de una partida de heroína a una comunidad de adictos:

—Canario, gofito guapo, canario.

Hay un relato muy poco conocido de Julio Cortázar que trata de un campeonato mundial de natación en gofio, ganado implacablemente por un atleta japonés. En el invierno lluvioso de San Sebastián, en las humedades sombrías del cuartel de cazadores de montaña, los canarios se alimentaban la nostalgia espesando con gofio todas las comidas, lo mismo el cacao o pochascao de los desayunos que los guisos de judías del almuerzo, convirtiéndolo todo en una pasta granulosa y suculenta que se adhería al cielo de la boca y también, según Salcedo, a las cavidades cerebrales, y cuando no tenían con qué mezclarlo se lo comían a puñados, reunidos en las literas como en las catacumbas de una eucaristía clandestina.

Salcedo, como era huraño, callado y de Valladolid, carecía del todo de identidad regional, más o menos como yo, que siendo de la provincia de Jaén no tenía un acento que pudiera ser calificado sin vacilación de andaluz. Pero ya entonces empezaba a verse que sin identidad regionalista o nacionalista no se iba a ninguna parte, y que quien careciera de ellas estaba más o menos condenado a una vulgaridad neutra y española, a un triste no ser nadie. A mí los andaluces con más acento andaluz y gracejo verbal me amedrentaban, y hasta me daban un complejo inconfesable de inferioridad, sobre todo cuando contaban chistes o batían palmas, o cuando alguien se sorprendía al conocer mi origen:

—Oye, pues habrás vivido mucho tiempo fuera, no se te nota nada que eres andaluz.

A mí me hubiera gustado que se me notara, y hasta me daba una cierta envidia oír aquellos acentos andaluces indudables de Sevilla o de Málaga y presenciar solidaridades regionales que mi condición desaborida y casi apátrida de jiennense me vedaba. Si es verdad lo que dice Chesterton, que se deja de creer en Dios y enseguida se cree en cualquier cosa, en el umbral de los ochenta y en el azaroso ecumenismo de aquellos cuarteles se comprobaba que con tal de no ser español casi todo el mundo decidía ser lo que se presentara, poniendo incluso más furia en la negación que en la afirmación, como si que a uno lo llamaran español fuera una calumnia. La izquierda, que por aquellos años se había quedado sin banderas, sin banderas republicanas ni banderas rojas, culminaba su ineptitud rescatando banderas regionales, inventándolas, inventándose, como la carcundia romántica del siglo XIX, tradiciones e identidades ancestrales, sagradas fiestas vernáculas, diatribas de víctimas seculares del centralismo español. El lirismo polvoriento de juegos florales y trajes típicos empezaba a transmutarse temiblemente en cultura popular, y la ignorancia hostil hacia el mundo exterior y el enclaustramiento en la provincia de uno cobraban un prestigio de desplantes políticos. Mi amigo Agustín, canario de Las Palmas, lo explicaba con una claridad terminante:

—Antes que español, turco.

Españoles eran, aparte de nuestros mandos y del Chusqui, aquellos que no podían ser otra cosa, según el luctuoso dictamen de don Práxedes Mateo Sagasta. Españoles, en la segunda compañía del Regimiento de Cazadores de Montaña Sicilia 67, en los primeros meses de la década de los ochenta, sólo había unos cuantos, gente rara y esquiva, de Murcia, por ejemplo, de Guadalajara, de Madrid, gente sin glorias épicas con las que enaltecerse y sin nostalgias definidas de ningún lugar ni de ningún guiso o baile o equipo de fútbol vernáculo. Ser de la provincia de Jaén, o de la de Murcia, era en aquella proliferación de nacionalidades como ser de una carretera o de un aparcamiento.

Había un soldado pelirrojo, encorvado, fornido, muy silencioso siempre, con cara de bondad, que se llamaba Martínez Martínez y era de Murcia, pero vivía desde niño en un barrio de Madrid sin ningún carácter, el de la Concepción o el del Pilar, así que ni siquiera tenía acento cheli o macarra, ni particularidad ninguna, salvo la de una mala suerte que lo condenaba regularmente a entrar de guardia los domingos y las fiestas más señaladas, y hasta parecía que la causa de su infortunio, de su mansedumbre y su tristeza era la falta de una identidad regional a la que adherirse, de un paisaje del que tener nostalgia o de un catálogo de agravios sobre el que cimentar el rencor y hasta la explicación del mundo. A Martínez

Martínez no le quedaba más remedio que ser español, pues ni siquiera tenía, como Salcedo, la oportunidad de calificarse de castellano viejo, o de reclamar con gallardía un estatuto de disidente sexual.

Disidentes sexuales que manifestaran sin miedo sus preferencias había dos en el cuartel, uno, la Paqui, en la compañía de los enchufes de máximo voltaje, la plana mayor del batallón, y otro en la nuestra, en la segunda, un asturiano de mi mismo reemplazo que se llamaba Ceruelo y al que velozmente todo el mundo empezó a llamar la Ciruela, entre grandes carcajadas que a él no parecían afectarle. A la hora de formación la Paqui cruzaba la galería sobre el patio contoneándose como en una pasarela y el elemento masculino prorrumpía en bramidos y silbidos que los mandos preferían no advertir, dado que la Paqui gozaba en el cuartel de una indulgencia absoluta, por razones que nadie hubiera considerado prudente averiguar. Para Ceruelo o Ciruela, que era un homosexual más de diario, dependiente en una camisería o en una tienda fina de corbatas, la vida en la segunda compañía resultaba más dura que la de la Paqui, por culpa de las guardias, y porque a veces, en los dormitorios o en las duchas, los veteranos lo hacían víctima de bromas feroces, pero él se comportaba siempre con una dignidad admirable, con un coraje descarado que más de una vez dejó helados a sus agresores: yo seré maricón, les decía, pero vosotros sois peores que bestias. Por las noches, al apagarse la luz, cuando el imaginaria empezaba su ronda, voces burdamente afeminadas llamaban a Ceruelo:

—¡Ciruela, que se te cuela!

—¡Ciruela, chúpamela!

—¡Aprovecha, Ciruela, que se me ha puesto dura!

Pero poco a poco nos dábamos cuenta de que a pesar de todas las diferencias, de la mezcla disparatada e imposible de azares que nos habían conducido a aquel lugar, había entre todos nosotros un impulso común, una identidad provisional pero muy fuerte que se superponía a las anteriores, a las que recobraríamos cuando nos marcháramos de allí: habíamos ingresado en el ejército al mismo tiempo, habíamos sufrido los mismos amaneceres helados en las colinas de Vitoria y jurado bandera el mismo día, habíamos compartido el mismo miedo la noche de finales de noviembre en la que bajamos de los autobuses enfrente del cuartel, ateridos por la niebla del río, nos habíamos acostumbrado a las mismas ropas, a las mismas órdenes y a las mismas palabras, al mismo olor de las taquillas, al tacto de las sábanas, a la brutalidad de los sargentos, a la lluvia perpetua de San Sebastián, ansiábamos todos con desesperación idéntica el paso de los días, de las semanas inacabables, de los meses eternos.

Nos parecíamos mucho más de lo que hubiéramos querido, igual que nos parecíamos en las barbas, en la falta de higiene y en el desaliño de los uniformes de faena, y también en el día último en el que nos sería entregada la Blanca. Desde el primer día en que llegamos al campamento había empezado a unificarnos la disciplina militar y nuestro propio instinto de gregarismo y semejanza, pero cuando de verdad me di cuenta de que ya éramos irreparablemente iguales fue una noche de domingo, a los pocos días de marcharse los bisabuelos, tal vez a finales de enero, una noche de temporal en la que se oía graznar a las gaviotas entre los bramidos del viento y las rachas de lluvia: nos despertó un ruido de motores, y luego oímos gritos de órdenes desusados a aquellas horas, y pasos rítmicos de botas sobre la grava del patio y en las escaleras que llevaban a las compañías.

Los conejos, dijo triunfalmente alguien: la voz se corrió entre las camaretas, y hubo quien despertó al que dormía cerca de él, y todos nos levantamos y fuimos hacia las ventanas desde donde se veían las filas tristes de recién llegados, y los más audaces o los más crueles entre nosotros empezaron a tramar novatadas, a apostarse detrás de las puertas en espera de que apareciese alguno, a buscar gorras con galones para asustar a los que fueran asignados a nuestra compañía. No era un grito, era un rumor de triunfo, una promesa de jactancia impune, de recién adquirido derecho a la supremacía, después de tantos meses en los que no había habido nadie que no estuviera por encima de nosotros:

—Oficinista, que vienen los conejos, ve a por el sello de la compañía, que se lo vamos a estampar a todos en el culo.

XV.

Aún no se notaba mucho, ni en los cuarteles ni en la realidad, pero había empezado la década de los ochenta, al menos en los calendarios y en los escritos oficiales donde a continuación del obligatorio Dios guarde a V.E. muchos años Salcedo y yo mecanografiábamos la fecha, equivocándonos con frecuencia, poniendo todavía 1979, igual que nos equivocábamos, aunque con toda premeditación, en el encabezamiento de los oficios, cometiendo modestos sabotajes tipográficos que animaran el tedio de repetir siempre lo mismo. En lugar de Cazadores de Montaña escribíamos Catadores o Capadores, o Cazadores de Montana, errata esta última que era mi preferida, pues con la simple supresión de una tilde nos convertía casi en un regimiento de tramperos, y hasta nos atrevíamos a poner Sifilia 67 en vez de Sicilia 67, en la confianza, que el evangélico Matías nunca hubiera tolerado, de que nadie iba a leer lo que nosotros escribiéramos, nuestros copiosos oficios, informes y listas de soldados y de material, y menos aún nuestro superior inmediato en las tareas administrativas, el brigada Peláez, que apenas entraba en la oficina y se veía en la obligación de despachar o supervisar los documentos que nosotros le presentábamos los apartaba con un gesto rápido y disuasorio, exhausto de antemano, dándolos enseguida por buenos.

Una vez cumplida aquella tarea, que no le duraba mucho más de un minuto, el brigada Peláez ponía una expresión concentrada y reflexiva, encendía un cigarrillo y se acomodaba en el sillón para leer las listas de ascensos, traslados y condecoraciones que publicaba el Diario Oficial del Ejército, con la esperanza, siempre frustrada, de que su nombre apareciera en alguna de ellas, pero tampoco la lectura le daba para mucho, jamás lo ascendían ni lo trasladaban ni lo condecoraban, y él doblaba el diario y se frotaba las manos, maldiciendo el frío y la humedad de San Sebastián, y nos mandaba a a Salcedo o a mí por cafés y copas de coñac, en virtud de un principio de saludable prudencia laboral o de equilibrio entre las obligaciones y el descanso que él resumía con un refrán de nuestro pueblo:

—En todos los trabajos se fuma. ¿Me ves la idea, paisano?

—Sí, mi brigada.

—Y tú, Salcedo, aunque no fumes, ¿me la ves también?

—Perfectamente, mi brigada.

Cada vez que nos explicaba algo o que decía una agudeza el brigada Peláez nos preguntaba si le habíamos visto la idea, que por el gesto que él hacía guiñando un ojo y señalando hacia arriba con su flaco dedo índice rubio de nicotina debía de ser una de esas ideas en forma de bombillas que se les encienden sobre la cabeza a los personajes de los tebeos. Me ordenaba que copiara una lista de altas y bajas en el almacén de vestuario, pero no contento con dictarme el nombre de la prenda y el número de unidades de que disponíamos se empeñaba en guiarme paso a paso en los pormenores de la mecanografía.

—A ver, paisano, escribe, a la izquierda, «gorras», entre paréntesis: «prendas de cabeza». ¿Lo has escrito ya? Bueno, pues ahora haces una línea de puntos, y luego escribes: treinta y siete. ¿Me ves la idea?

—Sí, mi brigada. Treinta y siete gorras.

—O lo que es lo mismo: prendas de cabeza.

Había empezado 1980, pero el brigada Peláez ni se enteraba, vivía en otra década, en los cuarenta o en los cincuenta, en la pobreza rural de la que había desertado para alistarse en el ejército y en los primeros años de su vida de soldado, en la penuria y en el miedo que le encanijaron el cuerpo y le modelaron para siempre el carácter, convirtiéndolo en un chusquero, en un pobre hombre corto de talla, de pecho y brazos débiles, que nunca había podido recobrarse del todo del raquitismo de la infancia ni de las hambres negras de su adolescencia cuartelaria. Tenía un aspecto como de otra época, como si no tuviera los treinta y seis años que acababa de cumplir, sino más de cincuenta, la cara chupada, de ojos vivos, desconfiados y húmedos, la barba escasa, el pelo ralo y como arratonado. Pero también tenía, cuando estaba tranquilo, cuando se ponía a gusto con un ducados y una copa de Magno, una expresión perfecta de bondad a la que él se complacía en agregar guiños pueriles de astucia, relumbres de su idea que compartía con nosotros, sus escribientes, como decía él, pero sobre todo conmigo, que para algo era su paisano, nacido en el mismo pueblo y casi en el mismo barrio, en la misma clase social.

Eran los ochenta, estaban empezando, pero ni el brigada Peláez ni nadie en el regimiento parecía haber notado su llegada, ni siquiera los miembros invisibles del servicio secreto que tal vez continuaban discretamente vigilándome, dado que aún no había transcurrido el plazo profiláctico de seis meses, y que de hecho aún me abrían de vez en cuando la taquilla, no fuera a ser que yo incurriese en el hábito de la propaganda ilegal, que era un anacronismo de los primeros setenta. Para el brigada Peláez, víctima de un traslado desde Andalucía que él consideraba tan vejatorio como una deportación, la década de los ochenta había empezado fatal, más o menos lo mismo que para la mayor parte de nosotros, si bien aquel era un comienzo falso, como de prueba, ya que las décadas, como los siglos, empiezan siempre con retraso, y se prolongan más allá de su terminación oficial.

En 1900, la reina Victoria y Jules Verne estaban vivos, y el siglo XX, que ya corría en los calendarios, no había empezado aún. El siglo XX, ya se sabe, empezó en 1914, con las matanzas industriales de hombres en los barrizales sangrientos de la Primera Guerra Mundial y con la introducción de los cascos de acero y del color caqui en los uniformes militares, que hasta entonces tendían a los rojos y azules de los casacones de opereta. El siglo XX empezó con la aplicación de los principios de la cadena de montaje a la fabricación de coches, de películas y de cadáveres humanos. Hasta entonces, las películas eran distracciones rudas de barraca de feria, los automóviles seguían pareciendo catafalcos o coches de caballos y los muertos, incluso los muertos de la guerra, eran muertos artesanales, de uno en uno, con nombres y apellidos, casi parroquianos de la muerte, como los parroquianos de las tiendas de ultramarinos.

Landrú, que actuaba en París durante la guerra europea, aprovechando una sobreabundancia excepcional de viudas con pensión, era un asesino como guardado en alcanfor, un donjuán calvo y bronquítico con pesadeces de cretona y de novelón victoriano, un contable mezquino del asesinato que apuntaba en un cuadernillo con las tapas de hule los beneficios ruines que obtenía envenenando, descuartizando e incinerando a sus víctimas. En 1918, cuando lo guillotinaron, Landrú era un hombre del siglo XIX. En 1980, casi todos nosotros, los jefes, oficiales, suboficiales y clases de tropa del regimiento de cazadores o capadores o catadores de montaña Sicilia o Sifilia 67, vivíamos todavía en la década anterior, salvo los que se habían quedado más atrás aún, en los sesenta o en los cincuenta, por no hablar de quienes respiraban el olor a rancho, a cárcel y a incienso de una posguerra acemilera y vengativa. ¿Sería tan retrógrado y tan polvoriento el ejército español porque al no participar en la guerra del 14 no había entrado a tiempo en el siglo XX? Tal vez entre todos nosotros el único que había entrado en los ochenta era la Paqui, que cruzaba el patio del cuartel moviendo las caderas como Marilyn Monroe, tirándoles besos a los soldados que rugían a su paso como si saludara en una apoteosis de vedette, instalado o instalada audazmente en una década de tolerancia y frivolidad que aún no había comenzado.

No era sólo otra década, era otra época en la que vivíamos, si uno lo piensa desde la distancia de ahora, lo mismo en los cuarteles que en el mundo exterior. No había ordenadores, ni cajeros automáticos, ni vídeos domésticos, ni enfermos de sida, ni diseñadores, ni divorcios, ni hornos microondas, ni chalets adosados. La idea que la mayor parte de nosotros teníamos de las computadoras procedía de aquella película ampulosa de Stanley Kubrick, *2001 una odisea en el espacio.* Pedro Almodóvar era un auxiliar administrativo de la Telefónica que no había estrenado ninguna película, Juan Goytisolo era el héroe y mártir absoluto de toda disidencia gramatical, literaria o política, nadie había visto un cuadro de Miquel Barceló, casi nadie poseía o manejaba tarjetas de crédito, muy pocos intelectuales de izquierda, salvo Manuel Vázquez Montalbán, exhibían conocimientos gastronómicos.

Luis Buñuel, Julio Cortázar, Juan Rulfo, Graham Greene y John Lennon estaban vivos. John le Carré acababa de publicar la más triste, la más enrevesada y sombría novela de espionaje, la culminación de George Smiley y de su propio talento de escritor. Yo me encerraba en la oficina para leer a gusto *La gente de Smiley,* y guardaba el libro en uno de los grandes bolsillos del pantalón de faena para apurar en su lectura cualquier minuto de escaqueo o de indolencia militar que se me presentara. Ni Gabriel García Márquez ni Camilo José Cela habían ganado el premio Nobel de Literatura. El nombre de Mijáil Gorbachov no le sonaba a nadie. Jorge Luis Borges viajaba por el mundo guiado por María Kodama y no sabía que iba a casarse con ella ni que moriría en Ginebra en 1986. Ronald Reagan no era presidente de los Estados Unidos y Felipe González, que no mandaba en nadie, se teñía de gris las sienes y las patillas demasiado pobladas en los carteles electorales. Pero Karol Wojtyla ya era Papa y Margaret Thatcher ya gobernaba en Inglaterra, y sin embargo nadie se daba cuenta aún del azote que iban a ser los dos para el mundo cuando la década arreciara de verdad.

El brigada Peláez y su mujer calculaban que hacia 1982 a él podrían darle el traslado a una plaza del sur, y que en menos de una década ascendería a subteniente. François Mitterrand no había ganado las elecciones en Francia y no parecía aún la efigie en cera de un cardenal francés o de un decrépito monarca absoluto. El ejército soviético llevaba varios meses en Afganistán. Leónidas Breznev era una momia con cejas de hombre lobo tan embalsamada como la momia de Lenin, pero movía débilmente los labios y agitaba la mano desde una tribuna con un temblor parecido al de la mano del general Franco en el palacio de Oriente. Las personas de izquierdas simpatizaban por igual con la revolución iraní y con la revolución sandinista. Nadie creía que el muro de Berlín fuera menos permanente que la cordillera de los Alpes ni que las dictaduras militares de América Latina se disolverían en corrupción, impunidad e ignominia al cabo de unos pocos años. Ningún profesor de instituto español con militancia sindical se había afeitado aún la barba ni imaginaba la posibilidad de vestir alguna vez camisas de seda ni de acudir a restaurantes de lujo en coche oficial. Ningún militante socialista había tenido aún en sus manos una tarjeta Visa Oro. Nadie de izquierdas fumaba otra cosa que Ducados ni veneraba fanáticamente más películas que las de Bernando Bertolucci, hasta tal punto que muchos niños nacidos por entonces se llaman Olmo, en recuerdo del héroe de *Novecento,* que era un Gèrard Depardieu de otra década y de otra época al que ahora nadie reconocería, un gañán joven y leñoso, con la mandíbula cuadrada y los antebrazos hercúleos de un héroe comunista, de un obrero en un grupo escultórico soviético.

Ningún grupo escultórico soviético había sido derribado aún, ni una sola estatua de Lenin. Del sindicato Solidaridad nadie sabía nada fuera de Polonia. Los periódicos valían veinticinco pesetas, y los soldados ganábamos quinientas al mes. Francisco Umbral publicaba cada día en *El País* una columna lírica y mundana que los aficionados jóvenes a la literatura recibíamos como un alimento diario, con un perfume doble de periodismo y de poesía. En *El Alcázar* Alfonso Paso escribía diariamente artículos golpistas, y *El Imparcial* reclamaba un golpe de estado en los titulares chillones de su primera página. En las salas de banderas estaban diariamente *El Imparcial* y *El Alcázar,* y algunos veteranos cautelosos le sugerían a uno que mejor no se dejara ver con *Triunfo,* y menos aún con *La calle,* el semanario oficioso del Partido Comunista, que por entonces aún era el Partido. Juan Carlos Onetti ya había publicado en Bruguera *Dejemos hablar al viento,* pero no le habían dado aún el Premio Cervantes y casi nadie se había enterado de que vivía sigilosamente exiliado en España, como tantos miles de argentinos, chilenos y uruguayos a los que no sé si ya se les llamaba sudacas...

Los ochenta no empezaron en 1980, sino tal vez uno o dos años más tarde, cuando yo ya estaba olvidándome del cuartel, cuando los socialistas ganaron por primera vez unas elecciones generales, cuando los profesores de instituto y de universidad se afeitaron las barbas y abandonaron el Ducados en beneficio del Marlboro o del jogging, cuando un viejo actor teñido y maquillado como un bujarrón que se dormía en las reuniones y consultaba astrólogos fue presidente de los Estados Unidos, cuando algunos concejales de izquierdas empezaron a forrarse con las recalificaciones de terrenos o las contratas para el suministro de cubos de basura, cuando esos mismos concejales de izquierdas empezaron a adquirir saberes gastronómicos y hábitos suntuarios, cuando el Bertolucci al que todos ellos habían adorado descubrió el misticismo oriental, cuando los militares españoles, no se sabe en virtud de qué razonamiento o de qué conjuro, de qué transmutación mental, decidieron que nunca más iban a interferirse en las decisiones del poder civil, a condición de que éste no se interfiriera demasiado en las irrealidades del poder militar.

Pero en enero y en febrero de 1980, en el aniversario inverso de la charlotada aterradora que el teniente coronel Tejero iba a representar un año más tarde, tricornio en mano y en los burladeros del Congreso, como en un siniestro pasodoble taurino, las décadas anteriores duraban tan contumazmente como duraba el invierno, y un futuro de plena libertad civil nos parecía a todos tan remoto como la fecha de nuestro licenciamiento: los ochenta sólo comenzaron cuando dejamos de ser rehenes de los golpistas y de los terroristas y cuando los héroes de la década anterior empezaron a perder sus resplandores heroicos como trámite previo a la pérdida de la vergüenza.

En los ochenta el tiempo iba a adquirir una rapidez y una fugacidad de moda indumentaria, de éxito de canción pop, de fulminante especulación financiera, de juventud recobrada y perdida en el curso de un adulterio cuarentón. La unidad de tiempo iba a ser el parpadeo de un videoclip, el relámpago de la sonrisa de un estafador, la pulsación de una computadora transmitiendo en el instante justo una orden de compra o de venta de acciones trucadas. Al final de los setenta aún duraba la lentitud del tiempo franquista, la de los trenes correos donde viajaban soldados y la de los matrimonios canónicos que sólo la muerte disolvía. En los ochenta todo sería tenue y rápido, perecedero y brillante como un envoltorio de regalo: en el cuartel todo era espeso e interminable, la mili y el invierno, el aburrimiento y la lluvia.

En San Sebastián llovía como ya no volvió a llover nunca más en la década, como en ese pasado de lluvias suaves y eternas que recuerdan siempre nuestros padres. Llovía sobre la bandera roja y amarilla, sobre las formaciones diarias y las paradas semanales de homenaje a los Caídos, cuando el páter, vestido con manteo y teja de cura ultramontano, asistía rezando el padrenuestro a la ceremonia de la corona de laurel en el monolito, llovía sobre los soldados de guardia que rondaban la puerta del cuartel con impermeables de hule y pasamontañas, llovía con una densidad y un silencio de niebla sobre las laderas del monte Urgull y del monte Igueldo y sobre esa isla de pizarras boscosas que hay en el centro de la bahía de la Concha, llovía sobre los caminos rurales por donde patrullaban unidades antiterroristas de la Guardia Civil y sobre las calles de la Parte Vieja donde la policía nacional no se atrevía a aventurarse.

Yo me iba a pasear a San Sebastián y entraba a un cine para escaparme del aburrimiento de la lluvia, y cuando terminaba la película y ya era noche cerrada aún estaba lloviendo, y las gotas de lluvia relucían en el vapor amarillo que rodeaba las farolas de hierro sobre los puentes borbónicos del Urumea. Si me despertaba en mitad de la noche oía el rumor de trueno lejano que tienen los mercancías nocturnos disuelto entre el ruido de la lluvia que chorreaba en los aleros y resonaba bajo las arcadas del patio. Los sargentos entraban a galope en la oficina y se sacudían la lluvia de los uniformes como un caballo se sacude las crines, dejando al irse un charco de agua y de barro en las baldosas. El brigada Peláez apuraba de un trago su copita matinal de coñac y me contaba que de tanta lluvia y de no ver el sol a su mujer, que era de la bahía de Cádiz, le estaba entrando una depresión invencible, y se pasaba los días sentada frente al balcón de aquel piso de Martutene desde el que sólo veía barrizales y bloques de viviendas oscurecidos por los humos industriales y la lluvia perpetua.

—Paisano, está claro que en las provincias vascongadas no hay más que dos estaciones: el invierno y la del tren... ¿Me ves la idea o no me ves la idea?

Llovía monótonamente, rencorosamente, como si lloviera por orden de la autoridad gubernativa. La humedad de la lluvia corrompía las mantas y los uniformes amontonados en el almacén de la furrielería, hinchaba las maderas de las ventanas, se introducía lentamente hasta desprender la pintura de los muros y dar un olor a moho a todos los lugares cerrados, a las ropas civiles que guardábamos en las taquillas. Una mañana de lluvia, como todas, el capitán me llamó con urgencia a su despacho a través de los dos timbrazos que sonaban en nuestra oficina y a mí el corazón me dio un vuelco, temiendo, como temía siempre, que me fuera a ser anunciado un castigo o una desgracia: en los timbrazos había intuido una urgencia dictada por la ira.

—A la orden, mi capitán. ¿Da usted su permiso?

El capitán me indicó sin ceremonia que entrara. Estaba de pie, de espaldas a la ventana, tras la mesa donde una vez yo había visto cierto informe clasificado como de alto secreto. Vi de soslayo un método de inglés y un libro muy grueso de cuyo título aún me acuerdo: *Psicología de la incompetencia militar.* Ya dije que el capitán era sólo un par de años mayor que yo, pero no podía aproximarme a él sin un sentimiento de inferioridad y temor —también, inexplicablemente, de vaga admiración—. En una posición de firmes correcta, aunque relajada (ya no era un conejo) esperé sus órdenes o sus preguntas. Yo creo que entonces ya noté un olor a enmohecimiento más intenso de lo que era habitual en el cuartel.

—¿Eres tú quien me limpia la oficina todas las mañanas?

—Sí, mi capitán (de nuevo tuve miedo: tal vez iba a acusarme de mirar en sus papeles).

—¿Todas las mañanas, todos los días?

—Sí, mi capitán. Es lo primero que hago.

—¿Y barres bien, y lo limpias todo?

—Todo, mi capitán.

—Pues entonces no puedo explicármelo...

El capitán me hizo un gesto para que me acercara al otro lado de la mesa, justo debajo de la ventana, donde estaba el filo de la alfombra bajo el que yo solía almacenar regularmente el polvo que barría de cualquier modo una o dos veces por semana. La madera de los postigos estaba hinchada, la ventana cerraba mal, y el agua de la lluvia fluía subrepticiamente hacia la alfombra y la había empapado. La había empapado tanto, había humedecido durante tanto tiempo toda la suciedad que yo guardaba debajo de la alfombra, que el tejido lanoso de ésta se había ido pudriendo y convirtiéndose, mezclado con el polvo, en un humus negro y fértil, en un lecho de estiércol donde florecía, justo a los pies del capitán, borrando el dibujo de la alfombra, una colonia de hongos blancos y apiñados, grandes, jugosos, de una blandura viscosa, como los champiñones que se crían en las oscuridades de los sótanos.

—Pues no me lo explico, mi capitán, habrán salido esta noche, como ha llovido tanto...

—Es lo que había pensado yo.

—Si usted me da su permiso, ahora mismo limpio esos hongos.

—Casi mejor le dices al furriel que se lleve la alfombra, y que la tiren al incinerador...

La alfombra hedía a putrefacción cuando la desprendimos del suelo, igual que el cieno del río cuando bajaba la marea. Durante muchos días quedó un hedor de alcantarilla en el despacho del capitán. Aquel fin de semana procuré limpiarlo un poco más a conciencia, como lo hacía Salcedo en los tiempos de Matías, pero yo jamás hubiera podido competir con él, con su pulcritud implacable, con su paciencia y su tranquila destreza para el trabajo material. En el campamento a mí me arrestaban siempre por lo mal hecha que estaba mi litera. Salcedo dejaba la suya tan lisa y tan perfectamente doblada como la cama de un hotel de lujo, tan intacta en apariencia como si nadie hubiera dormido nunca en ella: el embozo con una curvatura perfecta, una franja blanca y horizontal sobre las mantas remetidas bajo el colchón para conservar todo el calor, la almohada mullida, hinchada, como si fuera un almohada de plumón y no de gomaespuma. Los dos hacíamos la litera al mismo tiempo, después de la formación de diana y antes de la del desayuno, pero la mía era siempre un desastre y la de Salcedo un milagro instantáneo de perfección, y a mí casi me daba rabia verlo tan concentrado y tan eficaz incluso a esa hora inhumana, metódico en sus gestos mientras yo me enredaba en los míos, ajeno al escándalo de gritos y de ruidos de armas que sucedía a nuestro alrededor, muy tranquilo, tarareando algo, con un indicio de sonrisa en su expresión tan adusta.

Salcedo detestaba el tabaco y los bares, se ensimismaba en los aparatos gimnásticos como un músico en su violoncelo, corría kilómetros a campo través sin perder el resuello, y cuando salíamos juntos, en lugar de visitar los bares de soldados de la Parte Vieja, llenos de humo, de ruido, de serrín mojado y de cáscaras de mejillones, dábamos caminatas de varias horas a lo largo de la orilla del mar, remontando primero el Urumea desde Loyola hasta su desembocadura, recorriendo luego la costa desde el puente de Kursaal hasta el Peine de los Vientos, por el Paseo Nuevo y la Concha y la playa de Ondarreta. En los días de temporal nos asomábamos con una sensación de pavor y de vértigo a las barandillas del Paseo Nuevo, veíamos crecer las olas y aproximarse a nosotros como si el mar se levantara verticalmente, retrocedíamos corriendo justo cuando estallaban en altos chorros de espuma contra los bloques de hormigón, barrían toda la anchura del paseo y alcanzaban con su embate los pinares bajos del monte Urgull. A mí, que no había visto nunca un mar tan bravo, se me contagiaban los términos de aterrada admiración que usaba Salcedo:

—Te cagas.

Los golpes de las olas hacían temblar el asfalto bajo nuestros pies. Junto al Peine de los Vientos, en aquella punta rocosa de la que surgen como vegetaciones mineralizadas los vástagos de hierro de Eduardo Chillida, había unos respiraderos o sumideros enrejados en el suelo de adoquines, y el aire subía por ellos a presión cada vez que rompía una ola como la respiración monstruosa de un minotauro sepultado.

A mí la disciplinada austeridad de Salcedo me chocaba un poco, pero me acostumbraba bien a ella, en parte porque a los dos nos resultaba muy útil en el trabajo de la oficina, pero sobre todo porque era un contrapunto a mi tendencia personal hacia lo desastroso, hacia el desorden, la dilación y la pura indolencia. Entre nosotros hubo enseguida algo semejante a esas amistades inglesas de las que habla Borges, que empiezan por excluir la confidencia y terminan omitiendo el diálogo. Conversábamos mucho en aquellas caminatas invernales a lo largo de la orilla del mar, vestidos de uniforme, con las cabezas bajas y las manos en los grandes bolsillos de los tres cuartos, pero nuestras conversaciones eran sobre todo acerca de películas y de libros, o de las minuciosidades y las idioteces de la administración militar, y casi nunca hacíamos referencia a la vida que nos esperaba a cada uno fuera del cuartel. Íbamos juntos a un locutorio telefónico para hablar con nuestras familias o nuestras novias —él pensaba casarse cuando terminara la mili—, pero al salir de la cabina no intercambiábamos ningún comentario sobre la llamada a larga distancia que cada uno acababa de hacer.

Me admiraba de Salcedo su idea sarcástica y nada sentimental del mundo, el desapego y la fría comicidad con que lo miraba todo, lo mismo las películas que las convicciones políticas o los comportamientos humanos, incluido el suyo. A mí el brigada Peláez me daba risa, pero también me daba lástima, y no podía evitar que me inspirara algún afecto: Salcedo le dedicaba un meticuloso desdén.

Pero yo creo que los dos, aunque maldecíamos el cuartel, habíamos encontrado un acomodo que nos hubiera sido difícil confesar, una complacencia nada honrosa en aquella vida en suspenso, en aquel aplazarlo todo para una fecha de varios meses después, quedándonos así en un estado de perfecta justificación, de coartada sin resquicios. El ejército nos había arrancado a la fuerza de la vida real, de las ciudades donde vivíamos y de la gente vinculada a nosotros, pero aquella usurpación también nos concedía un respiro que nosotros mismos no nos habríamos sabido ganar: lo que quedaba en suspenso también dejaba provisionalmente de agobiarnos.

Nos asistía siempre una disculpa indiscutible, una absolución automática para nuestras cobardías o nuestras incertidumbres. Estábamos en la mili, no podíamos hacer ni decidir nada mientras que no la termináramos, nos estaba permitido no angustiarnos aún con las perspectivas del porvenir, la previsible falta de trabajo, las inseguridades íntimas sobre la vocación y el amor que ahora aplazábamos o resolvíamos gracias al desdibujamiento de todo que nos imponía la distancia.

Me quedaba solo en la oficina porque Salcedo estaba de permiso o con un rebaje de fin de semana y la soledad exageraba el efecto de la lejanía, su dosis de desarraigo y lucidez y su intoxicación lenta de tristeza, sus rachas graduales de abatimiento y euforia. En el medio al que uno pertenece su presencia se confunde con los acontecimientos y las figuras exteriores, y sus estados de ánimo suelen entrecruzarse con los de quienes le rodean y contener impurezas que los modifican y enturbian su percepción. Cuando se está solo durante mucho tiempo, cuando se deambula un día entero por una ciudad desconocida sin mantener con nadie una verdadera conversación, la figura de uno, en vez de confundirse con el fondo que le es extraño, resalta más nítidamente contra él.

Así iba yo por San Sebastián los fines de semana, una solitaria figura militar contra el paisaje plano de las calles y la horizontalidad gris del Cantábrico, como si me moviera delante de una de esas transparencias obvias de las películas antiguas, solo, aislado y resguardado por mi uniforme, tan ajeno a la ciudad y a la gente que tenía a mi alrededor como un buzo o como el piloto de un batiscafo, peregrinando a la luz rosada de los atardeceres sin lluvia o en la opacidad húmeda y dramática de las mañanas de temporal que se oscurecían de pronto como si estuviera a punto de caer la noche.

Comía en algún restaurante barato de la parte vieja, leía el periódico sentado tras los cristales de una cafetería de la Avenida o del Bulevar, viendo con igual indiferencia la lluvia y las cargas de la policía contra los piquetes de abertzales que rompían a pedradas o con bates de béisbol escaparates y cabinas telefónicas, deambulaba entre los anaqueles de una librería en quiebra que estaba liquidando sus existencias a mitad de precio, pero en la que yo no compraba nada, porque los bolsillos grandes e innumerables del tres cuartos me permitían esconder en ellos cualquier libro por voluminoso que fuera.

Deliraba un poco de tanto andar y de estar siempre solo, olía con idéntica resignación y codicia los aromas de los restaurantes y los perfumes de las mujeres, iba al cine, todas las tardes, algunas veces salía de una película para meterme en otra, como una beata a la que no le basta la misa de precepto, no paraba de ver películas y de pensar en ellas, respiraba películas, me aprendía diálogos de memoria, estaba enfermo de cinefilia, de cinefalia, de Hitchcock y de Nicholas Ray, de François Truffaut y Víctor Erice y Jean Luc Godard, salía de los cines con palidez de cinéfilo, que es esa palidez irradiada por la luz lunar de las películas en blanco y negro, de cinéfilo y cinéfalo de uniforme, para mayor oprobio, de ermitaño y fantasma de la ópera y holandés errante de las salas en las que asistía a un estreno prácticamente subterráneo el grupo espectral de los cinéfilos terminales de San Sebastián: yo fui uno de los cuatro o cinco espectadores de la primera proyección de *Arrebato*, de Iván Zulueta, con mi tres cuartos y mi gorra con la visera de cartón, con un ejemplar de *El cine según Hitchcock* guardado como un breviario en uno de aquellos bolsillos que eran los sacos sin fondo de mis robos miserables en la librería en quiebra.

Vivía en suspenso, lejos de todo, fortalecido, para aguantar el ejército, de paciencia y cinismo, alimentándome de películas, de libros, de imaginaciones y recuerdos, con una predilección por la irrealidad que yo aún no sabía que iba a ser uno de los rasgos más indudables de la década de los ochenta. No sabía nada, no estaba seguro de nada, ni de mis sentimientos ni de mis propósitos, me abandonaba a las circunstancias como se abandona un soldado en un desfile al ritmo de la marcha y a las voces de mando, y algunas tardes lluviosas de sábado o de domingo, encerrado en la oficina, leyendo a Borges o a John le Carré, o inmóvil frente a la máquina de escribir en la que había introducido una hoja en blanco, conocía una forma impura, huraña y tramposa de dicha que apenas duraba unos minutos, una libertad enclaustrada y secreta que me alejaba sin sufrimiento ni nostalgia de todo aquello a lo que pertenecía.

Bastaban unos timbrazos del capitán, un toque de corneta, el vendaval de un sargento entrando en la oficina para que yo tuviera que esconder el libro y todo aquel simulacro de soberanía y quietud se quebrara. Una noche, el sargento Martelo, que tendía siempre a aparecer en los momentos más improbables, llegó casi a las once para dictarme una orden de arresto a prevención contra un infeliz al que había sorprendido fumando en una garita. Tenía prisa, miraba por encima de mi hombro lo que yo escribía, como si no se fiara de que fuese a copiar exactamente lo que me dictaba, apenas terminaba yo de escribir arrancaba el oficio y las copias de la máquina, examinándolas una por una y un poco de través, igual que miraba a los soldados. Aquella noche, antes de irse, la mueca rígida con la que sonreía se acentuó cuando me dijo que tenía buenas noticias para mí:

—Mañana os mandan otro oficinista que es más rojo que Salcedo y tú juntos. Así que no te digo nada: cuidadito.

XVI.

Me lo he preguntado con mucha frecuencia a lo largo de todos estos años, cada vez que presenciaba o descubría algo que me importaba mucho, cada vez que sentía rabia o entusiasmo por algo o abandonaba una opinión sostenida durante mucho tiempo o veía derrumbarse dentro o fuera de mí alguna de mis verdades más sagradas: qué habría pensado Pepe Rifón, cuál habría su actitud, cómo me habría juzgado, en qué medida y hacia dónde habría ido cambiando él también, cuánto se parecería a quien era a principios de la década, en el cuartel de cazadores de montaña de San Sebastián, cuando lo destinaron como nuevo escribiente a la oficina de la segunda compañía y nos hicimos instantáneamente amigos, y ya no dejamos de discutir acerca de todo y de disfrutar de la amistad hasta algún tiempo después de que nos licenciáramos.

He pensado muchas veces que lo más probable es que hubiéramos dejado de ser amigos: al marcharnos del ejército una parte de las cosas que más nos unían desaparecieron, no sólo la proximidad constante, sino también un cierto número de palabras y hábitos que al exagerar la identificación de quienes los comparten pueden sugerir afinidades engañosas. También yo cambié mucho más rápido de lo que seguramente él habría estado dispuesto a aceptar, no ya en los demás, sino en sí mismo, porque sus convicciones políticas eran mucho más precisas y más arraigadas que las mías, de una solidez inflexible, de un radicalismo que incluso entonces, en aquel tiempo de ideologías más firmes que las de ahora, me sorprendía por su integridad, y al principio hasta me hacía desconfiar y me daba algo de miedo: yo nunca había tratado a nadie que simpatizara abiertamente con ETA.

Su calma nunca alterada en el curso de una diatriba era la de quien descartó hace tiempo la posibilidad de la duda. A nadie aplicaba más estrictamente sus normas morales que a él mismo. Sus juicios políticos eran inapelables, de una fijeza en línea recta: como solía ocurrir, reservaba su desprecio más enérgico no para el enemigo frontal, el fascismo o el capitalismo, sino para las personas y las organizaciones de izquierda cuya tibieza él consideraba un signo de capitulación. La inteligencia y el sarcasmo, y también un instinto muy saludable de arraigo en las cosas reales, en la amistad y en los placeres de la vida, salvaban a Pepe Rifón de convertirse en un fanático, en uno de aquellos dañinos trostkistas y maoístas que a lo largo de los setenta habían exacerbado en la izquierda una tendencia universal al sectarismo y a la excomunión, y que en la década siguiente no tuvieron el menor escrúpulo en constituirse en intelectuales o ideólogos del PSOE, partido en cuyas jerarquías continuaron su vocación excomulgadora, sólo que ahora acusando de rojos más o menos a los mismos a los que llamaban revisionistas diez años atrás.

Uno de ellos era, en nuestro cuartel, el oficinista de la tercera compañía, un prochino con gafas y palidez eclesiástica que una vez nos citó con mucho misterio a Pepe y a mí para pasarnos unos panfletos a multicopista de lo que se llamaba entonces la Unión

Democrática de Soldados (aún no habían empezado de verdad los ochenta: había muy pocas fotocopiadoras). Yo lo conceptué de simple cretino, por arriesgarse a un consejo de guerra guardando y difundiendo propaganda ilegal, soflamas de irresponsable mesianismo que animaban a la constitución en los cuarteles de soviets de soldados: Pepe, más resabiado y con más experiencia que yo, estaba seguro de que aquel oficinista era un chivato de la Segunda Sección al que habían encargado que nos tendiera una trampa.

Me explicó que en nuestra compañía, entre los soldados de nuestro propio reemplazo, había un grupo de confidentes que rendían cuentas a los sargentos Valdés y Martelo. A mí nunca se me había ocurrido pensar que soldados a los que yo conocía pudieran vigilarme: imaginaba, con una tendencia instintiva a las inexactitudes de la literatura, que los chivatos eran individuos desconocidos y exteriores, miembros de una especie de cofradía invisible, no soldados idénticos a mí que formaban a mi lado varias veces al día y se emborrachaban en el Hogar y gritaban ¡aire! al oír la orden de rompan filas. Pepe me señaló a algunos de ellos: Ceruelo, alias Ciruela, el homosexual pundonoroso y vindicativo de la compañía, que a mí hasta entonces me había resultado simpático; Martínez de la Cruz, un malagueño bronca y bocazas que se jactaba de haberse hecho una paja cada una de las noches que llevaba en el ejército, lo mismo en el campamento que en el cuartel, sobreponiéndose a pura fuerza de hombría al bromuro que según Radio Macuto se nos administraba en todas las comidas con la finalidad imposible de apaciguarnos la lujuria.

A mí siempre me engañaban las apariencias, pensé tristemente, viéndolo todo cada vez más siniestro a medida que Pepe Rifón me informaba de lo que hasta cierto punto yo también había tenido delante de los ojos: el capitán no era un oficial demócrata, o cuando menos descreído, sino un fascista tan peligroso como los sargentos o el teniente Castigo, sólo que más templado y con mejores maneras, sin la chulería legionaria y lumpen de los otros; no debíamos fiarnos de nadie, ni siquiera del brigada Peláez, que aun siendo un botarate no tendría el menor escrúpulo en sacrificarnos si obtenía a cambio algún beneficio.

Pepe me lo decía todo muy calmosamente, en voz baja, separando muy poco los labios, y no en el cuartel, donde temía siempre que nos espiaran, sino en los paseos por la Parte Vieja que enseguida empezamos a dar juntos, en las tabernas donde ya nos habíamos acostumbrado a beber con una velocidad vasca, a un ritmo itinerante: un pote de tinto bebido en dos tragos y cambiábamos enseguida de bar, sin apalancarnos nunca en una sola barra, a la manera madrileña y andaluza.

Me decía nombres de chivatos y luego aludía con ecuanimidad y admiración al modo en que los etarras se deshacían de los traidores y los infiltrados. Yo me atrevía a comparar esos métodos con los de la Mafia, y entonces él se encolerizaba, aunque suavemente, dotado de esa extraña habilidad que tienen las personas del todo pacíficas y razonables para convertir el crimen en un accidente neutro y menor de la vida política. El verdadero terrorismo era la violencia institucional y metódica del Estado, que seguía manteniendo, bajo un simulacro de democracia formal, la misma policía y el mismo ejército de la dictadura; lo que sucedía en Euskadi era una guerra de liberación nacional, como la de Argelia en los años cincuenta, la de Vietnam del Norte y la de Nicaragua, que había acabado tan sólo unos meses atrás. Yo respondía que la violencia sanguinaria y metódica de los etarras acabaría encrespando del todo al ejército y nos devolvería al fascismo: él me recordaba la ilegalidad permanente e impune de la Guardia Civil y de la Policía, las torturas, la tolerancia y la segura complicidad del estado con los crímenes de la extrema derecha. Entonces, falto de argumentos o de ánimos para discutir, yo me callaba, y Pepe se me quedaba mirando con una sonrisa muy seria, como programática, apuraba su vaso de vino y esperaba a salir a la calle para hacerme una pregunta:

—¿De verdad no crees que el sargento Valdés se merezca un tiro, no te alegrarías de que lo mataran? ¿Crees que él dudaría un momento en matarte a ti?

Pero estoy hablando de 1980, de lo que pensaba entonces alguien que lleva muerto doce años y a quien le fue negado el porvenir de madurez, de cinismo, de descreimiento o de gradual claudicación en el que todos los demás, los vivos, nos fuimos adentrando a lo largo de la década. Yo me pregunto siempre con una sospecha de remordimiento si he sido fiel a la amistad de entonces y si él aprobaría las cosas que he hecho y escrito a lo largo de estos años, pero tiendo a dar por supuesto lo que sin duda habría sido muy difícil, que él no hubiera cambiado, que hubiera mantenido invariable su marxismo-leninismo de entonces, su confianza práctica en la revolución cubana y en los países del Este. En el verano de aquel año, cuando empezaron a llegar noticias sobre las huelgas en los astilleros polacos y sobre el sindicato Solidaridad, él descartó velozmente cualquiera de las incertidumbres que a mí me sobresaltaban: aquellas huelgas, igual que los levantamientos de Berlín y Hungría en los años cincuenta y que la primavera de Praga, estaban alentadas y dirigidas por la CIA y por el Vaticano. La legitimidad de las democracias populares no podía juzgarse por comparación con las formalidades de las democracias burguesas...

Lo más triste de los muertos, lo que más los aleja de nosotros, es también lo que nos hace sentir que continúan viéndonos y que pueden juzgarnos. La cara que petrifica la muerte, la fotografía congelada de una vida, se parecen a una especie de insobornable lealtad fantasmal. A diferencia de nosotros, los muertos no cambian ni envejecen, tan sólo se van desdibujando sin que nos demos cuenta, y esa inconsciencia con la que los vamos olvidando es el agravio más cruel, la impiedad más profunda que les infligimos.

Los muertos son lo que nosotros fuimos, los testigos traicionados, los portadores de una profecía que es la de aquello en lo que nos hemos convertido desde que ellos faltan. Pero también, si pudieran vernos ahora, es muy posible que no nos reconocieran: para crecer o para cumplir nuestra biografía huimos de nuestros muertos igual que a una cierta edad huimos de nuestros padres. Su fidelidad se la consagran a quien ya es un desconocido. Qué permanece de lo que yo soy si borran de mi vida todo lo que Pepe Rifón no pudo conocer, lo que me sucedió después de su muerte, a medida que pasaron los años y cambió el mundo y se me fue alejando el recuerdo del cuartel: en qué habría cambiado él, hacia dónde habría derivado. Era demasiado inteligente como para embalsamarse en el comunismo extraviado y fósil de los años ochenta, en las devociones rancias y los anacronismos empecinados y patéticos de una progresía residual cuyos últimos adeptos aún deambulan por ciertas calles y bares como fantasmas tristes o fugitivos de una reserva india. Pero también era demasiado honesto y tenía un sentido demasiado alto de la dignidad humana y de la justicia como para convertirse en un político profesional, en un triunfador o un negociante socialista, en uno de esos escualos con gafas de montura de metacrilato y trajes de Armani que saquearon la administración y conocieron sus días de máxima gloria en el final de los ochenta, que acabaron, por cierto, no en el último día de la década, sino el 12 de octubre de 1992.

Puedo imaginar la rabia creciente, el desengaño y el asco, casi las palabras que había dicho Pepe Rifón ante el espectáculo de la década que él no llegó a presenciar. Mi propia rabia, mi desengaño, el asco que puede seguir cada día creciendo, son en cierto modo herencia de los suyos, pues si nunca compartí la formulación política de sus ideales sí aprendí de él o recobré gracias a su amistad algo que casi había perdido en la confusión de aquellos tiempos, un sentimiento muy primario y muy fuerte de odio a la injusticia y de respeto y solidaridad hacia los débiles.

Pepe no creía que se pudiera transigir, no aceptaba la menor indulgencia con la deslealtad hacia las ideas de uno o hacia sus orígenes de clase. Ahora, cuando pienso en él, me lo imagino siempre solo. Los muertos se quedan solos porque seguir viviendo es irse del pasado, atravesar una por una y sin detenerse nunca las habitaciones sucesivas del tiempo. Vuelve uno la espalda porque ha creído escuchar unos pasos o una voz que lo llamaba y no ve a nadie en las estancias vacías, que sólo están habitadas algunas veces en los sueños. Los pasos que uno oía eran ecos de los suyos, y las voces sonaban en su imaginación o en su recuerdo, que según voy dándome cuenta a medida que escribo vienen a ser lo mismo.

Debe de haber por ahí fotos en las que estemos juntos, fotos cuartelarias en blanco y negro que sin duda parecerán tomadas años antes de su fecha real, porque las fotografías en las que aparece un muerto siempre tienen como un anacronismo añadido, una vocación de antigüedad sepia y mal recordada. No conservo ninguna, y sin embargo tengo muy presente su cara, el pelo castaño oscuro, la barba corta y poblada, que le hacía parecer mayor de lo que era, como a todos nosotros, las gafas de montura sólida, la expresión seria, la sonrisa difícil, la ironía muy afilada, pero formulada siempre en voz baja y con una suavidad en la que influía sin duda el tenue acento gallego.

Pepe Rifón era de la provincia de Lugo, de un pueblo de montaña casi en la linde de Asturias, Fonsagrada, donde yo lo visité una vez, meses después de que nos licenciáramos, en el verano de 1981. No logro acordarme de nuestra despedida: nos diríamos adiós de cualquier modo, con la distracción de la mayor parte de los actos comunes, con la seguridad insensata de volver a vernos que tiene todo el mundo cuando se despide, como si la muerte no existiera o no pudiera afectarnos precisamente a nosotros. Tenía veintitrés años, uno menos que yo, le faltaban unas cuantas asignaturas para licenciarse en Matemáticas y se encontraba en libertad provisional, acusado de un delito de agresión a la Policía o a la Guardia Civil. Había ingresado en el campamento de Vitoria al mismo tiempo que yo, y también lo destinaron a San Sebastián y a la segunda compañía, pero hasta que entró en la oficina yo apenas había reparado en él, entre otras cosas, según empecé a darme cuenta un poco más tarde, porque casi no había reparado en nadie.

Pepe Rifón poseía una capacidad extraordinaria de sigilo o de mimetismo, de no hacerse demasiado visible: se escondía en el número y en la uniformidad de los soldados como entre los árboles de un bosque. Jamás había frecuentado a los universitarios de la compañía, hacia los que manifestaba una hostilidad ecuánime, más o menos idéntica a la que sentía hacia cualquiera que hiciese gala de un simulacro de superioridad intelectual: reírse de las jergas vacuas de los literatos, de su descarado clasismo, de su gravedad impostada y ridícula, era una de las aficiones permanente de mi amigo Pepe, que de vez en cuando me incluía a mí también entre los destinatarios de sus burlas:

—No sé cómo os las arregláis, pero siempre se os abre el periódico por las páginas culturales.

Yo estaba convencido de poseer y practicar siempre una aguda capacidad de observación, pero él me hizo descubrir que en realidad me había pasado meses en el ejército sin enterarme de prácticamente nada de lo que ocurría a mi alrededor. Seis años en la universidad, dedicados a leer libros y a ver películas en cineclubes universitarios y a discutir sobre libros, películas y política con personas que hacían más o menos lo mismo que yo me habían influido mucho más de lo que yo estaba dispuesto a reconocer, segregándome de la vida común, o haciéndome creer que esa vida era la de los universitarios y los aspirantes a intelectuales de izquierda con los que yo trataba.

Es muy posible que sin el sarcasmo permanente de Pepe Rifón yo no hubiera aprendido a desprenderme de la infección de intelectualismo que padecía. Le debo un instinto de irreverencia hacia las sacralidades culturales, una conciencia irónica del influjo tan débil que pueden tener el arte y los libros sobre la realidad, que es del todo soberana y ajena a ellos y tiende a no notar que existen, a despecho de las hipertrofiadas vanidades de los artistas y los literatos. De pronto comprendía con más asombro que remordimiento que en mi reclusión habitual en mí mismo había no sólo timidez y predisposición hacia la soledad, sino también una dosis inadvertida de soberbia, una falta de atención desdeñosa e inepta hacia el mundo real y las personas que me rodeaban. En eso me parecía, y más de lo que yo pensaba, a Salcedo: justo por ese motivo era imposible que entre Salcedo y yo pudiera arraigar una amistad más cálida.

Salcedo tenía una presencia severa y fornida: Pepe Rifón se movía despacio, con la cabeza baja, con agilidad silenciosa, habituado al recelo del activismo clandestino, o a ese sigilo con que tienden a cultivar sus debilidades y sus vicios ciertas personas con demasiada cara de bondad que padecen el sino de despertar la envidia comparativa de las madres de todos sus amigos y viven en el peligro continuo de defraudarlas. Pepe Rifón tenía una cara abrumadora de buena persona, de honrada docilidad, hasta de mansedumbre, cara de no haber roto un plato en su vida, de no sacar nunca los pies del tiesto, pero había hecho amistad con algunos de los chorizos más inquietantes de la compañía, que lo trataban con respeto y hasta con devoción, a pesar de sus gafas, sus estudios y su cara de buena persona, y liaba porros con una pericia que no igualaba ninguno de ellos.

Juiciosamente usaba para fumar una de esas boquillas que retienen parte de la nicotina y del alquitrán. El acto de introducir en la boquilla el filtro de un ducados, o de extraerlo después, era uno de los gestos que lo definían: nunca nos damos cuenta, pero en cada uno de nosotros hay un gesto, uno solo, que nos define tan exactamente como una rúbrica o una huella digital. Contando los cigarrillos que fumaba, deshaciendo un grumo de hachís sobre las hebras de tabaco como si utilizara una balanza de precisión, ahorrándose parte de la nicotina gracias a la boquilla, Pepe daba una impresión de administrar razonablemente sus vicios, y yo no llegué a averiguar hasta qué punto aquella mesura era un rasgo de su carácter o una de las astucias aprendidas en el ejercicio de la clandestinidad, o en el de su destino de buena persona.

A Pepe Rifón, como a mí, lo habían mandado a Cazadores de Montaña para vigilarlo o para castigarlo, pero su izquierdismo les debió de parecer a los militares más eficaz que el mío, de modo que durante los primeros meses en el cuartel no dejó de hacer guardias. Es posible que cuando lo destinaron a la oficina no fuese por un impulso de clemencia, o porque los desarmara el tono apacible de su voz y su aire de mansedumbre, sino para mantenerlo apartado de las armas, según la idea paranoica que los militares de la Segunda Sección tenían entonces de los soldados con antecedentes políticos.

Era verdad lo que me había dicho el sargento Martelo: Pepe Rifón era más rojo que Salcedo y yo juntos. Militaba en el nacionalismo radical gallego, y yo creo que pertenecía al comité central o al comité ejecutivo de un partido muy próximo a Herri Batasuna, más o menos su equivalente en Galicia. El año antes la policía lo había detenido en el curso de una manifestación independentista y no autorizada en Santiago de Compostela. Al ser procesado bajo una acusación grave de agresiones contra la autoridad, perdió la prórroga de estudios y tuvo que incorporarse inmediatamente al ejército.

No era un insensato, ni uno de aquellos extremistas de izquierda que aspiraban a alcanzar cuanto antes la palma revolucionaria del martirio, pero tampoco se sentía intimidado por la segura vigilancia a la que estaría sometido. Yo admiré enseguida su temple, que resaltaba más por comparación con mi extrema pusilanimidad, no sólo la que me acongojaba en el cuartel, sino la que me había impedido sumarme de verdad a la resistencia antifranquista después de aquellos aciagos quince minutos de marzo de 1974 durante los cuales participé activamente en ella. Cuando yo salí de la Dirección General de Seguridad estaba tan asustado y tan escarmentado que me juré a mí mismo no arriesgarme nunca a volver a una celda, así durara el franquismo medio siglo más. Pepe consideraba su detención y su posible condena como accidentes de la lucha política que en vez de disuadirlo de persistir en ella fortalecían su seguridad de haberse entregado a una causa justa. ¿Era democrático un estado que lo enviaba a uno a la cárcel por manifestarse en favor del derecho más elemental de todos, el de la autodeterminación de los pueblos?

Yendo con él, en San Sebastián y en Bilbao, tomé vasos de vino en bares que tenían las paredes decoradas con grandes fotografías de terroristas encarcelados o muertos e ikurriñas con crespones negros o con insignias etarras. Para no extenuarnos en diatribas políticas derivábamos la conversación hacia las películas y los libros, pero en ese reino en apariencia menos vidrioso también surgía muy pronto alguna obstinada discordancia: yo detestaba a Bernardo Bertolucci, que tantos años después aún me sigue encrespando; Pepe encontraba reaccionario y despreciable a Woody Allen, en quien resumía su odio a la cultura norteamericana, a las neurosis de los ricos y a las tonterías del psicoanálisis, así que se había salido de *Annie Hall* aproximadamente con la misma indignación con la que yo me salí de la megalomanía entre estalinista y viscontiana de *Novecento.*

No era en modo alguno indiferente a la literatura: le intrigaba que yo quisiera dedicarme a ella, y que algunas tardes, en vez de salir a San Sebastián, me quedara encerrado en la oficina delante de la máquina de escribir. Él leía mucho, y con igual devoción, a Castelao y a Stalin: de este último, sobre todo, un opúsculo que me regaló con más propósito de ilustración que de proselitismo, si bien yo nunca llegué a leerlo. Se titulaba, me acuerdo, *Sobre el problema de las nacionalidades,* problema que según Pepe creía con inquebrantable firmeza sólo había sido resuelto en el federalismo de la URSS. Me acuerdo de ese libro cuando veo en los telediarios las imágenes sanguinarias y como aturdidas, los desesperados barrizales de nieve de alguna república ex soviética en la que está sucediendo una indescifrable guerra civil.

Pero mi amigo Pepe no era entonces el único que cerraba los ojos: casi nadie en la izquierda sabía o intentaba saber, y los intelectuales más viajados y agasajados volvían de la Unión Soviética o de Cuba o de la Rumanía de Ceaucescu sin contar nada, sin haberse enterado en apariencia de nada.

En cuanto a mí, mi escepticismo político no era consecuencia de una lucidez que ahora no puedo retrospectivamente atribuirme, sino más bien de mi falta de voluntad disciplinada y sólida para empeñarme en un propósito o en una ideología, y de una inclinación personal a la desgana, al desapego hacia los entusiasmos colectivos, acentuada en los primeros años de la transición por el contraste insoluble entre la realidad y el deseo, entre los sueños formulados con utopismo monótono por los partidos de izquierda y el espectáculo trapacero y confuso de la política diaria, de las campañas electorales, de la fragilidad y la provisionalidad de todo, especialmente de la democracia.

Cuando las manifestaciones eran ilegales yo no iba a ellas porque me daban miedo; cuando ya no hubo peligro de apaleamiento o detención tampoco fui a ellas porque había descubierto que me aburrían. Yo no sabía a favor de qué estaba, sino en contra de qué: y de pronto me hice amigo de un partidario apasionado de algunas de las posiciones políticas que despertaban más hostilidad en mí. Al poco tiempo de entrar en la oficina Pepe me invitó a acompañarlo a un mitin de Herri Batasuna en el que intervenía el difunto Telesforo Monzón, que era en aquellos años como el Júpiter tonante del abertzalismo más extremo. Intenté disuadirlo: el mitin acabaría muy probablemente en una batalla de pedradas, bombas lacrimógenas y pelotas de goma, y aunque se vistiera de paisano estaría en peligro. Le dije además que Telesforo Monzón me parecía una especie de ayatolah vasco, un iluminado peligroso. Sin el menor signo de discordia, como si en realidad sostuviera una posición no muy alejada de la mía, Pepe me respondió que él consideraba a Telesforo Monzón un hombre admirable, un luchador antifascista ejemplar.

Pensando ahora en todas las cosas que no teníamos en común me pregunto cómo surgió entre nosotros una amistad no ya tan estrecha, sino tan perfecta. A los dos nos importaba mucho más lo que sí compartíamos: el odio al abuso de los fuertes y a la ceguera y a la altanería de los enterados, la afición a beber vino en las barras de las tabernas de la parte antigua y a picar de las bandejas espléndidas de tapas desplegadas sobre los mostradores, el gusto por las conversaciones con café y cigarrillos, la tarea, compartida con Salcedo, de coleccionar los hallazgos verbales del brigada Peláez, y en general del idioma castrense, la vocación por las mujeres, por enamorarnos de ellas, por mirarlas, por contarnos y comparar los sentimientos que nos provocaban. Nos constituimos cada uno en confidente y consejero sentimental del otro. Después de licenciarnos, la mayor parte de nuestras conversaciones telefónicas y de las cartas que nos escribíamos versaban sobre el amor de las mujeres, sobre el misterio de sus reacciones y sus actos y las sorpresas que nos daban siempre, lo mismo al seducirnos que al abandonarnos.

Robert Graves habla en un poema de que también la amistad puede surgir a primera vista: Onetti decía al final de su vida, con sarcasmo y amargura de tango, que no hay más amigos verdaderos que los de la infancia. Si el ejército nos había borrado temporalmente nuestra identidad de adultos, si nos había hecho regresar al miedo y a la vulnerabilidad de los niños antiguos en los internados, también nos devolvía no sólo a las brutalidades, a las jactancias y al tribalismo de los catorce o los quince años, sino también a un sentido de pertenencia que a esas edades aprendíamos más en la amistad que en el amor.

Tal vez de ahí procede la leyenda dorada de los amigos para siempre que se hacían en la mili, tan parecida a ese episodio de celebración de la amistad que suele darse en el curso de las borracheras. Yo me acuerdo de amigos inexplicables a los que conocí a través de Pepe Rifón y hacia los que llegué a sentir simpatía y lealtad, aunque estaba seguro de que de no haber sido por el ejército no me habría encontrado con ellos, y también de que si volvíamos a vernos después de la mili no tendríamos nada que decirnos: incluso es posible que alguno de ellos me hubiera atracado.

Me acuerdo con lejano afecto de Agustín Robabolsos, del Turuta, de Rogelio Rojo, del Chipirón, la banda lumpen y grifota a la que Pepe me asoció sin que yo me resistiera demasiado, dejándome llevar hacia las esquinas oscuras de la plaza de la Constitución donde se traficaba en hachís y heroína igual que había accedido a las caminatas higiénicas con Salcedo, compartiendo con ellos el lenguaje macarra, los canutos, los botellones de cubata, los grandes bocadillos de tortilla de champiñones que daban en los bares de soldados, la beligerancia cafre y masculina de ir en grupo y en disposición de borrachera y de bronca, adolescentes falsos, apiñados, casi hombro con hombro, las manos en los bolsillos de los vaqueros, premeditadamente torvos, con más novelería que temeridad.

No es difícil que hayan conocido las cárceles, que alguno esté muerto por culpa de la heroína o del sida. A ninguno de ellos lo reconocería si lo encontrara frente a mí, y soy incapaz de imaginarme el porvenir de sus vidas, que se cruzaron tan brevemente con la mía para alejarse luego a distancias remotas. Pero la costumbre sagrada y metódica de compartirlo todo y el sentimiento de conjura y de alianza incondicional contra el infortunio que nos unió a Pepe Rifón y a mí en aquella adolescencia repetida y tardía de San Sebastián ya no he vuelto a encontrarlo: tampoco puedo ya saber si habría sobrevivido al paso de los años.

XVII.

Recién llegado Pepe Rifón a la oficina, el brigada Peláez nos encargó a Salcedo y a mí que lo adiestráramos, al principio en las tareas auxiliares de nuestra burocracia, tales como copiar listas a máquina, rayar hojas de papel con una regla de madera y sacar punta a los lápices, y poco a poco, sin prisa, pero sin pausa, según el propio brigada, en los arcanos mayores de la contabilidad de la compañía, en los cuales Salcedo, recién ascendido al rango de bisabuelo, ya era catedrático, con ese punto de desganada maestría que alcanzaban los oficinistas más veteranos, tan familiarizados ya con toda la inagotable variedad de formularios militares como con el lenguaje técnico de la administración: había que explicarle al nuevo lo que era una lista de revista, un estadillo, un parte de relevo, un saluda, un comunicando, un remitiendo, un solicitando. Había que enseñarle a concluir los oficios con el giro adecuado, lo cual comunico a V.S. a los efectos oportunos, a no olvidarse nunca del Dios guarde a Vd. muchos años, a manejar los grandes libros de registro de entrada y de salida que cada mañana sacábamos del armario metálico con cierta pompa inaugural.

Como Matías a mí, yo me encargaba de familiarizar a Rifón con el laberinto de las dependencias cuartelarias y con los apartados y bolsillos de la carpeta a la que habíamos acabado llamando la valija diplomática, y que ahora, todavía tan recia y sólida como en los tiempos de Matías, sólo que más ennoblecida por el uso, gastada en sus bordes de cartón, con el color de las cintas más desvaído, solía ser transportada por Salcedo en el momento solemne de la firma matinal, cuando se le presentaban al capitán los escritos que a continuación debían repartirse por las más recónditas oficinas del cuartel.

Pepe Rifón era callado y atento y aprendía muy rápido. A los pocos días el brigada lo consideró cualificado para cumplir una de las tareas fundamentales de la primera hora de la mañana, que era la de ir a buscar el periódico a un almacén diminuto y enigmático, situado bajo la ampulosa escalera que subía a las habitaciones del coronel, donde un soldado se pasaba el día mano sobre mano, fumando y leyendo revistas porno, sin otra misión al parecer en el ejército y en la vida que la de esperar a que alguien llegara a pedir uno de los ejemplares del *Diario Vasco* a los que por razones misteriosas estaba suscrito el cuartel.

Había mañanas en las que ir a buscar el periódico era una modesta delicia, uno de esos placeres de orden menor, como en prosa, que uno suele buscarse hasta en las circunstancias menos favorables de la vida. Recién terminado el desayuno, el estómago lleno y caliente por el tazón de pochascao y el bollo de pan recién hecho y untado en mantequilla, salíamos calmosamente del comedor, y mientras los demás se apresuraban para recoger las armas y estar debidamente pertrechados antes de la formación de las ocho, después de la cual entrarían de guardia o pasarían horas de aburrimiento haciendo instrucción en el patio, yo me iba tranquilamente por los soportales hacia el vestíbulo noble del cuartel, con mi gorra echada hacia atrás, mi cigarrillo en la boca y mis manos en los bolsillos, si bien en un estado instintivo de alerta que en menos de un segundo me haría ponerme derecha la gorra, tirar el cigarro y adoptar un aire fugaz de marcialidad si un superior se me acercaba.

Con una mezcla de desdén y de lástima distinguía a los conejos recién llegados al cuartel, con sus uniformes de faena demasiado nuevos y limpios y sus caras de extravío y de susto, agrupándose ovinamente entre sí, obedeciendo las órdenes con ademanes de muñecos articulados. Era consciente de que me veían como a un veterano, con mi barba y mi gorra de visera partida y el andar agalbanado que ellos aún tardarían meses en saber imitar, y en secreto, indignamente, me halagaba la superioridad que me reconocían, sobre todo aquellos que sabían mi cargo y que entraban a veces en la oficina con respeto medroso, dirigiéndose a Salcedo, a Rifón y a mí con no menos mansedumbre que si le estuvieran hablando a un oficial, en voz baja, con la gorra en la mano, sin levantar los ojos.

Nadie se resiste a disfrutar de ciertos placeres muy viles, a condición de que sean fáciles de obtener y ofrezcan a la vanidad alguna recompensa. Yo veía formar a las ocho de la mañana a los conejos asustados y su desvalimiento me hacía más confortables y valiosos los privilegios que se me habían concedido. Llamaba a la puerta de aquel almacén inexplicable y diminuto que estaba bajo la escalera, como un cuarto de escobas, y el soldado ermitaño que habitaba tan solitariamente allí me abría, sin molestarse en esconder la revista que estaba repasando, me decía hola, me entregaba el *Diario Vasco,* me decía hasta luego y antes de que yo me fuera ya se había embebido de nuevo en su lujuria soñadora de felaciones y yuxtaposiciones en cuatricromía, ya algo mustias por el mucho roce de las manos y el constante servicio que se requería de ellas.

Cuanto más temprano hojea uno el periódico más intenso es su olor y más se disfruta de leerlo, como de un pan o de una torta recién comprados al amanecer en una panadería. Yo regresaba a la oficina mirando por encima el periódico, o me detenía en otras dependencias a saludar a algún conocido de mi gremio, escribientes y furrieles que nos hacíamos consultas técnicas y conversábamos sobre nuestras tareas tan especializadas que nadie más podía entender, estableciendo entre nosotros una malla de favores, saberes prácticos, astucias burocráticas y resabio hacia nuestros superiores que debía de parecerse un poco a las relaciones profesionales entre los mayordomos ingleses de entreguerras.

A lo mejor, si tenía tiempo de sobra, me paraba a tomar un café en el Hogar del Soldado, que a pesar de su nombre tan acogedor era un lugar no menos inmundo que un bar de carretera, un cocherón con mesas de formica y serrín hediondo en el suelo donde los domingos por la tarde el televisor atronaba con transmisiones futbolísticas y los soldados de servicio o que estaban arrestados a no salir del cuartel atrapaban curdas tremendas de calimocho y de cubata, sin que faltara algunas veces, viniendo de mesas apartadas, un tufo denso de humo de hachís. En el Hogar pegaba la hebra con algún oficinista o albañil o guarnicionero escaqueado, o con alguno de los golfos que estaban destinados como camareros en las salas de oficiales y suboficiales, y que en razón de ese puesto se enteraban de todos los chismes internos de la oficialidad, trapicheaban en alcoholes de garrafa y cigarrillos de contrabando y contaban con detalles las proclamas fascistas o las borracheras de los mandos alcohólicos.

Éramos, ya digo, en aquel mundo de jerarquías inapelables y castas cerradas, como los mayordomos y ayudas de cámara y criados sin graduación de nuestros jefes, y ocupábamos una posición mixta de subordinación hacia ellos y de privilegio con respecto a nuestros iguales que nos permitía enterarnos de lo que otros no veían, pues nos situaba en un lugar de testigos con frecuencia inadvertidos, como esos criados de las películas y de las novelas que sirven el jerez o van ofreciendo una caja de puros sin que el aristócrata que retira la copa de la bandeja y se lleva el cigarro a los labios advierta su presencia eficaz y servil. En el ejército español, a principios de los ochenta, los militares podían permitirse aún el lujo victoriano de no ver a quienes les servíamos, y nosotros, en correspondencia, observábamos cosas que ellos hubieran querido mantener secretas y sin embargo no se daban cuenta de que nos las mostraban, no por distracción, sino por una incapacidad congénita de reconocer en sus inferiores la misma plenitud de presencia que se reconocían entre sí.

En el Hogar del Soldado, algunas mañanas, antes de las ocho, yo veía a un comandante grande y calvo, con la cara redonda y una barriga poderosa, que tenía fama de benevolencia, y que rompiendo todos los principios jerárquicos se tomaba en la barra reservada a la clase de tropa notorios vasos de coñac, si bien a una hora a la que casi nadie podía verlo, pues el Hogar estaba oficialmente cerrado hasta las diez. Aquel comandante, que se llamaba Díaz Arcocha, ascendió pronto a teniente coronel y fue el primer intendente de la policía autónoma vasca: me acordé de él, de su cara grande, congestionada y bondadosa, del modo en que se apoyaba en la barra desierta del Hogar del Soldado para beber su coñac en vasos de café con leche cuando leí años más tarde que un comando terrorista lo había asesinado a tiros en San Sebastián.

Con mi periódico bajo el brazo, como un funcionario marrullero y gandul, yo iba subiendo las escaleras hacia la compañía mientras casi todos los demás las bajaban a saltos con los cetmes al hombro. Cruzaba el pasillo entre las camaretas, ahora sólo ocupadas por los soldados aún más holgazanes que yo a los que les había tocado limpieza, y abría con cierta brusquedad la puerta de la oficina, donde la laboriosidad matinal ya empezaba a organizarse: Salcedo cumplimentando los libros de entradas y salidas y revisando el contenido de la valija diplomática, Pepe Rifón cortando cartulinas para fichas, o sacando punta a un lápiz, el brigada Peláez repasando las listas de ascensos, condecoraciones y traslados del Diario Oficial, en las que tampoco esta vez aparecía su nombre, aunque ya le iba tocando, nos aseguraba, lo iban a condecorar enseguida, automáticamente, en cuanto cumpliera los veinte años justos de servicio, a no ser que siguieran empeñándose en no reconocerle los primeros que cumplió en calidad de corneta, pasando más hambre que un caracol en un espejo, según propia confesión, llevándose más palos que los mulos más viejos y con más mataduras de los establos militares.

Ladeaba la cabeza, miraba tristemente por la ventana, donde estaba lloviendo, repasaba a toda velocidad los documentos que le mostraba Salcedo, haciendo como que los sometía a un examen implacable, encendía un pitillo, se rascaba la cara, que siempre estaba muy pálida y como sin afeitar del todo, con cañones de barba rojiza dispersos por la débil quijada, y decidía que en todos los trabajos se fuma, y que ya iba siendo hora de tomarse un respiro en aquella trepidación matinal.

—Y luego dice la gente que los militares no trabajamos. ¿Qué te parece, paisano?

—Una calumnia, mi brigada.

Fue el brigada Peláez quien se encargó personalmente de la parte más delicada del entrenamiento de Rifón, la que atañía al suministro nunca ostensible de cafés y copas de coñac a las horas más o menos variables del día en que había menos peligro de que sonaran los timbrazos de llamada del capitán o de que las irrupciones mulares de los sargentos nos importunaran la tertulia. Al brigada, que era un cero a la izquierda en la compañía, y que por lo tanto no sabría nada de los antecedentes del nuevo oficinista, la llegada de Pepe Rifón le pareció una novedad estupenda cuyo mérito no le costó nada atribuirse a sí mismo.

—Te lo dije, paisano, este gallego tenía cara de listo y de buena persona. Con nada que le explique me ve enseguida las ideas.

—Sí, mi brigada.

—¿Tú sabes lo que les pasa a los gallegos, paisano, por qué están siempre tan tristes?

—No, mi brigada.

—Pues porque tienen morriña, por eso hablan como hablan, como si les diera pena todo. ¿Tú me sigues, Salcedo?

—Completamente, mi brigada.

—Ojo —el brigada nos miraba muy fijo y se llevaba el dedo índice a la parte aludida, al párpado siempre enrojecido, como por falta de sueño—. Lo que hay que tener en la vida es mucho ojo y mucha psicología. A mí, en veinte años de servicio, que se dice pronto, todavía no me ha engañado nadie. ¿Sabéis cómo? —volvía a guiñarnos el ojo antes de señalárselo con el dedo índice—. Ojo y psicología. ¿Me veis la idea?

—Sí, mi brigada.

Eso era lo mejor del brigada Peláez: que le veíamos siempre y sin dificultad la idea, su idea neta y platónica, precisa como la ilustración de un manual antiguo de geometría o de ciencias naturales, de una de aquellas enciclopedias infantiles en las que yo me había aprendido las tablas de multiplicar. Los demás militares tenían como una zona de niebla aproximadamente sobre el ceño, una profundidad impenetrable y nada tranquilizadora en los ojos, una distancia sin remisión no ya hacia nosotros, los soldados, sino a todo lo que estuviera al margen del mundo al que pertenecían. El brigada se había enterado del nombramiento de Pepe Rifón al mismo tiempo que Salcedo y que yo, pero con nosotros, al calor del café, del coñac y de la pequeña estufa eléctrica, que daban en conjunto una temperatura casi de salita conyugal a la oficina, se concedía vanidades que el mundo le negaba, entre ellas la vanidad inverosímil de fingir que tenía dotes de mando y que las ponía en práctica, imponiendo con valentía su criterio no ya a los sargentos, que al fin y al cabo eran sus subordinados, sino también al teniente Castigo, quien en realidad le hablaba de tú y lo interpelaba como a un camarero, oye, Peláez, aunque era quince años más joven que él.

A veces el brigada hasta se persuadía a sí mismo de que el capitán no daba un paso en la administración de la compañía sin consultarlo con él: «Peláez, haz lo que tú quieras, lo dejo completamente en tus manos.» Pero en cuanto sonaban los tres timbrazos que lo reclamaban a su presencia visiblemente se descomponía, tragaba saliva, se rascaba la cara mal afeitada, donde se le habían acentuado las venitas moradas y rojas, y cuando volvía del despacho del capitán aún le temblaba la voz y no le quedaba más remedio que hacer una visita rápida al bar de suboficiales, o que ordenarle al nuevo escribiente que le bajara al Hogar por un café con un chorrito de coñac, nada, decía, agitando la mano como para quitarle importancia o disolver el contenido alcohólico de la bebida, una gotita, una lágrima.

Al brigada Peláez lo conmovía la cara de buena persona y de mansedumbre de Pepe Rifón, pero lo que más le gustaba de él, aparte de lo bien mandado que era, era que fumaba y que no hacía ascos de tarde en tarde a las rondas de coñac que Salcedo siempre se negó a compartir, con un puritanismo castellano y gimnástico que al brigada debía de parecerle una callada acusación. Salcedo lo intimidaba, porque era alto y atlético, pronunciaba todas las eses y no ocultaba su desagrado ante el humo del tabaco y las vaharadas del coñac. Pepe Rifón y yo, que no éramos tan altos, y que además fumábamos, bebíamos cuando se presentaba, no hacíamos deporte y éramos tan camastrones como él, nos convertimos en poco tiempo en sus escuderos, en sus escribientes del alma, en sus cabezas de turco, en los beneficiarios y con frecuencia en las víctimas de su protección, que era tan generosa como incompetente, y que en instantes cruciales —las vísperas de un permiso inseguro, el riesgo de un arresto— podía alcanzar una ineficacia aterradora.

Como muchas personas débiles, el brigada Peláez era muy embustero. No mentía por interés ni por cálculo, pues le faltaba astucia y mala idea, sino por agradar a quienes le asustaban, y como se asustaba de todo y de casi todo el mundo, desde el coronel del regimiento hasta el Chusqui, incluso de su mujer, a la que sin embargo quería tanto, vivía entretejiendo mentiras humildes y trapacerías de tercer orden que no le deparaban beneficios, sino sobresaltos, obligándole a urdir nuevas mentiras más inverosímiles y arriesgadas aún, como un insensato que acepta préstamos usurarios para pagar los intereses de préstamos anteriores y anda siempre en el mismo filo del deshaucio.

En un impulso sincero de generosidad nos prometía a Salcedo o a mí que iba a interceder ante el capitán para que nos concediera un permiso —ya os podéis imaginar, en cuanto yo se lo pida es cosa hecha—, pero luego le faltaba valor para hacerlo, o se ponía tan nervioso en presencia del capitán que se olvidaba de lo que traía pensado decirle, pero tampoco se atrevía a defraudarnos a nosotros contándonos la verdad, así que pasaban los días sin que llegara el permiso y el brigada insistía en que él se lo había solicitado al capitán, y que éste, desde luego, había accedido a concederlo, como a cualquier cosa que el brigada le pidiera. Para salir del aprieto inventaba la mentira suplementaria de que nuestra solicitud, ya con el visto bueno del capitán, se había extraviado en la plana mayor del batallón, corriendo entonces el peligro angustioso de que descubriéramos su embuste a través de los escribientes de aquellas oficinas, por las que nosotros nos movíamos mucho más fluidamente que él, con la desenvoltura y la oblicua irreverencia de los chóferes o los ujieres o los electricistas por los corredores de un palacio donde se está celebrando una recepción oficial.

Al cabo de tantos años de servir a España en la fiel Infantería su ardor guerrero era aún menos vehemente que el nuestro. Le daba miedo todo, el virus de la gripe y el amonal de los terroristas, los pasos de aire y los terremotos, los peligros del tráfico y los de las armas de fuego. Lo de los pasos de aire era un miedo rural que a mí me hacía acordarme de las oscuras precauciones higiénicas de mis abuelos, arraigadas en épocas muy anteriores a la penicilina.

—Paisano, hay dos tipos de pasos de aire —el brigada ponía la expresión grave que reservaba para las disertaciones técnicas—. Los pasos de aire que les dan a las personas, y los que les dan a las cosas. ¿Me ves la idea? Por ejemplo: un paso de aire le da a una jarra de cristal y la jarra se hace añicos sin que nadie la toque, como si fuera cosa de magia; un paso de aire le da a una persona y se queda bizca, o se le tuerce para siempre la boca, o se vuelve tonta y se pasa la vida sorbiéndose los mocos.

Con el uniforme y la gorra de faena el brigada Peláez no tenía porte de militar, sino de guardia forestal o de empleado del servicio municipal de limpieza. En su figura desmedrada el pistolón que llevaba al cinto era una incongruencia y también un incordio: en cuanto podía se la quitaba y la guardaba en un cajón, tocándola como si tuviera entre las manos un artefacto inexplicable: «Paisano, las carga el diablo.» El brillo dorado de unas estrellas de oficial en una bocamanga ya lo sumía en el nerviosismo, lo hacía tragar saliva, estirar el cuello, rascarse el mentón con sus flacos dedos amarillos. Si tenía que firmar un documento procuraba trazar una rúbrica ilegible, y me guiñaba un ojo, para hacerme partícipe de su pillería: bajo los miedos militares conservaba no sólo los miedos rurales de su infancia, sino también los de la clase social de la que procedía, entre ellos el miedo a firmar algo sin saber lo que era y buscarse una ruina, que es un miedo de analfabetos, de campesinos iletrados y pobres a los que enredan siempre los abogados de los poderosos para quitarles lo que es suyo.

Una mañana, estando yo solo en la oficina, ocupado en mis cosas, el brigada entró con más aire de abatimiento y catástrofe de lo que era usual en él, se derrumbó exhausto en el sillón, todavía jadeando por el sofoco de las escaleras, y ni siquiera me hizo el gesto de que no me levantase para saludarlo reglamentariamente.

—A la orden, mi brigada.

—Paisano, nos ha caído encima un desastre.

—Venga, mi brigada, que no será para tanto.

—Acaba de decirme el capitán que la semana que viene entramos de cocina.

Aquello era un alud que caía sobre nosotros, un zafarrancho administrativo, una ruina, decía aterrado el brigada Peláez, saciar el estómago inmenso de todo el cuartel, alimentar las fauces del regimiento de cazadores de montaña, atender a los proveedores charlatanes y ladrones y procurar que no dieran gato por liebre, elegir los menús, calcular el número de raciones que había que preparar diariamente, más de dos mil, organizar el servicio de comedor, convirtiendo en camareros a un cierto número de los soldados de la compañía, los menos sucios y randas, y para más inri, suspiraba el brigada, aplastado por las circunstancias, por el tamaño de la responsabilidad que se le derrumbaba encima, que era como un derrumbamiento de las toneladas de patatas, garbanzos, barras de pan, vacas y cerdos abiertos en canal que deberíamos servir a lo largo del mes, para más inri había que presentar cada día al coronel lo que se llamaba la prueba, una bandeja con la comida del día, prueba que el coronel podía aceptar o no, según le diera, con la consiguiente zozobra para el responsable del menú, es decir, yo, declaraba el brigada, clavándose el dedo índice en el pecho, como si ya fuera un acusado, el hazmerreír de los oficiales y de los sargentos, el escarnio de todo el cuartel, la víctima de los engaños de unos y de otros, porque entre unos y otros lo iban a engañar, eso él ya lo sabía, ya estaba viéndoles la idea, y si no lo engañaban se liaría él mismo con los papeles y los números, con la maldita burocracia, decía en un rapto luctuoso de énfasis, y lo acusarían de desfalco y lo mandarían preso a un castillo, qué desastre, paisano, él era un soldado, no un contable, aseguraba descubriendo súbitamente una oculta vocación por el servicio activo y arriesgado, que lo mandaran a Jaizkibel de maniobras, mil veces más a gusto y con menos peligro estaríamos que en la cocina, y aquí ya usaba un plural en el que me incluía, porque estaba claro que de sus oficinistas me llevaría a mí a compartir aquella cruenta desgracia.

Se pasó la mano por la cara, se puso en pie, me hizo un gesto rápido para que no me levantase a saludarlo, sacó el cinto con la pistola del cajón y no acertaba a abrochárselo, chasqueó la lengua, como si le hubiera entrado de pronto una sed sin consuelo, y antes de que se fuera yo ya sabía lo que iba a decirme:

—Paisano, en todos los trabajos se fuma. Si hay algo urgente me llamas a la sala de suboficiales. Y vete preparando tú también...

XVIII.

La cocina tenía una trepidación de fábrica y una oscuridad de fragua de Vulcano en la que se fraguaba la montañosa cuantía de los alimentos consumidos a diario en el cuartel. La cocina era un reino de fogones de gas y de marmitas inmensas en las que borboteaban guisos de judías con chorizo y garbanzos con callos y mares de pochascao caliente y espeso como lava. Del camión de la panadería se derramaban a primera hora de la mañana aludes de bollos y en el almacén se erigían cordilleras de sacos de patatas, de judías y lentejas, torreones y muros de latas de piña, de leche condensada y de melocotón en almíbar. En las cámaras frigoríficas había una avenida de cuartos traseros de vacas argentinas colgadas del techo y montañas de cajas de cartón que resultaban contener millares de conejos sacrificados y congelados en la República Popular China veinte años atrás, y convertidos ahora cada noche en una cena perpetua de conejo con tomate, de conejo reseco con sabor a momia china.

En medio del descontrol y el mangoneo de la cocina se presenciaba a veces una celebración tan desaforada de la comida y la bebida como en un cuadro de festines de Brueghel o en un bodegón holandés del siglo XVII, y no era infrecuente que algún novato recién destinado a ella después de las hambres del campamento cayera víctima de una indigesción de chuletones de cerdo con patatas o de un delirio alcohólico provocado por el abuso de las litronas frescas de cerveza que estaban a disposición de cualquiera en las cámaras.

Había un mareo de abundancia y desperdicio, una ciénaga de sobras en las marmitas y en los altos cubos de basura de goma negra coronados de moscas, un aire húmedo y caliente de trópico culinario, una humareda perpetua de grasas que se adhería a todo, como el salitre del mar, y que volvía resbaladizas las baldosas sanitarias del suelo, siempre encharcadas de pochascao o de caldo o de agua sucia y a veces sanguinolenta, mezclada con el serrín y con el barro que traían de la lluvia exterior las botas de los soldados, o con la pringue rojiza de los filetes de hígado que por diversión se tiraban unos a otros o lanzaban contra las paredes tan sólo por asistir al espectáculo de aquella materia movediza y viscosa desprendiéndose poco a poco de los azulejos, cayendo de pronto sobre la cabeza de alguien como una de esas criaturas repulsivas de la ciencia ficción.

Aquel olor de la cocina, que para fortuna mía sólo he vuelto a percibir desde entonces cuando paso junto a la salida del ventilador de un bar inmundo y me atufa una humareda de calamares y boquerones refritos en aceite ya negro, se nos pegaba enseguida al pelo y a la ropa a todos los que trabajábamos allí, de modo que ya no lo notábamos en los cocineros, que al principio nos hacían retroceder en cuanto se nos acercaban. Los soldados destinados a cocineros gozaban de una cierta opulencia física, casi de una grasienta autoridad, no ya porque comieran y bebieran todo lo que les daba la gana, sino porque además recibían como sueldo en metálico la cantidad íntegra que el ejército destinaba a nuestro sostenimiento, que eran cinco mil pesetas, diez veces la asignación mensual que cobrábamos en mano los demás soldados, con excepción de los cabos, que ganaban quinientas setenta y cinco, diferencia notable.

Los cocineros estaban todos blancos y gordos, con la piel como aceitosa, y aunque se ducharan y se pusieran el uniforme de paseo o se cambiaran de civil seguían desprendiendo aquel olor de las cocinas, y ni siquiera los lujos que les permitía su sueldo llegaban a resarcirlos de aquel estigma que sólo ellos no notaban. Fumaban Winston pata negra y bebían whiskies y ginebras de marca, pero si le ofrecían a uno un cigarrillo o una copa, a lo que éstos sabían, en vez de a tabaco rubio americano, a whisky escocés o ginebra inglesa, era a aceite refrito y agua sucia de los fregaderos, al humo y a la mugre de la cocina del cuartel.

Entraba uno de servicio en la cocina y los primeros días todo lo encontraba nauseabundo, no sólo los olores, sino el tacto de las cosas, la película de mugre, la superficie pegadiza que adquiría todo, lo mismo la tela del uniforme que las hojas de papel de calco, hasta las teclas de la máquina de escribir se pegaban en las yemas de los dedos, todo tenía como un brillo vidrioso de transpiración.

Durante un mes entero el brigada Peláez y yo teníamos que quedarnos en aquel reino plutónico, que era otro de los mundos escondidos del cuartel, y que estaba al margen no ya de las normas militares comunes, sino de la propia arquitectura del edificio, en un callejón que no era visible desde el patio central y no tenía nada que ver con las geometrías nobles y la épica del monolito en el que cada viernes por la tarde se depositaba una corona de laurel. La cocina tenía una crudeza y una obscenidad como de funciones orgánicas, una materialidad de cosas cortadas, ensangrentadas, asadas, hervidas, de desperdicios pudriéndose en cubos enormes de basura y humaredas sofocantes de salchichas al vapor o boquerones fritos.

La cocina era el estómago insaciable y el intestino y el almacén y muladar del Regimiento de Cazadores de Montaña Sicilia 67, pero administrativamente, en lo que a mí me tocaba, era un laberinto de números, de formularios, de ficheros, de cuentas que había que llevar al día y al céntimo y sobre las cuales yo lo ignoraba todo, sin que en esa ignorancia pudiera echarme una mano el brigada Peláez, que sabía de todo aquello aún menos que yo, y que cuando los dos nos encontramos el primer día en el despacho pequeño y sucio que iba a ser nuestra oficina durante aquel mes de suplicio y vimos el desorden de papeles y libros de contabilidad dejado por nuestros predecesores se me quedó mirando con cara de tragedia, sin hacer nada, sin sentarse aún, rascándose con las uñas amarillentas el mentón mal afeitado:

—Paisano, de ésta nos hunden. Tú acabarás en el calabozo, y yo en un castillo.

Era un cubil más que una oficina, un cuarto sin ventanas, con el suelo de cemento húmedo que rezumaba esa materia hedionda que estaba en todas partes, en grados mayores o menores de condensación, con un tubo fluorescente en el techo que había adquirido al cabo de años de no ser limpiado nunca una opacidad grasienta. La puerta se abría y entraba del exterior un vaho de marmitas, y con él un cocinero que solicitaba instrucciones urgentes que el brigada no era capaz de dar o un proveedor hercúleo con mandil de lona y botas de marinero que traía el albarán de entrega de una carga de sardinas y exigía que alguien le firmara un recibí, dejando al irse un charco de agua en el suelo y un intolerable olor a lonja de pescado. El brigada Peláez, muy pálido, diminuto y como amedrentado y desmejorado en presencia de aquel fornido pescadero euskaldun de manos rojas y enormes y mejillas rosadas, examinaba muy lentamente la factura, haciendo como que repasaba cada concepto y cada cifra con la punta del lápiz, adoptando una expresión ambigua, entre de reprobación desconfiada y reflexiva conformidad, y por fin pedía un bolígrafo y trazaba aquel garabato suyo de no comprometerse guiñándome un ojo sin que el proveedor lo advirtiera.

—¿Tú sabes lo que he firmado, paisano?

—Ni idea, mi brigada.

—Pues imagínate yo.

No sabíamos ni entendíamos nada ninguno de los dos, pero aquello no parecía que le importara a nadie, ni había nadie que nos explicara nada. Era, la primera mañana que llegamos allí, el brigada con su autoritarismo escaso de guarda forestal y yo con mi uniforme desastrado, mi barba, mi gorra partida y mi carpeta bajo el brazo, como encontrarse delante de los mandos de una locomotora en marcha, arrastrados por una furia que al parecer a nosotros nos correspondía dominar, resbalando sobre la grasa del suelo —los veteranos patinaban con cierta solvencia sobre ella—, sofocados de humos, aturdidos por los gritos de los cocineros y los borboteos de los guisos.

En la cocina, que aun estando dentro del recinto del cuartel parecía un lugar ajeno a sus normas, reinaba un aire golfo de patio de Monipodio, y las bromas que se les hacían allí a los novatos eran las más bárbaras de todas. Entre los soldados con destino de barrenderos y de pinches había uno que sin disputa lograba la hazaña de ser el más sucio de todos nosotros, un conejo que nada más llegar había sentado plaza de bufón, sin duda con la idea de hacerse simpático a los veteranos, y al que todos, empezando por él mismo, llamaban el Monstruo de las Galletas. El Monstruo de las Galletas era uno de esos graciosos que sin transición se convierten en peleles y en víctimas de las bromas que ellos mismos han alentado, ofreciendo un espectáculo en el que uno no sabe distinguir entre la vergüenza ajena y la pura lástima. Era muy feo, con el pelo tieso como las cerdas de un cepillo, la nariz carnosa y aplastada, la boca muy grande, el entrecejo peludo, todo lo cual ya ayudaba a su bufonería y al escarnio al que regularmente era sometido, muchas veces con su colaboración, y otras a pesar de sus gritos de protesta y hasta de sus lágrimas de miedo infantil.

Al Monstruo de las Galletas un día los cocineros lo enviaron a buscar algo a la cámara frigorífica, y cuando entró en ella la cerraron por fuera, partiéndose de risa mientras se escuchaban muy débilmente los golpes desesperados que daba en la puerta de acero tan impenetrable como la de una cámara blindada. Cuando abrieron, al cabo de unos minutos de mucha guasa, el Monstruo de las Galletas estaba blanco de frío y de terror, hacía un ruido siniestro con los dientes y tenía las cejas nevadas de escarcha.

No se lavaba nunca ni se cambiaba de ropa, e incluso en la densidad de hedores de la cocina llevaba distinguiblemente el suyo propio. Otra vez le dio por maquinar o secundar con entusiasmo la broma de bañarse en una de las marmitas de pochascao antes de que se encendieran los fogones para calentarlo a la hora del desayuno. Chapoteaba, empapado en lo que parecía cieno marrón o rojizo, hacía reverencias ante los aplausos de quienes rodeaban la marmita, y alguno de ellos le arrojaba un chusco pétreo y el Monstruo de las Galletas cerraba los ojos, tomaba aire, se tapaba la nariz y se sumergía como en una piscina, y cuando volvía a emerger y abría los ojos y la boca el velo líquido de pochascao se le escurría sobre la cara y la pechera ya empapada del uniforme mostrando otra vez su cara rugiente de bruto:

—¡Soy el Monstruo de las Galletas!

Pero se acercaba la hora de servir el desayuno, y los cabos de cocina urgían a los cocineros para que la broma terminara y pudieran encenderse los fogones bajo las marmitas, así que alguien tuvo la idea de encenderlos sin que el Monstruo de las Galletas hubiera salido de la suya. El pochascao empezaba a calentarse, los pinches de cocina acercaban a los grifos las ollas de aluminio en que lo transportarían hasta el comedor, y desde el patio llegaba por segunda vez el toque de fajina, anunciando que las compañías ya estaba formadas para el desayuno. El Monstruo de las Galletas, que no había notado nada, seguía dándose volatines y chapuzones, lanzando grititos como de no atreverse a nadar en un agua muy fría, y las carcajadas arreciaban en torno suyo, animándolo a exagerar sus bufonadas, sin que se diera cuenta de que los demás ya no se reían de lo mismo que él. Lo comprendió muy poco después, cuando el calor ya fue evidente, miró alarmado a su alrededor, limpiándose los churretones de la cara, intentó salir sin conseguirlo, porque se escurría en el metal liso de la marmita y se quemaba las manos, gritó y berreó y sólo cuando alguien dio la alarma de que se acercaba el brigada Peláez consideraron los veteranos que ya podía darse por agotada aquella broma.

Los primeros días la cara del brigada iba ganando una tonalidad congestiva de desastre inmediato: nada salía bien, el pochascao se quemaba y no había quien pudiera bebérselo, las lentejas estaban duras y tenían piedras, la paella valenciana del primer domingo fue una masa impenetrable en la que las cáscaras de los mejillones aparecían incrustadas como restos fósiles en un plegamiento geológico. A la una de la tarde, la hora de llevarle la prueba al coronel, el brigada temblaba, no tenía más remedio que tomarse una copita de coñac, para aplacar los nervios, y a continuación masticaba unos granos de café, no fuese el coronel a sospechar de su aliento. Se ajustaba el cinturón, buscaba la pistola por los cajones o entre las carpetas del armario, hasta se peinaba las cejas con saliva, llamaba al jefe de cocina para que trajera la bandeja, una taza pequeña de caldo, un cuenco con no más de tres cucharadas del potaje del día, un muslo bien escogido y bien dorado de pollo, lo que correspondiera en el menú.

Lo revisaba todo, lo probaba él mismo, aunque sin gana, le daba náuseas la comida, a él, que apenas comía nada en circunstancias normales, como un pajarito, me contaba que le decía su mujer, encendía un cigarrillo, lo apagaba enseguida, no fuera a caer ceniza en algún plato, y cuando ya estaba todo dispuesto llamaba al soldado que haría de camarero o portador de la bandeja, y que no podía ser cualquiera, no al menos un guarro evidente, porque hacía falta que vistiera con cierta propiedad la chaquetilla blanca y los guantes blancos con que se presentaría delante del coronel. Y así salían, como portadores del viático, en una procesión mínima y solemne, atravesando la suciedad y el desorden de las cocinas y luego los callejones posteriores del cuartel, el brigada Peláez delante y el soldado con la bandeja unos pasos tras él, cruzando luego bajo los soportales del patio central, los dos con la cabeza alta, sin mirar a los lados, caminando con un ritmo regular, el brigada más miedoso e inseguro de sí a cada paso que lo acercaba a las habitaciones del coronel y el soldado camarero aflojando por cansancio o desgana la solemnidad con que sostenía la bandeja, incongruente en la mezcla de su indumentaria, chaquetilla y guantes blancos y pantalón y botas de faena. Cuando empuñaba el pomo de bronce dorado de la puerta del coronel al brigada Peláez le sudaban de miedo las palmas de las manos.

—A la orden de usía, mi coronel. ¿Da usía su permiso?

Todo llegaba frío, desde luego, por culpa de la distancia entre la cocina y el despacho del coronel, y además porque éste a veces tardaba un rato en recibir al brigada Peláez y al soldado camarero, y los dos se quedaban de pie en la antesala, callados y aburridos como en la antesala de un consultorio médico, el brigada vigilando al soldado para evitar que en un descuido se zampara parte de la prueba. Después de tanta congoja resultaba que el coronel no tocaba la comida, o picaba distraídamente algo con el tenedor, y despedía enseguida al brigada con un gesto de impaciencia, como a un sirviente de no mucho rango:

—Gracias, Peláez, muy rico todo, que les aproveche a los soldaditos.

Mientras tanto, encerrado en el cubil que tanto me hacía añorar el confort de la oficina de la compañía, yo me dedicaba a un ejercicio diario de contabilidad fantástica, a una novela de kilos y litros y millones de pesetas y céntimos y comensales y dosis de calorías, proteínas e hidratos de carbono que era, en su totalidad y en cada uno de sus detalles, rigurosamente falsa, de una falsedad, en lo que a mí concernía, del todo desinteresada. Corría la voz de que un capitán y un brigada que no fueran especialmente avispados podían comprarse cada uno un coche al terminar un buen mes de cocina, pero si eso era así yo no me enteré de nada, y si el brigada Peláez hubiera contado con esas expectativas económicas no es probable que hubiera recibido el encargo con aquella cara de tragedia.

Ningún dato de la realidad interfería mi trabajo. Por las noches, después de la lista de retreta, los cabos de cuartel de cada compañía me llevaban a la oficina un estadillo con el número de soldados que al día siguiente asistirían a cada una de las tres comidas, y sumándolos todos yo debía calcular las raciones que se prepararían y el dinero disponible, a razón de ciento veintiocho pesetas por soldado, que era la cantidad diaria que a cada uno se nos asignaba para nuestra manutención.

Pero aquel dato ya era falso, en primer lugar porque no había modo de saber exactamente cuántos soldados se presentarían de verdad en el comedor, y en segundo lugar porque en el número reflejado en aquellos estadillos se incluían no sólo los soldados presentes en el cuartel, sino aquellos otros a los que los oficinistas llamábamos C.P., o como presentes, y que si se mira bien rozaban la categoría de lo fantasmal, porque no estaban presentes ni ausentes, que son las dos únicas posibilidades de estar que hay en el mundo, o al menos en el mundo civil.

La categoría del C.P. era uno de los misterios más comunes y significativos del ejército español, y desde luego el concepto más difícil de comprender y de manejar que se encontraba un escribiente novato. A los oficinistas veteranos se les distinguía sobre todo por la soltura con que hablaban de sus C.P. En algunas compañías el número de cepés casi igualaba al de soldados presentes, dando lugar a una fantasmagoría administrativa de la que sin embargo nadie se extrañaba. Si estar presente es encontrarse en un lugar y ocupar por lo tanto un cierto volumen de espacio y estar ausente es no estar, los como presentes no estaban, pero constaba que estaban, obedeciendo al principio de que si las cosas han de ser obligatoriamente de una cierta manera no pueden ser de otra, aunque en realidad lo sean.

Según el reglamento militar de entonces, en el ejército no había más días de permiso que los oficiales, que eran quince, así que por definición cualquier otro permiso, al ser legalmente imposible, no existía. Esta primera negación de la realidad, aunque insostenible, era mantenida a rajatabla, con el resultado de que en ninguna parte había constancia cierta del número de soldados que estaban en el cuartel. Sólo a los que disfrutaban de permiso oficial o estaban claramente enfermos o en prisiones militares se les reconocía la ausencia: los que no estaban, pero hubieran debido estar, eran los como presentes, y su estado intermedio entre la presencia y la ausencia daba origen a frecuentes confusiones administrativas, pero tenía una ventaja económica gracias a la cual se cubría en parte otra de las discordancias entre las normas militares y la realidad.

Según aquéllas, la cantidad de dinero necesaria para la manutención de un soldado ascendía, con puntillosa exactitud, a ciento veintiocho pesetas. En la realidad, y en 1980, y aun ciñéndose a una austeridad alimentaria de ermitaños, ese cálculo era ampliamente absurdo. El único remedio para que el hambre no se adueñara de la clase de tropa sin modificar las normas intocables era simular que había en el regimiento más soldados de los que de verdad había. Los como presentes, los cepés, compartían con otros seres intangibles el hábito de no alimentarse, pero las ciento veintiocho pesetas de su manutención ingresaban en la caja de las compañías y en la tesorería general del cuartel, aliviando la penuria de los que para nuestro infortunio sí estábamos presentes, y supongo que también nutriendo un flujo de dinero sin control ni consistencia oficial, al menos en lo que a mí concernía, en los documentos que el brigada Peláez y yo manejábamos.

Me pasaba las horas haciendo números que siempre eran números falsos. Multiplicando la cantidad falsa de soldados que iban a comer al día siguiente por la falsa asignación de ciento veintiocho pesetas obtenía una suma de dinero ampliamente ficticia, pero que determinaba sin misericordia todos mis cálculos posteriores, pues esa suma era la que oficialmente se gastaba aquel día, sin que pudiera sobrar ni faltar una peseta: que las cuentas tenían que cuadrar siempre, aunque fuera a martillazos, era otro de nuestros aprendizajes como oficinistas militares.

En mi cubículo mezquino yo me enfrentaba cada día a la cantidad falsa de dinero que se iba a gastar, y la comparaba con el menú previsto. Mi siguiente tarea era desglosar los ingredientes de cada comida, consignar las cantidades necesarias y los precios por kilos o por litros, de todo lo cual carecía de nociones precisas, que en cualquier caso no me habrían servido de nada, pues ni con la mejor voluntad había forma humana de que las cantidades y los precios coincidieran al céntimo con el presupuesto.

Los primeros días fueron aterradores: iba como alma en pena haciendo preguntas que nadie me contestaba, cuántos kilos de garbanzos y de callos se habían gastado en un primer plato de garbanzos con callos, cuántas patatas, cuánto aceite, cuántos ingredientes más, cuál era el precio de cada cosa. Tenía que averiguar también lo que se llamaba muy técnicamente el «valor calórico-energético de la papeleta de rancho», pues tan rígida como la asignación diaria de ciento veintiocho pesetas era la dosis de proteínas, calorías e hidratos de carbono que las ordenanzas militares preveían para nuestra adecuada nutrición.

Los cocineros veteranos me miraban con lástima. Salcedo estaba de permiso, y Pepe Rifón poco podía auxiliarme. En cuanto al brigada Peláez, aquella selva de números lo aterraba más que a mí: cada día era preciso elevar al coronel un informe económico y culinario exhaustivo, firmado por el brigada y por el capitán, y ese informe era enviado a continuación al gobierno militar, donde se reunía con los demás informes de las guarniciones de la provincia antes de que lo enviaran a la Capitanía General de Burgos.

—Lo miran todo, paisano, repasan todas las cuentas con unos cerebros electrónicos que tienen, y al que le falte un dato o se equivoque en algo se le cae el pelo.

Con mis hojas y mis cuadrantes de menús, mis estadillos falsos de soldados, mi tabla de contenidos energéticos y una calculadora de manubrio yo libraba quijotescamente una batalla fracasada contra columnas de números que amenazaban con derrumbarse sobre mí como las pilas de latas de conservas y sacos de judías del almacén. Había que cuadrarlo todo, cada día, y a mí no me cuadraba nada, y como en mi calidad de escribiente de cocina estaba dispensado de asistir a la formación de retreta me quedaba combatiendo con los números y los formularios hasta la una o las dos de la madrugada, como un contable enloquecido e insomne. Al capitán era inútil consultarle nada; en cuanto al brigada, su anonadamiento y su pavor aún me ponían más nervioso:

—Esmérate, paisano, rellénalo todo bien, que me mandan a un castillo.

Cuando más desesperado estaba un colega oficinista vino a salvarme, aquel maoísta del que Pepe Rifón se pasó toda la mili sospechando que era un confidente. Nos encontramos en la barra del Hogar, en un rato de escaqueo, y cuando él quiso derivar la conversación hacia asuntos políticos, como era su costumbre, yo le hice aún menos caso que otras veces, no ya por precaución, sino porque estaba obsesionado con los números de la cocina y casi deliraba con alucinaciones aritméticas. Mi colega maoísta se echó a reír cuando le conté la desesperación en que me encontraba y me dio un remedio instantáneo para ella, basado en su propia experiencia, porque unos meses antes a él mismo le había tocado el turno de escribiente de cocina:

—Invéntatelo todo —me dijo con perfecta seriedad—. Es la única manera de que cuadren las cuentas.

—¿Al céntimo?

—Al céntimo. Invéntate las cantidades y los precios. Mucha azúcar y mucho aceite, por ejemplo. Si hay natillas, cien kilos de azúcar, a cien pesetas el kilo, ya tienes justificadas diez mil pesetas. Aceite hace falta todos los días. También lo pones a cien pesetas el litro, para que cuadre más fácil, o a doscientas, según.

—¿Pero cuánto vale un litro de aceite?

—Ah, yo eso no lo sé, ni falta que me hizo cuando estaba en cocina.

—¿Y cómo voy a saber yo los ingredientes de cada comida?

—También te los inventas, así en general. Por ejemplo, que hay judías con chorizo. Doscientos kilos de judías, o trescientos, según la cantidad que haya presupuestada ese día. Cien kilos de chorizo. Y ya está, sin meterte en dibujos. La misma palabra lo dice: judías con chorizo. Pues judías y chorizo y punto. Ah, y un apartado de «condimientos y especias», para cuadrarlo todo hasta la última peseta. Que te sobra una de esas cantidades molestas, sesenta y siete, o diecinueve con cincuenta, pues pones al final, «condimientos y especias, 67 pesetas», y ya tienes hechos tus números y puedes irte a beber cubatas.

—Pero es muy fácil que me pillen. Nadie se va a creer esas cantidades. Y el valor calórico-energético...

—Y una leche. Tú cuádrales las cuentas y les dará igual todo.

De modo que le hice caso y me puse a inventar, al principio con miedo, con prudencia, todavía con cierta torpeza de aprendiz en mis invenciones, con tentativas de aproximación a la verosimilitud, ya que no a la realidad, y lo que antes me costaba diez horas y terminaba en fracaso ahora lo concluía frívolamente en hora y media, disimulando ante el brigada, eso sí, para no alarmarlo, entregándole con miedo cada informe diario, cada una de las sumas de disparates colosales perfectamente mecanografiados en impresos con muchos apartados y casillas, con cuatro o cinco copias en papel carbón. El brigada lo miraba por encima y hacía un gesto de aprobación, lo guardaba en su carpeta y se lo llevaba a la firma al capitán, y yo temía que éste montara en cólera y lo rasgara en pedazos al leer, por ejemplo, que el día anterior se habían consumido mil quinientos litros de aceite y otros tantos kilos de boquerones, así como doscientos de harina y dos mil docenas de huevos, por ser boquerones rebozados, pero el capitán tampoco se fijaba demasiado, le aburrían los papeles, así que firmaba el informe y lo hacía remitir con un oficio al coronel, quien a su vez lo enviaba al gobierno militar con otro nuevo oficio, y de allí iba mi hoja de barbaridades a la capitanía general de Burgos, empaquetada entre otras hojas de otros cuarteles, imaginaba yo, en convoyes de legajos y libros militares de contabilidad, para ser sometida al escrutinio de aquellos cerebros electrónicos que tanto miedo le daban al brigada Peláez, y en cuya memoria de rudos ordenadores de ciencia ficción anticuada la suma de todos los embustes y disparates y chapuzas de todos los escribientes de cocina de la sexta región militar alcanzaría magnitudes pavorosas.

Igual que había en el ejército una intoxicación de las palabras, un mundo inexistente que sólo se sostenía en pie en virtud de una inercia alimentada por artificios verbales, por una retórica del heroísmo y de la patria sin el menor vínculo con ningún hecho real, también existía una intoxicación y una irrealidad de los números, una aritmética tan perfecta como el despliegue en marcha de una formación y más o menos igual de inoperante. Si en las maniobras se simulaba la guerra y en los desfiles la marcialidad, en mi cubil de la cocina yo simulaba exactitudes contables, no porque alguien me hubiera hecho cómplice de una malversación, sino porque las premisas administrativas del ejército eran tan rígidas y tan arbitrarias que sólo mintiendo resultaba posible cumplirlas, y porque parecía que la utilidad de los números, como la de las palabras, no era explicar el mundo, sino confirmar las previsiones de la superioridad, imagino que al modo de los informes soviéticos sobre el cumplimiento de los planes quinquenales. Si entraba en la oficina y me veía muy absorto con la calculadora y los papeles, el brigada Peláez se complacía en ilustrarme con nociones sencillas y prácticas sobre mi trabajo:

—No te líes, paisano, imagínate que todo es cien. Cien hombres, por ejemplo, cien sanjacobos. Pues un hombre, un sanjacobo. O un plato de lentejas, o un bollo de pan, según... ¿Me ves la idea?

—Sí, mi brigada.

—Pues aplícate y hazme bien todos los números y en cuanto salgamos de cocina convenzo al capitán para que te mande de permiso. Ya sabes tú que a mí no se atreve a negarme nada...

Acabé encontrándole un placer ensimismado y abstracto a aquella tarea, parecido al de quien se aficiona a hacer solitarios, y como estaba provisionalmente relevado de las formaciones y me pasaba solo la mayor parte del día, amurallado tras mi máquina de escribir, mis formularios, mis libros de contabilidad y mis hojas de calco, vivía al margen del tiempo y de los horarios del cuartel, de los que sólo me llegaba una lejana noticia por los toques de corneta. Copiaba listas y expedientes, inventaba cantidades y las multiplicaba por otras cantidades fantásticas, ordenaba en el carro de la máquina los impresos y las hojas de calco de modo que al mecanografiar las copias cada cifra coincidiera exactamente en el casillero que le correspondía.

Ya de noche, cuando salía al patio trasero a donde daba la cocina, me sorprendía la quietud como aterciopelada del aire, el azul oscuro del cielo, liso y despejado por primera vez después de semanas de lluvia. Sobre el olor a humedad y a niebla del río ahora empezaba a atisbarse un perfume próximo de noche de verano. En el radiocassette de uno de los cocineros, mi colega Juan Rojo, sonaban a todo volumen las rumbas carcelarias de Los Chichos. Llegaban de la calle Pepe Rifón, Agustín, Chipirón y el Turuta, liaban un canuto y nos lo íbamos pasando sin mucho disimulo sentados en los peldaños del patio, aliviándonos luego el hambre y la sequedad de boca que nos dejaba el hachís con pepitos de ternera y pimientos asados que proveía Juan Rojo y litronas frías de cerveza. Estaba empezando junio y habíamos llegado al cuartel hacía tanto tiempo que se nos debilitaba la memoria, en la medianoche de un remoto noviembre. Pero el porvenir, aunque ya no faltaba mucho para que ascendiéramos a bisabuelos, nos parecía igual de lejano, como viajeros en alta mar hipnotizados por un horizonte invariable. El hachís, la cerveza y la lenta digestión del hartazgo nos sumían en una nostalgia modorra, en una resignación apoltronada a aquel cautiverio que ya había adquirido la forma cotidiana de nuestra vida de siempre. Imaginando el día en que por fin nos entregaran la cartilla militar Agustín Robabolsos, con los ojos brillantes y la voz muy lenta, hablaba de ella con la misma efusión de posesivos y diminutivos canarios que si se acordara de una novia:

—Ay blanca, blanquita mía, qué besos te voy a dar cuando te tenga conmigo, blanquita.

XIX.

Empezaríamos a descubrir muy pronto una variedad nueva de impaciencia, una forma más intolerable y aguda de exasperación, la del principio de los últimos meses, la del final próximo y sin embargo inaccesible, como un asidero que los dedos extendidos casi rozan y no pueden alcanzar. En muy poco tiempo se licenciaría el reemplazo anterior al nuestro, y Salcedo, que pertenecía a él, abandonaba parcialmente su circunspección para mirarnos con cierta sorna a Pepe Rifón y a mí y repetirnos las bromas de los veteranos, usando la tercera persona, según el privilegio hereditario de los bisabuelos:

—Conejos —nos decía, con toda seriedad—: El bisa que suscribe tiene el honor de comunicaros que aquí os vais a quedar, en el Regimiento de Cazadores de Montaña Sifilia 67, a hacerle compañía al monolito, al Urumea, al Chusqui y al brigada Peláez, a quien Dios guarde muchos años. A mí me jodería...

Al principio de todo, en el campamento y luego en el cuartel, el bloque formidable de tiempo que veíamos ante nosotros nos había inducido a consagrar instintivamente a la conformidad todas nuestras energías espirituales. Para no claudicar a la desolación absoluta, para sobrevivir sin más, habíamos segregado dosis excepcionales de fatalismo y resistencia, como esas sustancias químicas anestesiadoras que segrega el cuerpo de quien ha sufrido un accidente.

Contábamos días y semanas, borrábamos con saña el recuadro entero de un mes en los almanaques que todos guardábamos o en la lista de meses que todos habíamos escrito en el interior de la gorra, pero en el fondo nuestro instinto nos hacía vivir como si aquello tuviera que durar siempre, pues aquel era el único modo de lograr una cierta adaptación.

No se puede vivir desesperado un minuto tras otro, no es posible mantener sin destruirse uno mismo una rebeldía frontal contra una maquinaria invencible en la que uno además cumple enseguida y sin darse cuenta una tarea de rueda mínima en el engranaje. Algunos desertaban, o enloquecían, o se les escapaba un tiro en la garita de guardia y los mandaban al calabozo, o tenían la desgracia de caerle mal a un oficial sádico que les amargaba la vida, o pagaban con un consejo de guerra y un año atroz de prisiones militares un minuto en el que ya no pudieron contener la rabia.

Los demás aguantábamos, buscábamos un acomodo, aprendíamos a soportar el tiempo, el tiempo muerto de la mili, las horas en las que nada ocurría, las cuatro horas del turno de guardia de un centinela, las cuatro horas de descanso entre guardia y guardia, las dos horas nocturnas de la imaginaria, el día entero que pasaban los cuarteleros en la puerta de la compañía, como ujieres antiguos, sin otra obligación que la de esperar a que llegara un superior y dar entonces el grito de atentos, en caso de que no hubiera otro militar de más rango en el interior.

—¡Compañía, el capitán! —gritaba el cuartelero cuando lo veía acercarse, y entonces el cabo de cuartel o el sargento que hubiera de servicio ordenaban firmes, y todo el que hubiera allí adentro tenía que quedarse inmóvil, congelado, en suspenso. El capitán avanzaba por el pasillo, entre las camaretas de literas, el cabo de cuartel o el sargento se le acercaban desde el fondo, se detenían con un taconazo a unos pasos de distancia, se cuadraban, daban la novedad, que era decir que no había novedad, y entonces el capitán le decía que nos mandara descanso, y otra vez recobrábamos el movimiento, como si durante unos segundos la presencia del capitán nos hubiera hipnotizado y paralizado y sólo con su beneplácito hubiéramos podido regresar a la vida animada.

Pero muy pronto ya no seríamos capaces de aguantar, tal vez porque a lo largo de los meses se había ido agotando el efecto del anestésico moral que todos segregábamos por instinto o que nos era inoculado, y porque desde hacía mucho ya no nos quedaba que aprender, ninguna de las leyes inusitadas y bizarras de comportamiento o de lenguaje que tan extrañas nos parecieron al llegar, ningún pormenor de los rituales del ejército, tantas veces repetidos por cada uno de nosotros que ya se nos gastaba el automatismo, como se nos gastaban las gorras y las botas demasiado usadas.

De nuevo la duración de una hora podía ser asfixiante, otra vez nos herían como bofetadas las chulerías y las sinrazones a las que ya creíamos estar acostumbrados. Nuestras astucias de supervivencia y escaqueo se nos revelaban pueriles, y volvía el miedo que nos pareció olvidado: para no olvidar dónde estaba uno bastaba asomarse al patio a las seis de la tarde. Entonces salían durante media hora los arrestados a calabozo, que se llamaba carcelariamente el maco, sucios y barbudos, con las guerreras de faena sin cinturón y los faldones de las camisas por fuera, pálidos, sin gorra, guiñando los ojos por el sol, arrastrando sobre la grava las botas sin cordones, rodeados por un círculo de soldados de guardia, cada uno con un cargador completo en el cetme y el dedo índice en el gatillo, como si en vez de arrestados a calabozo tuvieran bajo custodia a turbulentos asesinos.

De nuevo, después de tantos meses de embotamiento y costumbre, me parecía estar presenciando por primera vez el espectáculo intolerable de la humillación y el abuso, pero ya me faltaban fuerzas para resignarme, y la rabia volvía a doler como una herida abierta, despertando en mí reacciones de un odio morboso que seguramente no era mucho menos envilecedor que el sadismo de algunos militares. Para Pepe Rifón ese odio poseía una legitimidad ideológica: que un individuo de uniforme, perteneciera a la policía o al ejército, fuese, como él decía, ejecutado, era un hecho político, un acto de una justicia tan indiscutible como la ejecución de un oficial de la Gestapo en la Francia ocupada. ¿No era Euskadi, como Galicia, un país ocupado por un ejército extranjero...?

Me señalaba, desde la ventana de nuestra oficina, las furgonetas de la Policía Nacional estacionadas a un costado del patio del cuartel, las furgonetas marrones con las ventanas y los faros protegidos por rejillas metálicas que de pronto se ponían en marcha con un rugido de motores y sirenas, mientras corrían hacia ellas, armados con cetmes y escudos, policías de los grupos especiales antidisturbios, que por algún motivo estuvieron acuartelados en las dependencias del ejército aquel verano, tal vez porque habían llegado como refuerzos de la dotación habitual y no tenían sitio en los cuarteles de la policía. Ostentaban en general un aire de chulería como de gitanos o andaluces de zarzuela, en parte porque casi todos ellos eran andaluces y extremeños, con duras facciones cobrizas de campesinos y ademanes de legionarios, neuróticos por la tensión de los largos encierros y de las órdenes súbitas de entrar en acción, con tatuajes en los brazos, obsesionados, como todos nosotros, por la idea de marcharse cuanto antes de allí, por el peligro cierto de sucumbir a un atentado.

Veíamos a las furgonetas y a los jeeps salir a toda velocidad y atravesar en formación de convoy el puente sobre el Urumea, las alarmas azules destellando aunque fuera pleno día, el cañón de un cetme asomando por la ventanilla trasera, y ya sabíamos que en el Bulevar o en la Avenida estarían saltando a trizas escaparates de cafeterías y tiendas que no hubieran secundado con la debida rapidez alguna orden de huelga general y que arderían en los puentes pilas de neumáticos y autobuses enteros mientras cuadrillas de jóvenes con chubasqueros de plástico, zapatillas deportivas y pañuelos palestinos embozándoles las caras gritaban consignas de apoyo a ETA o quemaban banderas españolas o colgaban de los cables ikurriñas con fotografías de etarras muertos y crespones negros.

Fue un verano de humo de neumáticos quemados y de botes de gas lacrimógeno, de manifestantes y policías irrumpiendo en una doble estampida entre los bañistas que tomaban el sol en la playa de la Concha, provocando una confusión de gritos, sombrillas derribadas, remolinos de arena, golpes a ciegas de porras de goma, huidas de pánico hacia el mar. En los barrios de San Sebastián y en los pueblos más radicales del interior de la provincia surgía, para entusiasmo de Pepe Rifón, una mezcla incendiaria de amotinamientos y fiestas patronales, y la barbarie vernácula, beoda y masculina que suele desatarse en tales ocasiones se manifestaba igual en asaltos al balcón del ayuntamiento para arrancar del mástil la bandera española que en encierros de vaquillas.

Era un ritual automático, un juego sanguinario y tedioso de banderas erigidas y banderas arrancadas que se repetía en todas las fiestas de verano tan puntualmente como una antigua tradición cerril, lo mismo en la fachada del ayuntamiento de Bilbao que en la de una aldea del interior de Guipúzcoa, la bandera española junto a la ikurriña, la Guardia Civil o la Policía Nacional protegiendo el edificio, las tribus de vándalos con las caras tapadas tirando piedras o escalando la fachada para arrancar la bandera española, y entonces, como estaba previsto, los guardias cargaban contra la multitud, lo mismo contra los amotinados que contra cualquiera que pasara por allí, y la batalla campal duraba hasta después de medianoche, con calles vacías y asoladas por botes de humo, lunas de escaparates y cabinas telefónicas destrozadas y cubos de basura y coches ardiendo con un siniestro resplandor de catástrofe.

En los estrados donde actuaban las orquestas de baile aparecía de pronto un grupo de encapuchados que levantaban los puños y ondeaban la ikurriña con el hacha y la serpiente enroscada de ETA y que después de los gritos de rigor animaba al público ya enfebrecido a cantar el *Eusko Gudariak.* Otras veces un certamen de bertsolaris o un baile eran interrumpidos por otros individuos también encapuchados o con las caras tapadas por medias, que disparaban pistolas al aire o derribaban a tiros las botellas de una caseta abertzale, se abrían paso entre el público golpeando furiosamente y al azar con porras de goma iguales que las de la policía, incendiaban una ikurriña y se marchaban luego en coches sin matrícula dando vivas a España: eran los miembros del Batallón Vasco-Español, una organización fascista a la que el sargento Valdés se jactaba públicamente de pertenecer, sobre todo cuando llegaba a la compañía después de haberse tomado varios cubatas en la sala de suboficiales:

—Hay que hacer algo, coño, hay que enseñarle a esa gente a respetar la bandera de España.

Yo tenía la impresión de que entre unos y otros nos iban a arrastrar a todos a un desastre de banderazos y de trágalas, de banderazos de ikurriña y banderazos de bandera roja y gualda, de abertzalismo y españolismo, de oír vivas roncos al ejército español y goras a Eta militarra proferidos por amables matrimonios de San Sebastián que caminaban en las manifestaciones, detrás del pelotón de los bárbaros, tan untuosamente como si salieran de misa. En medio de nuestras discusiones le recordaba a Pepe Rifón aquel dictamen de Flaubert contra las banderas, sucias todas de mierda y sangre, y él se revolvía enseguida con su cólera tranquila, me acusaba de no entender nada, de haberme contagiado de nihilismo y de elitismo burgués: no eran iguales las banderas de los explotadores que las de los explotados, no se podía comparar la violencia defensiva de ETA con la permanente agresión del Estado, las brutalidades de la policía, las torturas en los cuartelillos de la Guardia Civil, las provocaciones perfectamente calculadas del Batallón Vasco-Español...

Advertíamos algunas noches, después del toque de silencio, cuando la compañía llevaba largo rato a oscuras y sólo se escuchaban en ella los ronquidos usuales y los pasos lentos del imaginaria, que entraba alguien, el Chusqui, y pasaba entre las camaretas llamando en voz baja a algunos soldados, los protegidos del sargento Martelo, el bocazas Lacruz y el sinuoso Ceruelo, y éstos se levantaban y se vestían rápidamente y en silencio, pero no con el uniforme de faena, sino con ropas civiles. Salían del cuartel por alguna de las puertas traseras, nos contaban nuestros amigos que estaban de guardia, y en la calle ya los esperaban uno o dos coches civiles con los faros apagados.

Una mañana, de vuelta a la oficina después de recoger el *Diario Vasco,* Pepe Rifón me señaló una noticia que venía en primera página: la noche antes, en las fiestas de un pueblo, la gente se había enfrentado a unos provocadores del Batallón Vasco-Español, poniéndolos en fuga a todos, salvo a uno que resultó más belicoso o temerario, y que acabó arrojado al río después de que lo obligaran a soltar la pistola que esgrimía dándole un mordisco en el brazo. Aquel día el sargento Martelo no se presentó en el cuartel: llamó por teléfono para ordenarnos que le hiciéramos un parte de baja. A la mañana siguiente llegó aún más cabizbajo y hosco de lo habitual, con unas gafas oscuras, más opacas que las Rayban que usaban todos siempre, y estuvo mucho rato encerrado en la oficina del capitán. Con la valija diplomática bajo el brazo Pepe Rifón estuvo rondando un rato por las inmediaciones, como si aguardara con cierta urgencia al capitán para pasarle un papel a la firma.

—Ahora te fijas en la pistolera de Martelo cuando salga —me dijo conspirativamente—. Está vacía.

Martelo salió del despacho del capitán con la cara del color de la cera, moviéndose por nuestra oficina con una inquietante agitación de escualo, apretando los dientes y respirando por la nariz con un ruido exagerado que le daba de pronto un aire de puerilidad, un descrédito de adolescente mal criado y rabioso: tras los cristales de las gafas se entreveía un ojo hinchado y negro, y en su antebrazo izquierdo tanto Pepe Rifón como yo distinguimos con nitidez, espiándolo mientras fingíamos trabajar con diligencia y mansedumbre, las señales moradas de un mordisco.

En Martelo había algo más peligroso que su fanatismo ideológico militar: un rencor absoluto. El capitán era hijo y nieto de generales con largos apellidos compuestos, y cultivaba en sus modales y en el cuidado de su uniforme una mezcla de energía y dandismo, de autoridad sin gritos e indolencia benévola. Algunas veces, cuando yo entraba en su oficina, lo encontraba leyendo, y no el Diario Oficial, sino un libro, lo cual ya era inusitado, y le gustaba preguntarme algún dato menor de historia o de literatura, sin duda para hacerme saber que tenía presente mi condición de licenciado universitario, y que él de algún modo la compartía. No niego que esas preguntas me envanecían tontamente un rato, produciéndome la emoción abyecta de merecer la confianza de un superior.

El capitán tenía veinticinco años, estudiaba inglés y seguramente se complacía imaginando que era un militar europeo, un oficial británico con botas de montar, pantalón abolsado y cinta roja sobre la visera de la gorra; el teniente Postigo o Castigo era un temible niñato, un pijo al que le temblaba siempre la mandíbula, como revelando el latido de una impaciencia feroz por ser unos centímetros más alto y ascender en el escalafón lo más rápido posible («de los tenientes y de los chinos», recitaba el brigada Peláez, «pueden esperarse los mayores desatinos»); el sargento Valdés, con su tamaño de boxeador y sus balandronadas de macarra, era una mala bestia, pero una mala bestia feliz, que exultaba una violenta arrogancia física, una satisfacción de ser quien era y como era muy parecida al narcisismo subnormal de un campeón culturista.

Comparado con ellos, Martelo poseía como una parodia de vida interior. A diferencia del tumultuoso Valdés era capaz de una contención helada, incluso de unas ciertas maneras: Valdés, como los demás sargentos, como el Chusqui y mi brigada Peláez, era un plebeyo, y estaba destinado por tanto a las lentitudes humillantes de la carrera de suboficial, pero Martelo pertenecía por su nacimiento a la otra casta, la de los oficiales, era hijo de un general del Estado Mayor, y a la edad que tenía, veintiséis o veintisiete años, debería ser ya capitán: pero había sido desde niño un estudiante pésimo, me explicaba con sorna malévola el brigada Peláez, tan torpe para los libros como para la gimnasia, y después de que lo humillaran varias veces con calificaciones ínfimas en las pruebas de acceso a la academia de oficiales, su padre, el general, le obligó a presentarse a las de sargento, y tal vez apeló en último extremo al peso de su influencia para que lo aprobaran.

Al sargento Martelo las cartas de su padre le llegaban a la oficina en sobres timbrados y por el conducto reglamentario. Desgarraba el sobre al abrirlo, miraba la carta con expresión torcida, la rompía en pedazos y la tiraba enseguida a la papelera. Una noche, en invierno, Salcedo, tras encerrarse bajo llave en la oficina, rescató una de aquellas cartas y tuvo la habilidad y la paciencia de reconstruirla pegando los fragmentos sobre una cartulina: era un catálogo de recriminaciones e insultos, pero estaba redactada con toda la frialdad formularia de un escrito oficial. Cuando el brigada Peláez o algún sargento poco belicoso se ponían a calcular el tiempo que les faltaba para ser destinados fuera del País Vasco, el sargento Martelo los interrumpía con un exabrupto glandular de heroísmo:

—Aquí se viene voluntario, mi brigada, con dos cojones, a defender a España, a meterles una pistola por el culo a estos terroristas.

A mí al principio, recién llegado yo a la compañía, la intensidad del odio con que me miraba y me hablaba el sargento Martelo me habían dado tanto miedo como una navaja que alguien esgrimiera cerca de mi cara. Poco a poco me di cuenta de que en aquel odio no había nada exactamente personal, porque Martelo odiaba a todo el mundo con el mismo encarnizamiento que a mí. Estaba claro que Valdés, por ejemplo, odiaba a los vascos y a los rojos, según propia confesión, y que el resto del mundo, en el que tampoco se fijaba mucho, le daba más o menos igual: Martelo odiaba a los vascos y a los rojos, pero también a los fascistas, que no le parecían lo bastante fascistas, a los civiles, por ser inferiores a los militares, a la mayor parte de los militares, por falta de verdadero espíritu militar, a su padre, por reprocharle siempre que se hubiera quedado en sargento, y a sí mismo sobre todas las cosas, por no haber sido capaz de alcanzar el rango que le correspondía. El rencor no era un rasgo o una debilidad de Martelo: era la forma misma que había adquirido su alma, la sustancia de la que estaba hecha su identidad personal.

Viéndolo acompañado por la breve cohorte de chulos y chivatos que se encerraban con él en el cuarto de los sargentos y que algunas noches lo acompañaban vestidos de paisano (el Chusqui era su obtuso edecán), Pepe Rifón y yo imaginábamos que ésas serían exactamente las caras y los ademanes de una cuadrilla de pistoleros fascistas saliendo en busca de presa, repitiendo un modelo invariable en todos los trances más negros del siglo, camisas negras italianos, bestias alemanas de las SA, falangistas españoles de 1936, colaboracionistas franceses con brazaletes de la Gestapo, ejecutores chilenos, argentinos o uruguayos en la gran marea de horror de los años setenta, que aún duraba por entonces: grupos de hombres jóvenes, aficionados a la crueldad y a las armas, intoxicados de jactancia masculina y de odio, viajando en automóviles sin identificación a altas horas de la noche, guardando pistolas y porras bajo las ropas civiles.

Vi cuadrillas así unos meses más tarde, cuando ya me había licenciado del ejército, la noche helada del 23 de febrero de 1981, agrupándose bajo un balcón de Granada del que colgaban la bandera roja y amarilla y la roja y negra de Falange, y me pregunté dónde estaría, qué estaría haciendo en ese mismo instante el sargento Martelo.

Dónde estará ahora mismo, mientras yo escribo y me acuerdo de él, catorce años más tarde, ya entrado en los cuarenta, calvo o con muy poco pelo, pues ya entonces lo tenía escaso, más bien gordo, sin duda, porque a pesar del uniforme y de la energía gimnástica que todos ellos afectaban se le veía blando de carnes, con una de esas caras redondas y de barba débil que incluso cuando ya se han descolgado mantienen una incongruencia de tersura infantil. Es posible, si se quedó en el ejército, que sea todavía brigada, él que tanto desprecio sentía hacia mi brigada Peláez, y que el transcurso del tiempo y el peso tremendo de tantos años de rutina militar le hayan embotado la furia nazi y mitigado su rencor hacia todo el mundo y hacia todo. Pero hay personas capaces de consagrar la vida íntegramente y sin desmayo al ejercicio del resentimiento.

Sobre el porvenir del sargento Valdés no tengo que hacerme ninguna pregunta: supe que murió, y cuando me lo contaron el final de la mili estaba todavía demasiado cerca como para no sentir el alivio de una postergada venganza. Me acordaba de aquel soldado que por culpa del sargento Valdés fue sometido a un consejo de guerra y cumplió un año de prisión militar, y regresó al cuartel con la cabeza rapada y sin la mitad de los dientes, hinchado, con una blancura lívida de difunto, tan ausente de todo como si se moviera por los pasillos enlosados y enrejados de un hospital psiquiátrico.

Me acordé de una noche, a finales de julio, delante del monolito, recién empezada la formación de retreta. Los bisabuelos de la compañía, el reemplazo de Salcedo, estaban a punto de licenciarse, así que vivían en un estado permanente de euforia alcohólica, en un delirio histérico de impaciencia, de felicidad aplazada, de atrevimiento y pavor: en el Hogar del Soldado trasegaban litros de cubata, de lumumba y de calimocho, pero los que entraban de guardia cumplían sus últimas horas de garita con una precaución maniática, con una atención supersticiosa a todos los detalles, para no quedarse dormidos y que los sorprendiera en una ronda el oficial de guardia, para que no se les disparara el cetme, para que nadie los pudiera acusar de negligencia o indisciplina.

Valdés estaba de sargento de semana: el cabo de cuartel dirigió la formación, pasó lista, nos leyó las efemérides militares y el menú del día siguiente, incluyendo el valor calórico-energético de la papeleta de rancho, falsificado sin duda por mi sucesor como escribiente de cocina, nos dio la orden de firmes y luego la de girar a la izquierda, a fin de que el sargento, tras recibir las novedades, pudiera mandarle que nos mandara derecha y descanso. Bajo la luz de los reflectores, velada tenuemente a esa hora por la niebla del río, los mismos movimientos y las mismas órdenes se repetían como ecos en todas las compañías formadas en el patio.

El cabo de cuartel mandó firmes y se cuadró ante el sargento Valdés con un taconazo. Cuando más inmóviles estábamos alguien dio un traspié y se salió de la primera fila, canturreando algo: un bisabuelo borracho, con uniforme de paseo, con la boina torcida. Yo estaba varios puestos atrás, en una fila contigua a la suya, y lo había visto oscilar de espaldas, moverse inquieto, rascarse la nuca. También vi acercarse al sargento Valdés y oí el crujido de las suelas de sus botas en la grava: su cabeza y sus hombros sobresalían por encima de la estatura del soldado borracho, que intentó retroceder volviendo a la posición de firmes. Tenía dificultades para mantener el equilibrio: Valdés lo derribó de una bofetada. Todos lo vimos apoyar en la grava las rodillas y las palmas de las manos para ponerse en pie y escuchamos el ruido de su respiración mientras se levantaba.

Valdés esperó a que estuviera de pie para darle un puñetazo en el estómago. Se le habían hinchado las venas del cuello y gritaba acercándose mucho a la cara del otro, que tenía la espalda encorvada y parecía no poder sostenerse sobre las rodillas. Le llamaba maricón y borracho, le ordenaba que se pusiera firmes, le golpeaba el pecho con el puño cerrado, le daba patadas en los tobillos, cada vez más fuera de sí, desafiándolo, diciéndole que si tenía cojones se defendiera, poniéndole la cara, anda, decía, si eres tan valiente pégame, borracho, maricón, que sois todos unos maricones, y le pegaba otra patada más fuerte, y adelantaba el pecho hacia él, con la camisa abierta, como presentándolo a las balas, venga, respóndeme, pídeles ayuda a tus amigos, míralos, gritaba ahora hacia nosotros, nadie sale en tu defensa, todos son tan maricones como tú.

Su propio sadismo lo excitaba, y ya no podía contenerse, lo emborrachaba y lo enloquecía la evidencia de su fuerza y la debilidad inerme del soldado que estaba frente a él, pues nada enciende más la crueldad de los canallas que la indefensión absoluta de sus víctimas, la potestad que eso les entrega de abusar de ellas hasta quedar exhaustos.

Nosotros asistíamos callados e inmóviles a aquella minuciosa vejación, y los gritos del sargento Valdés no daban tanto miedo como el ruido excitado que hacía al respirar. Poco a poco, el soldado había recuperado la verticalidad, y aunque lo veía de espaldas yo notaba que ya no estaba borracho, que agrupaba obstinadamente sus fuerzas para no caerse, para no responder, para no buscarse una desgracia cuando le faltaban uno o dos días para irse de allí y no ver nunca más la expresión desencajada del sargento Valdés.

Después de la orden de rompan filas el grito de ¡aire! estalló como si no hubiera ocurrido nada. El sargento Valdés le ordenó al soldado que se quedara en posición de firmes en el patio, y nadie tuvo el coraje de permanecer a su lado, o de hacerle un simple gesto de camaradería. Después del toque de silencio el sargento bajó al patio: desde la ventana de la oficina, con la luz apagada, lo vi acercarse a largas zancadas a la silueta que permanecía vertical y solitaria en medio de la casi oscuridad.

No lo golpeó: vi que hacía un gesto, ordenando algo, y que el soldado se arrodillaba, parecía que iba a tenderse, como en una actitud oriental de sumisión, pero enseguida comprendí lo que el sargento le había ordenado. Estaba haciendo flexiones, y en el silencio del patio se oía la voz del sargento, un, dos, un, dos, un, dos, cada vez más rápida, aunque el soldado era incapaz de sostener el ritmo, se quedaba aplastado contra el suelo, levantaba el cuello a la altura de las botas del sargento, era incapaz de no apoyar las rodillas y los codos para incorporarse. Cerré la ventana de la oficina y me negué a seguir mirando. A la mañana siguiente el bisabuelo castigado por Valdés tenía las dos manos vendadas: la grava del patio le había destrozado la piel.

Unos meses más tarde el sargento faltó durante varios días del cuartel. No tenía permiso ni había llamado para decir que estuviera enfermo. Nadie, ni sus compañeros de machadas en las fiestas de barrio y en los clubs de putas, sabía nada sobre su paradero. Lo encontraron en el apartamento de seductor macarra que tenía alquilado en un bloque de las afueras, tendido en la cama, desnudo, con la cabeza destrozada por un tiro. Se conjeturó la posibilidad del suicidio, o de un atentado terrorista. Pero ni apareció la pistola ni se supo nunca quién lo había matado.

XX.

A medida que se iba acercando el final cada uno buscaba con mayor vehemencia sus huidas secretas y sus paraísos artificiales, que tenían esa intensidad neurótica de los paraísos excesivos pero insuficientes a los que suelen entregarse quienes viven encerrados durante mucho tiempo. En los últimos meses de la mili la pornografía, el hachís y el alcohol revelaban sus máximas cualidades intoxicatorias, estableciendo una niebla de inexactitud entre el mundo real y la mirada de los veteranos más dañados por el abuso, por la mezcla continua entre el agotamiento de las guardias y la embriaguez de porros o cubatas, entre la ansiedad obsesiva de que el tiempo pasara y la saturación del aburrimiento y de la obediencia.

Al cabo de tantos meses de abstinencia sexual y onanismo de retrete en un lugar de varones solos —el hábito soldadesco de la masturbación era otro de los rasgos recobrados de la adolescencia— a las mujeres se las veía con una distancia aterrada y hambrienta como de internado de curas, o con una rapacidad en gran parte exagerada o fingida de masculinidad bruta y cinegética. Las mujeres de las revistas sucias nos envolvían la imaginación en sueños de lujuria que acababan siendo tan fantasmagóricos como las visiones lúbricas de San Antonio: cuando íbamos solos por la calle o nos desvelábamos de noche en nuestras literas teníamos algo de ermitaños rudos y sucios, pero en manada tendíamos a adquirir una agresividad de sementales ficticios, esa predisposición de crudeza o violencia sexual que parece innata en los grupos de varones jóvenes vestidos de uniforme y que suele desatarse en todas las guerras.

Había chicas que buscaban a los soldados, que rondaban el puente sobre el Urumea los fines de semana y los bares de bocadillos de Loyola. Solían ser muy jóvenes y se vestían con impudor y vulgaridad, con pantalones muy ceñidos al culo y blusas con escotes anchos, con tacones baratos y muy altos que se les torcían con facilidad y enseguida les dejaban marcas rojas en los gruesos pies hinchados. No venían del centro de San Sebastián, desde luego, ni pertenecían a familias vascas: las mujeres de clase media y familia vasca a los soldados no nos veían. Aquellas chicas eran hijas de emigrantes extremeños o castellanos que vivían en barriadas industriales, así que tal vez lo que las empujaba hacia los soldados era un sentimiento parecido de marginalidad. Se pintaban los labios de un rojo muy fuerte, leían los horóscopos de las revistas baratas de chismes y televisión, se mordían las uñas, frecuentaban las discotecas periféricas y fumaban Fortuna.

No eran prostitutas, pero exigían sin miramiento ser invitadas a todo, y al final recompensaban a sus benefactores con una dosis de erotismo sofocado y mezquino, como de veinte años atrás, un filete o un lote en la oscuridad de una discoteca, una paja rápida en las últimas filas de un cine. De alguna se contaba que un veterano recién licenciado la dejó embarazada, y que su padre, al saberlo, le había dado una paliza y la había echado de casa. La que parecía la reina de todas ellas era una gorda con el pelo pajizo y los ojos empequeñecidos por unas gafas con muchas dioptrías, con muslos anchos y grandes tetas de adolescente crecida demasiado pronto, con voz grave de mujer adulta y carcajadas chillonas que algunos domingos por la tarde estallaban en un cine frecuentado por militares: decían que aprovechaba los autobuses que volvían a Loyola en las horas puntas llenos de soldados para restregarse, sin mediar palabra, contra alguno que le gustara mucho, y que en el cine era capaz de masturbar a dos soldados al mismo tiempo mientras miraba la película con su expresión boba de cegata y se reía a carcajadas chillonas de lo que estaba viendo, sin prestar más que una atención eficaz, despegada y mecánica a los beneficiarios de su arte manual.

Es posible que se tratara de una leyenda, de uno de tantos embustes inventados en la vagancia del cuartel y transmitidos por Radio Macuto: la mili era una fábrica de sueños de mala calidad, de sueños baratos y muy usados de heroísmo o de lujuria o de hombría, contaminados de la prosa ínfima de los consultorios y las narraciones eróticas de las revistas, sumergidos todos e hirviendo sin sosiego en el gran sueño unánime de marcharse de allí. Había quien alcanzaba, como Salcedo, la maestría suprema de estar solo en medio del tumulto y quien lograba el gozo inverso de no apartarse nunca de las experiencias gregarias, y en ambos casos se notaba un principio de anormalidad y alucinación que de un modo u otro y en grados diversos padecíamos todos.

A primera hora del día, entre la formación de diana y la del desayuno, apenas treinta minutos en los que había que lavarse y que hacer la litera, yo me las arreglaba para terminarlo todo muy rápido y así me quedaba tiempo para leer, sentado en mi camareta, sin enterarme de nada de lo que ocurría a mi alrededor, un capítulo de la segunda parte del *Quijote.* Cada mañana ese capítulo era un desayuno vigorizador de ironía y de literatura, y cuando sonaba la corneta para la formación yo apuraba leyendo hasta el último instante y guardaba el libro en la taquilla o en uno de los grandes bolsillos laterales de mi pantalón de faena. Era un *Quijote* de Austral que llevaba acompañándome muchos años, de la Austral Antigua, la de tapas blancas y sobrecubierta gris, y ya tenía los filos del lomo gastados y el papel empezaba a ponerse amarillo: me acordaba del primer *Quijote* que leí, que tenía la letra así de pequeña y olía de un modo parecido, a papel viejo, a polvo de papel.

Vivía, como todos, entre la soledad acentuada por el sentimiento de destierro y un gregarismo adolescente y cuartelario, la jactancia obtusa de haber ingresado por fin en la casta de los bisabuelos. A los conejos recién llegados Pepe Rifón y yo los hacíamos alinearse delante de la puerta de la oficina para irles entregando sus nuevas acreditaciones y nos permitíamos la canallada menor de exigirle a cada uno cincuenta pesetas por plastificarles el carnet militar: con el dinero que obteníamos invitábamos a tabaco rubio, a cañas y a hachís a nuestros amigos, incluso a raciones de mejillones al vapor en El Mejillón de Plata, que era un bar para soldados de la Parte Vieja, un bar enorme y sucio con paletadas de serrín húmedo en el suelo, con ceniceros en forma de mejillón en las mesas y las paredes decoradas con cáscaras de mejillones.

Pepe Rifón había ido urdiendo como una célula leninista de la amistad, una comuna golfa a la que cada uno de nosotros aportaba lo que podía y donde todo era compartido, igual las drogas que los paquetes de comida enviados por las familias. Lo único que no llegamos a compartir fue el gofio, aquella pasión de nuestros colegas canarios, Agustín Robabolsos y el tinerfeño diminuto y renegrido al que habíamos dado en llamar Chipirón, que en los festines alimenticios de las camaretas, cuando les acababa de llegar algún paquete de sus islas, abrían las bolsas de gofio y lo tomaban a puñados llenándose la boca con avidez de desterrados que prueban después de mucho tiempo un sabor perdido.

—Miren que son ustedes tontos los peninsulares, no gustarles el gofio, que es la gracia de Dios.

Compartíamos el orujo y los embutidos de Lugo que le mandaba a Pepe Rifón su familia, los borrachuelos, las madalenas y las tortas de aceite y pimentón de mi madre, los mantecados que recibía de su pueblo de la provincia de Sevilla el otro Pepe, el Turuta, los bocadillos de ternera y las botellas de vino que sustraía en la cocina Juan Rojo, y aquellas comilonas tenían en el fondo una solemnidad de celebraciones rituales de la alimentación y la amistad, un simbolismo de pan partido con las manos, de grupo que se fortalece y se protege a sí mismo juntando en círculo, alrededor de la comida, las cabezas y los hombros, de botellas y canutos que se van pasando hasta que se acaba el último trago o sólo queda una colilla ensalivada con filtro de cartón.

De no ser por la mili ningún azar habría podido reunirnos. El chicharrero Chipirón gracias a la mili había abandonado por primera vez el trabajo en el campo y su aldea canaria, y se le notaba mucho la exaltación de haberse hecho adulto descubriendo el tamaño del mundo, de haber viajado en avión y visto la nieve, de haber aprendido a emborracharse y a fumar canutos y a decir colega y demasiao; Chipirón nos admiraba como si fuéramos sus hermanos mayores y se envanecía de andar con nosotros, y cuando íbamos por la calle, si se distraía con algo y se quedaba el último, enseguida echaba a correr para no apartarse del grupo, pequeño, entusiasta y atento a todo lo que decíamos y a todos nuestros gestos, como esos niños que se unen orgullosamente a una pandilla de mayores.

Pepe el Turuta era albañil en paro, y había logrado la hazaña de que lo nombraran corneta sin haber soplado ninguna hasta que llegó al cuartel; aprendió a toda prisa cuando se dio cuenta de que aquel era el único camino para escaquearse de las guardias, y la tocaba tan mal que si estaba él de corneta de servicio provocaban más de una confusión sus toques irreconocibles. Pepe el Turuta vivía, como Agustín, entre los trabajos mal pagados, el paro, los porros y la pequeña delincuencia, y tenía una cara que a mí a veces me resultaba inquietante, muy chupada, con los ojos grandes y de mirada muy intensa, con los pómulos salientes y picados de viruela. Aseguraba que antes de ir a la mili era un bruto que no entendía de nada, y que Pepe Rifón le había abierto los ojos a lo que él llamaba las verdades de la vida y de la política.

—Hay que ver, gallego, lo bien que nos lo explicas todo.

—Es natural, mano —decía Agustín—, tienen estudios los dos, por eso son oficinistas, no como nosotros, que no servimos más que para cargar con el chopo, mano.

—Eso lo serás tú, Robabolsos, que yo tengo el grado de corneta titular.

—Miren el Turuta, que toca diana y no parece sino que tocó silencio y nadie se levanta.

—A callarse los dos —interrumpía Juan Rojo—. Aquí el único con un destino chachi es el menda.

—Pero si tú eres un cortijero —Pepe el Turuta siempre le llevaba la contraria—. Si ni siquiera te has montado nunca en el Talgo.

—Porque viajo en avión, chaval, como los señores.

En Agustín había una pereza de niño aletargado y grande, y hablaba siempre muy despacio y con los ojos entornados, enrojecidos por la falta de sueño y la extenuación de las guardias. «Mano», decía, con su habla caribeña, «me quedo en la garita mirando el río, cuando sube la niebla, y me figuro que sale de ella un monstruo muy grande todo chorreando de barro y es que me estoy quedando dormido». Nunca nos dijo con exactitud cuál era su oficio en Las Palmas: el Turuta decía que se dedicaba a dar tirones, le llamaba Robabolsos y Agustín hacía ademán de enfurecerse y de saltar sobre él para que se callara, pero enseguida desistía y se encogía de hombros con una sonrisa soñolienta:

—Y qué si le ligo el bolso a una guiri, qué daño le hago yo a nadie, godo grifota, Turuta de mierda.

—Aficionados —dictaminaba con desdén Juan Rojo—. Aprendices. Membrillos...

Juan Rojo era de Linares: a la germanía de la droga le agregaba el sello indeleble de su acento de la provincia de Jaén. Hinchado y muy pálido, con la piel aceitosa, como todos los cocineros, tenía una mirada rápida de ojos rasgados y una sonrisa desconfiada y en guardia: era esa vigilancia de quien teme siempre que irrumpa la policía o se desencadene una reyerta, esa atención permanente y furtiva a las esquinas, a lo que está detrás de uno, a las puertas que pueden abrirse. Estábamos una tarde de agosto en la playa de la Concha, esperando en vano que apareciese alguna chica con las tetas desnudas (el ayuntamiento acababa de aprobar en sesión plenaria el top-less), cuando Juan Rojo nos señaló con disimulo a dos individuos que tomaban el sol cerca de nosotros, altos los dos, bronceados, con bigote, con gafas oscuras:

—Os juro por mis muertos que esos dos son maderos. Ni en bañador se me despintan.

A Pepe Rifón no le costaba nada añadir un sentido político al odio que nuestros amigos sentían hacia quienes ellos llamaban los maderos y los picoletos. Era tan fácil, y vivíamos todos tan agobiados por el autoritarismo militar, que a mí también se me contagiaba aquella beligerancia, hasta el punto de que ya no me indignaba cuando al comprar el periódico veía en primera página la foto de un policía o de un guardia civil asesinado. Como muchas personas de izquierda en esa época, Pepe Rifón creía en las virtudes revolucionarias o subversivas de la delincuencia común, y se mostraba orgulloso de que tuviéramos aquellos amigos tan chorizos, en los que encontraba un romanticismo de marginalidad y lealtad del que según él carecían las personas cultivadas.

El chorizo empezaba a ser entonces, en el tránsito de los setenta a los ochenta, el Buen Salvaje que parecen necesitar siempre los intelectuales de izquierda, y la simpatía incondicional que mi amigo Pepe Rifón sentía hacia Juan Rojo era la misma que empezaba a surgir entonces en las canciones y en el cine hacia los nuevos héroes de la droga, de la navaja y el atraco, una admiración frívola y moralmente abyecta a la que va siendo hora de atribuirle su parte de responsabilidad en algunos de los horrores de la década.

Pero Pepe Rifón no llegó a conocer las devastaciones apocalípticas de la heroína ni el encanallamiento ni el miedo que las agujas hipodérmicas y las navajas iban a sembrar en la noche de las ciudades a lo largo de los ochenta. Aquel verano había en las vallas publicitarias un anuncio gubernamental que decía: *La droga mata;* en una de ellas alguien había añadido con espray rojo: *Eta, mátalos.* Pasábamos cerca y Juan Rojo sentenció:

—Más mata la madera.

Yo creo que él traficaba en heroína. Lo vi de vez en cuando con un tipo pelirrojo, muy flaco, encorvado, con los ojos vidriosos, un soldado de otra compañía que pasó varios meses en el hospital militar convaleciendo de un ataque de hepatitis. Si Pepe el Turuta o Agustín le ofrecían un Fortuna Juan Rojo hacía un gesto de asco y sacaba su paquete de Winston de contrabando: «Yo no fumo tabaco de pobres.» Bajo la bocamanga sucia de su mono de cocinero llevaba una esclava de plata. Cuando íbamos a buscar hachís era él siempre quien escogía al camello y cerraba el trato. Se apartaba de nosotros, caminando con una oscilación especial, entre desafiadora y perezosa, lo veíamos mover las manos, hablar en voz baja, examinar muy rápido algo que le enseñaba el otro, entregar el dinero y recoger el envoltorio de papel de plata con ademanes invisibles de tan veloces y disimulados, como los de un ilusionista o un tahúr.

Las noches tibias y húmedas del final de aquel verano las recuerdo perdidas en una somnolencia de hachís, en el sonambulismo de los bares y los callejones de la Parte Vieja de San Sebastián, como una película algo desenfocada en la que sólo la música mantiene una presencia exacta, no desgastada por el tiempo: en las máquinas de los bares y en los radiocassettes del cuartel oíamos las rumbas lumpen de Los Chichos, con sus historias de cárceles, de condenas injustas, de amores desgarrados con mujeres de la calle y duelos de honor a navajazos. Pero nos gustaban también el *Walk on the wild side* y el *Rock'n'Roll Animal* de Lou Reed, y nos arrebataba la furia con que cantaba *Gloria* Patti Smith, y la guitarra y la voz de Eric Clapton en el estribillo de *Cocaine.* Si escuchábamos *Una gaviota en Madrid,* de Juan Carlos Senante, a Agustín y a Chipirón se les saltaban las lágrimas, y a los demás nos entraba una emoción vaga de destierro y ganas de volver. Pero en casi todas nuestras sensaciones de entonces latía la intensidad y la rareza del hachís. Me acuerdo de ir notando el efecto de un porro sentado en un pretil del puerto de los pescadores y de ver en la distancia, sobre la playa de la Concha, un castillo de fuegos artificiales que se duplicaba en el agua quieta y lisa de la bahía, en silencio y muy lentamente, como si lo estuviera viendo desde el fondo del mar.

Formábamos a las seis en punto, después del toque de oración, y salíamos del cuartel con nuestras ropas de paisano en un macuto, cruzando a toda prisa el puente sobre el Urumea, siempre con el miedo instintivo a que nos ordenaran quedarnos, a que por algún motivo fuesen canceladas las horas de paseo, como ocurría en los casos de disturbios muy graves, cuando sonaba de pronto el toque de generala, que era el de máxima alerta, y temíamos que aquella vez sí que iba a empezar de verdad un golpe de estado.

En uno de los bares de Loyola teníamos alquiladas taquillas, (todo el mundo lo hacía, aunque estaba prohibido desde que un comando etarra robó varias docenas de uniformes) y allí nos cambiábamos de ropa, en unos almacenes traseros a los que se había trasladado intacto el olor a calcetines y a sudor de hombres solos de los dormitorios del cuartel. Al vestirnos de paisano también nos uniformábamos, con pantalones vaqueros, zapatillas de lona, camisetas ajustadas, chubasqueros, igual que las generaciones de veteranos que nos habían precedido. Salíamos de aquel bar transfigurados, más ligeros, con una sensación eufórica de libertad en los talones, disfrutando del placer de hundir las manos en los bolsillos de los vaqueros, de caminar hacia la ciudad o subir al autobús con un sentimiento de confabulación entre pandillera y delictiva.

Si llevábamos dinero lo primero de todo era hacer un fondo común, que Pepe Rifón administraba, para pagarnos las cervezas y el hachís. Lo vendían en la plaza de la Constitución o en la Trinidad individuos patibularios que a mí me daban mucho miedo y que seguramente traficaban también en heroína. Entonces aún se veían muy pocos yonquis, o al menos yo no estaba acostumbrado a reconocerlos. En la Constitución, bajo los soportales, en la escalinata de la biblioteca pública, había cuévanos de oscuridad donde una vez vi un antebrazo pálido y descarnado, de lividez quirúrgica, al que se ceñía un trozo de goma.

Otras veces íbamos a buscar a un camello a un bar de la Parte Vieja que se llamaba el Moka. El Moka era uno de los bares más raros en los que yo haya estado en mi vida. Por lo pronto no tenía barra, sino una especie de vitrina de cajero en el centro del local, rodeada por un pequeño mostrador, dentro de la cual estaba el camarero, sirviendo cafés y cañas como si vendiera tabaco en un estanco. Todo alrededor, en el espacio poliédrico, las paredes estaban cubiertas de espejos que se repetían los unos en los otros, y en cada uno de ellos se multiplicaban las caras y las figuras de los clientes del café Moka, sus signos masónicos de reconocimiento, sus miradas de vidrio.

En el Moka el comercio invisible de la heroína era como una danza de fantasmas repetidos en los espejos, moviéndose en apariciones y huidas simultáneas, y las caras expectantes y ansiosas se duplicaban artiméticamente en un delirio visual que acentuaba el efecto del hachís y se volvía baile de vampiros por la luz fluorescente que bañaba el lugar, una luz de nevera que hacía aún más pálidas las caras más pálidas de San Sebastián y subrayaba el dibujo de las venas en los brazos, el brillo de las tachuelas y de los colgantes metálicos y el color negro de las ropas que vestían los yonquis y las yonquis, los reflejos de piel de reptil de las cazadoras y las botas de cuero de los yonquis más pijos.

El café Moka tenía en la puerta un letrero caligráfico de los años cincuenta, una dignidad ajada de espejos y mármoles que conocieron tiempos mejores: contaban que había sido un sitio de mucho prestigio en San Sebastián, una tienda de toda la vida en la que se molía para los clientes el mejor café o se les servía humeante, aromático y negro en pequeñas tazas de porcelana, pero ahora era una lonja de los venenos más letales y una ruina invadida por los primeros zombis de la década. El camarero, fortificado en su taquilla circular, hacía como que no se enteraba de nada, servía y cobraba los cafés y no miraba a nadie a los ojos ni decía más que el precio de cada consumición. Era un señor pálido, como el local y sus clientes, con una palidez contagiada por las fluorescencias de porcelana, mármol, cristal y azulejo que brillaban difundiéndose a su alrededor, con un brillo mate en la cara y en la piel de los brazos, ese brillo muerto que solía tener antes la piel de los camareros en algunos cafés demasiado sucios y antiguos en los que no entraba casi nadie, bares de paredes verdosas con pintura plástica y vasos en forma de tulipa para el café con leche.

En el Moka estábamos de paso, como todo el mundo, enseguida nos íbamos a fumar tranquilamente a las oscuridades del puerto viejo o de la plaza de la Trinidad, donde siempre había conciliábulos sigilosos de melenudos que se iban pasando sacramentalmente en la penumbra la brasa roja del porro. En la plaza de la Trinidad, tan frecuentada de camellos y drogotas, a mí me atosigaba el peligro de una redada de la policía, peligro que a mis amigos, aun siendo evidente, ni se les pasaba por la imaginación, y sobre el que yo no me atrevía a insistir mucho, por miedo a que me calificaran de cenizo o de cobarde.

Ahora comprendo que en mi calidad de fumador de hachís y huésped del hampa donostiarra yo era tan pusilánime y tan incompetente como lo había sido años atrás durante mi fugaz incursión en la lucha antifranquista, y albergaba una confusión parecida de disgusto hacia algo que en el fondo me repelía y de remordimiento por el hecho mismo de que me desagradara, a causa de lo que yo creía entonces que era una falta de coraje vital. Por entonces Manuel Vázquez Montalbán citaba mucho un mandamiento de Arthur Rimbaud según el cual había que cambiar la vida y cambiar la Historia, pero yo me sentía tan al margen de la una como de la otra, y de hecho, por no gustarme, ni siquiera me gustaba Rimbaud, ni lo entendía, y menos aquella escuela de discípulos suyos visionarios y místicos de las drogas que iba de Antonin Artaud al fraudulento Carlos Castaneda.

Pensaba siempre que los otros eran más audaces, más entregados a la vida que yo, que iban mucho más lejos del último paso que yo me atrevía a dar, fuera en el sexo, en el disfrute de la música, en el alcohol o en las drogas. Me gustaba beber y en los últimos cursos de la universidad me había habituado al hachís, pero jamás acababa de abandonarme a aquella inconsciencia temeraria que tanto se celebraba entonces, a aquellas tentativas de desarreglo sistemático de todos los sentidos que pregonaban rimbaudianamente los músicos de rock y los gurús de las revistas más modernas, en las que se difundía una acracia oscurantista y agresiva, un underground mugriento, una cultura o contracultura de la embriaguez y de lo monstruoso.

Era incapaz de abandonarme porque en lo más hondo de mí me daba mucho miedo ese desorden y lo encontraba repulsivo. Jamás conseguí aficionarme a los tebeos underground ni a los Sex Pistols ni al doctrinarismo de la promiscuidad sexual, que en los últimos setenta había hecho estragos hasta en mi pueblo, donde un vivales recién llegado de Barcelona se acostó durante varios meses con quien le dio la gana sin más mérito ni argucia que predicar como el evangelio los principios revolucionarios de Wilhelm Reich.

Ahora recuerdo con gratitud aquella cobardía, que era un instinto saludable de conservación, pero que tantas veces me hizo infeliz ahogándome en sentimientos de culpa y como de parálisis vital. En la universidad había tenido un amigo aspirante a pintor que no se enfrentaba a un lienzo a menos que estuviera ciego de hachís y de whisky. Tenía varios romances sexuales simultáneos con varias mujeres y procuraba no acostarse nunca sereno ni antes del amanecer: confieso que al mismo tiempo me daba envidia y me amedrentaba, y me hacía pensar que tal vez si yo no había hecho nada serio en la literatura era por falta de aquellas experiencias radicales que él vivía. «Tío», lo recuerdo diciéndome, con el habla gangosa que nos daba a todos el hachís, «a ti lo que te hace falta es bajar a los infiernos, como Jimi Hendrix y Rimbaud, como todos los grandes. ¿No te gusta tanto Jim Morrison?».

Imaginaba que si me atreviera a emborracharme o a fumar hachís hasta perder del todo las ataduras racionales se me desbordaría la imaginación y me arrastraría a escribir en un estado de trance automático las historias que hasta entonces me estaban siendo negadas. En la oficina del cuartel, en los ratos perdidos, en largos domingos de soledad, había logrado terminar un relato, pero me parecía siempre que mi imaginación no se desplegaba y que la escritura surgía con una lentitud mezquina, con una profunda sequedad interior.

Yo quería imaginar y escribir de otro modo, con la velocidad y la pasión de un arrebato, y al fumar hachís muchas veces lo que hacía era someterme a un experimento secreto que solía acabar en fracaso. Una noche, deambulando con mis amigos por la Parte Vieja, todavía entre cristales rotos y mesas de terrazas volcadas después de una rutinaria contienda entre abertzales y policías, sin que se hubiera disipado aún del todo el humo de los neumáticos quemados y de los gases lacrimógenos, disfruté de un largo rapto de felicidad e imaginación inducido por el hachís, de un simulacro de verdad tan perfecto como en los mejores sueños.

Iba por la calle y encontraba a mi alrededor, sin buscarlos, fragmentos de una historia, iluminaciones instantáneas y resplandecientes que surgían sin motivo y unos segundos después ya se habían vinculado entre sí para constituir un argumento en el que yo, más que el autor, era uno de los personajes. Pasamos junto al ayuntamiento, iluminado y engalanado para las fiestas de agosto, y yo lo imaginé y lo vi como era en los años veinte, un casino, y me vi convertido en un periodista joven que asciende aquella escalinata para asistir a una recepción, uno de los enviados especiales que se desplazaban en verano a San Sebastián para cubrir las noticias de la Corte. Las notas de un saxofón interrumpieron esa historia: un hombre joven y barbudo lo tocaba en el paseo de la Concha, con el estuche abierto a sus pies. Inmediatamente surgía otro personaje en mi relato: un músico negro que aparece en la ciudad y del que nadie sabe nada. El sudor de mi cara en la noche de verano era el sudor en la cara del músico; al pasarse la mano por la frente se le desprendía el betún de un maquillaje de negro de película muda. Atontado como iba, un coche conducido por una mujer casi me atropella: mi joven corresponsal de Madrid veía en el Bulevar un largo coche americano de 1920 conducido por un chófer de uniforme gris y gorra de plato y en cuyo interior, envuelta en un abrigo de pieles de leopardo, viaja de incógnito una estrella del cine mudo, que se encuentra en San Sebastián huyendo de algo...

Volvimos al cuartel y la fiebre de la imaginación no remitía. En el insomnio y después en el sueño se me aparecían escenas fulgurantes o tenebrosas mientras los hilos de una trama magnífica se organizaban por sí solos. Pero al día siguiente, cuando me encerré bajo llave en la oficina y me puse ante la máquina, el prodigio se había desvanecido: no me acordaba bien, aún me duraban los estragos de la noche anterior, no tenía fuerzas ni ánimo para contar esa historia. Bastaba empezar a escribirla para que se extinguiera.

Pero no me rendía, no aceptaba que aquel camino de la irracionalidad, al menos para mí, no sólo era insano y peligroso, sino también estéril. Me gustaba pensar que alguna vez se repetiría una iluminación así. Estaba claro que sin darnos cuenta y sin leer sus versos atravesábamos todos un período Rimbaud. A mí me gustaba beber e ir notando la euforia del alcohol y el modo en que parecía hacer más intensas las percepciones, más verdaderas las palabras, más firme la amistad, pero dentro de mí alguien más sobrio, más desapegado y escéptico que yo vigilaba, y llegado un cierto punto empezaba a murmurarme al oído que no bebiera más, que me fuera, que no siguiera conversando a gritos en un lugar lleno de ruido y de humo, y unos minutos después yo sentía naúseas y notaba en el paladar el intolerable regusto químico de alcohol que hay siempre bajo el sabor de todas las bebidas, y lo único que quería, inconfesablemente, era volverme al cuartel, caminar muy rápido por la orilla del río para que se desvaneciera la borrachera, encerrarme tranquilamente a leer o a escribir en mi oficina, en silencio, en una censurable calma ilustrada y burguesa, incluso pequeñoburguesa.

—Esto no es lo tuyo —me vaticinó un día con burla y afecto Pepe Rifón—. Tú acabarás escribiendo en las páginas de cultura de un periódico burgués.

Estábamos sentados en un bar de grifotas que se llamaba El Huerto, bebiendo cervezas tibias y pasándonos porros, y él me miraba un instante y con un gesto que los demás no advertían me animaba y me censuraba al mismo tiempo, me hacía saber que se daba cuenta de mi aislamiento y mi desagrado íntimo y me reprochaba que no fuese capaz de vencerlo. Pero tal vez su cabeza era más firme que la mía y su sentido de la realidad menos frágil, de modo que podía permitirse sin mucho peligro excesos que a mí me habrían desequilibrado.

Yo enseguida notaba, cuando había fumado mucho hachís, una sensación de vértigo y un principio de naúsea, como de estar perdiendo pie y no poder apoyarme en nada sólido, porque todas las cosas a mi alrededor se disolvían, y con ellas las normas de mi razón y de mi conciencia, hasta de mi memoria inmediata: decía una palabra y nada más decirla me había olvidado de ella, y hablar era como huir hacia adelante para no ser alcanzado por ese silencio o esa desmemoria instantánea que iba borrando todo lo que yo decía. Escuchaba a los otros pero no entendía bien sus palabras, en parte porque de pronto los veía muy lejos y deformados, como en una distancia cóncava, en parte porque tampoco ellos articulaban muy bien. Nos daba una risa idiota, o se nos quedaba congelada en la cara una sonrisa inepta de beatitud, y veíamos agrandarse y relucir con una humedad vidriosa las pupilas de los otros, y si íbamos al retrete a lavarnos la cara no la reconocíamos del todo en el espejo, y notábamos un brillo de sudor frío en las sienes.

Era que venía el muermo, que se apoderaba de uno como una marea negra contra la que no era posible hacer nada, porque los miembros habían perdido su tono muscular y la inteligencia no era capaz de corregir o contener la deriva de imágenes en las que ella misma se extraviaba, alimentándolas en vez de ahuyentarlas, multiplicando las vueltas y revueltas de un laberinto angustioso de pavores infantiles y figuraciones paranoicas cuando parecía que estaba buscando una salida. El sudor era cada vez más copioso y más frío, los demás se lo quedaban mirando a uno sin mucho interés desde su lejanía, bromeaban sobre su palidez o su silencio, lo olvidaban, se perdían ellos también en las ondulaciones de la música o de la conversación, y uno se quedaba quieto en su diván vagamente oriental de El Huerto, escuchando a Pink Floyd, imaginando que reunía fuerzas para levantarse, que lograba caminar erguido hacia el retrete o hacia la calle, hacia la maravilla imposible del aire fresco y el silencio.

El Huerto era uno de aquellos bares grandes y mal iluminados que proliferaban entonces, con cojines y escabeles repujados como de fumaderos o de harenes, tal vez con dibujos cósmicos o alquímicos en las paredes y en el techo, en cuya penumbra brillaban constelaciones en papel de plata. En el café Moka inquietaba siempre una inminencia de bronca, una alarma de navajas ocultas, de gestos tan letales y súbitos como el pinchazo de una aguja o el chasquido de una hoja de acero, de rock violento y afónico: uno no lo advertía entonces, pero el café Moka era un bar del futuro, de lo más cruel de los ochenta, y El Huerto era ya un edén de anacronismo y de caspa, una reserva india de melenudos atónitos de risa floja y polvoriento hippismo, de lentitudes y letargos de rock sinfónico y cuelgues de hachís tan interminables y densos como un solo de guitarra de Pink Floyd o un volumen de *El señor de los anillos.*

En El Huerto estalló un día una bomba y ya no lo abrieron más. Habían sido los chicos de ETA, nos susurró confidencial y admirativamente alguien en un bar abertzale: aquella bomba inauguraba una campaña contra el tráfico de drogas, pero en realidad era otro signo del final inmisericorde de los años setenta. Donde podía verse definitivamente el porvenir era en los espejos del café Moka.

XXI.

Volvía a San Sebastián después de mi último permiso con documentación falsa y con un paquete de embutidos para el brigada Peláez. Me había hecho un carnet militar con un nombre inventado, el mismo que constaba en el pasaporte gracias al cual viajaba gratis con la autorización expresa del coronel del regimiento, cuya firma verdadera, aunque ilícitamente obtenida, estaba inscrita en el reverso de aquel formulario. Un conocido mío madrileño que trabajaba en las oficinas de la Plana Mayor me había sugerido la conveniencia y el poco riesgo de la falsificación, y le había pasado a la firma al coronel el carnet con mi foto y mi nombre ficticio y el pasaporte que sólo se concedía a los soldados en permiso oficial o que acababan de obtener la licencia.

Era uno de los privilegios de la veteranía en la mafia modesta de los escribientes. Para que a uno le dieran el billete gratuito tenía que enseñar el pasaporte en la taquilla de la estación, y era posible que también le pidieran el carnet militar. En San Sebastián, cuando iba a tomar el expreso nocturno hacia Madrid, no las tenía todas conmigo al acercarme a la taquilla. Había soldados en el vestíbulo y algunos policías militares. ¿Me reconocería alguien y me llamaría por mi verdadero nombre justo en el momento en que el taquillero leía mi nombre falso en el pasaporte? Veía tantas películas entonces que la escena sucedía en mi imaginación en términos de intriga cinematográfica. Mi amigo madrileño, que en la vida civil era agente de bolsa, me había dicho que no era nada probable que me pidieran el carnet militar para confirmar mi identidad antes de entregarme el billete, pero no obstante a mí me pareció que cuando el taquillero examinaba el pasaporte se detenía demasiado, y alzaba los ojos del papel para mirarme con fijeza y disimulo, y era posible que se ausentara un momento haciendo como que no ocurría nada, o que oprimiera un botón que había bajo el mostrador, etcétera.

En un instante vi las consecuencias, y se me hizo un nudo en el estómago, como cuando fumaba hachís en ayunas: el calabozo, tal vez el consejo de guerra, justo cuando ya me faltaba tan poco para licenciarme. De no haber sido eso mucho más sospechoso habría retirado el pasaporte con un gesto brusco y me habría ido a hacer auto-stop, porque no tenía dinero para pagarme el largo viaje hasta Madrid y luego a Linares-Baeza. Pero faltaba muy poco para que saliera el tren y había una cola considerable ante la taquilla: el empleado ni siquiera me miró al entregarme mi billete, y yo me lo guardé enseguida en el bolsillo interior de la guerrera, me cargué el petate al hombro y eché a andar con rapidez y alivio hacia el andén. Una voz a mi espalda me paralizó: decía el nombre que no era mío, el que estaba en mi carnet y en mi pasaporte. Al vacío en el estómago se añadió una flojera de piernas y un acceso de sudor en las palmas de las manos. Me volví: alguien de la cola me tendía el pasaporte militar, que yo había olvidado en el mostrador de la taquilla.

Ahora, después de los días de permiso, regresaba en el Talgo de Madrid a San Sebastián, en una tarde nublada y sin embargo luminosa de octubre, con esa luminosidad del aire otoñal recién lavado por la lluvia que da tanta nitidez a los colores húmedos de la lejanía, los ocres y azules, los primeros verdes limpios después de la tonalidad terrosa del verano. Ni en Linares-Baeza ni en Chamartín había tenido miedo al acercarme a solicitar los billetes: el sentimiento de vulnerabilidad y peligro se debilitaba siempre conforme me iba alejando del cuartel y de San Sebastián. Estaba siendo un viaje rápido y tranquilo, a pesar de la tristeza del final del permiso, casi neutralizada por la cercanía de la licencia. Incluso no era desagradable verse de uniforme en el espejo casual de algún escaparate. Unos meses atrás nos habían cambiado la ropa de paseo, y ahora, en vez de aquellos ropones de posguerra, llevábamos guerreras con solapas, camisa caqui, corbata, boina, pantalón recto, zapatos negros charolados: con aquel uniforme le daba a uno la impresión fugaz de pertenecer a otro ejército y casi a otro país, más moderno o más ágil, no tan encanallado ni brutal.

Mientras escribo cobra forma el recuerdo hasta ahora perdido de un viaje feliz: el vagón vacío del Talgo, la perspectiva de pasar seis horas recostado en un asiento muy cómodo, mirando por la ventanilla el paisaje castellano de otoño y la llegada de la noche por los roquedales de Durango, leyendo un libro que acababa de comprar en el kiosco de la estación, de modo que el comienzo del viaje y el de la lectura habían sido simultáneos. Leía, acabo de acordarme, *La línea de sombra,* de Joseph Conrad, que era una novela de longitud perfecta para la duración de aquella travesía, y no me daba cuenta de lo que advierto ahora, catorce años después, la manera en que la casualidad nos pone a veces delante de los ojos los libros más acordes con nuestro estado de ánimo o más iluminadores en medio de una encrucijada personal.

Tal vez si me acuerdo, contra toda lógica, de cuál era el libro que leí en un viaje de 1980, es porque en él se dilucidaba un tránsito parecido al que yo mismo debería emprender muy pronto, cuando terminara el tiempo suspendido del ejército, que había sido mi prisión, pero también mi refugio, y ya no me quedara más remedio que pisar mi propia línea de sombra, el umbral menos deseado que temido de la vida adulta, de la búsqueda de un trabajo y de la naturaleza verdadera de mi vocación, de las decisiones sentimentales que ya no tendrían ninguna excusa para ser postergadas.

Pero aún no había llegado la hora de enfrentarse a nada, ni siquiera a la formación de retreta de esa misma noche ni a los ladridos o relinchos del sargento de semana: el tren y el libro me envolvían en una burbuja perfecta de tiempo, y el uniforme y la documentación falsa que llevaba me permitían sentirme aislado y protegido incluso de mi propia identidad. Me gustaba ser el resumen de mí mismo que el revisor o algún otro viajero verían al cruzarse conmigo, un soldado joven y barbudo, sentado junto a una ventanilla, que leía con aire de ensimismamiento y pereza una novela titulada admirablemente *La línea de sombra.*

Del macuto provenía un tenue y suculento olor a morcilla, a chorizo, a manteca y a lomo. Aprovechando el permiso yo había ido a visitar a los padres del brigada Peláez, y había pasado con ellos algunas horas de una tarde que tenía la penumbra y la lentitud de las tardes antiguas, de las visitas a las que mi madre y mi abuela me llevaban en la infancia.

Los padres del brigada eran tan diminutos como él, aunque no tan viejos como yo los había imaginado. Los había imaginado, no sé por qué, decrépitos, y encontré una pareja de sesenta y tantos años, la mujer con un mandil, una blusa de lana oscura, la cara enjuta y el pelo teñido de negro, el hombre un jubilado pulcro, peliblanco, algo más carnoso que ella, con boina, con las mejillas rosadas. Parecían los padres de alguien más joven que el brigada Peláez, y no de un militar, sino de un trabajador del campo, un mecánico o un empleado de algo: en la salita angosta y decente en la que me recibieron, había, encima del televisor, una foto del otro hijo que tenían, más joven que mi brigada, más corpulento y saludable. Pero quien ocupaba el lugar de honor, en otra foto enmarcada, clavada en la pared sobre el sofá de plástico marrón, era el brigada Peláez, en uniforme de gala, con guantes blancos y espadín, unos años antes, bajando la escalinata alfombrada del altar de la iglesia de Santa María del brazo de una mujer gordita y sonriente, envuelta en tules blancos de novia.

—Mi hijo segundo no quiso tener carrera, como el mayor —me dijo no sin cierta melancolía el padre—. Vive con más comodidad, y no tiene que aguantar los traslados y los desarreglos que aguanta mi Pepito, pero yo te lo digo como lo siento, y eso que a los dos los quiero igual, no es lo mismo haber llegado a brigada de Infantería que quedarse en dependiente de una farmacia.

—No tendrá tanto mérito —lo interrumpió la madre, sin duda con un deseo de ecuanimidad hacia sus hijos—, pero tampoco tiene el peligro que corre Pepito en esa tierra de brutos, que paso un mal rato cada vez que pongo el telediario y me entero de que han matado a otro militar. Se me para el corazón, no respiro hasta que no estoy segura de que no ha sido a mi hijo.

—Anda tú, mujer, que el Pepito bien que sabe defenderse, no estoy yo muy seguro de que saliera con bien el que se atreviera a sacarle una pistola. Menudo nervio tiene ése cuando se le sube la sangre a la cabeza...

—No se crean, que tampoco las cosas están allí tan mal como dicen en la televisión y en los periódicos —yo intentaba tranquilizarlos, aunque no parecía que el padre lo necesitara, tan seguro estaba de la arrogancia y el coraje de su hijo mayor—. Nosotros la verdad es que no notamos nada, hacemos vida normal, como aquí, más o menos.

—Pues claro, mujer, son militares, hacen su trabajo, cumplen con su deber —dijo el padre, mirándome a mí, como para que confirmara delante de su mujer lo que él sostenía—. A Pepito desde chico se le venía viendo la vocación, como si lo llevara en la sangre.

Al padre del brigada Peláez se le ensanchaba el pecho de orgullo y se le encendía el color de la cara cuando hablaba de su primogénito: se le notaba que se contenía, sin embargo, que no quería parecer dominado por la vanidad delante de mí, o tal vez que por pudor, o por delicadeza hacia el segundo hijo, prefería no mostrar del todo la amplitud íntima de su satisfacción. La mujer tenía, como tantas de su edad y de su clase, un aire de bondad y fatiga, de resignación y sufrimiento: al sonreír educada y tristemente a lo que yo le contaba ladeaba un poco la cabeza y se frotaba las manos sobre el regazo, con el gesto que ponían todas esas mujeres para escuchar relatos de enfermedades o desgracias.

—Y lo peor de todo es lo de la pobre Lali —dijo, tras un suspiro largo, guardándose en el bolsillo del mandil el pañuelo con que se había limpiado una lágrima—. Con lo alegre y lo charlatana y lo amiga de todo el mundo que ella es, y allí sola, todo el día, en ese piso, sin poder salir hasta que no llega Pepito, sin poder hablar con nadie, muerta de miedo cada vez que llaman a la puerta o suena el teléfono, no vaya a ser uno de esos terroristas. Si por lo menos Dios quisiera mandarles familia. Siempre que hablo con ellos les pregunto lo mismo, Pepito, ¿hay novedad?, y él, mamá, qué cosas tienes, como si eso fuera llegar y pegar, también tenemos nosotros que disfrutar de nuestra juventud...

Durante toda la visita me habían envuelto en una hospitalidad arcaica y sofocante, más o menos la misma que mi madre o mi abuela dedicaban a cualquier invitado, preguntándome por mi familia, a la que conocían entera, por mi trabajo en la oficina del cuartel, por la opinión que tenían los mandos superiores sobre su Pepito, al que imaginaban, sobre todo el padre, como a una especie de líder en la sombra, de héroe replegado en una posición en apariencia secundaria, pero decisiva, en aquella guarnición fronteriza de los Cazadores de Montaña. No pararon de insistir hasta que bebí el último sorbo de un gran vaso de duralex lleno de café con leche hasta el mismo borde, y luego la madre sacó del aparador un plato de galletas de coco, una botella de anís y otra de coñac. Con el cerebro nublado por aquellos venenosos alcoholes y la boca llena de galleta rancia y de pasta de coco les conté más o menos lo que deseaban oír, lo bien mirado que estaba en todo el regimiento el brigada Peláez, la habilidad y la eficacia con que durante un mes entero había dirigido prácticamente él solo las cocinas: el traslado a un destino mejor y el ascenso no podían tardar...

—Tampoco hay que pasarse de ambiciosos, que la avaricia rompe el saco —dijo el padre, tan animado como yo por el Anís del Mono y el coñac Ciento tres—. Si ha llegado tan joven a donde ha llegado bastante tiene por ahora, ¿no te parece a ti?

Ya era de noche cuando logré salir de la visita, tambaleándome un poco, con la boca pastosa, con una caja de cartón atada con cuerdas bajo el brazo, olorosa y grávida de embutidos que yo iba a llevar al otro extremo de la península como un correo del zar, como un Miguel Strogoff de los electrotrenes y los talgos que guardara en su macuto de lona verde el tesoro de las nostalgias alimentarias y familiares del brigada Peláez, el consuelo nutritivo para su destierro.

Oscurecía, pero aún no estaba encendida la luz en el vagón casi desierto del Talgo, que ahora avanzaba más despacio, frenando gradualmente. Cerré el libro, queriendo administrar las pocas páginas que me quedaban. Estábamos entrando en Vitoria, en una barriada de bloques de ladrillo y muros de hormigón inundados de los usuales carteles y pintadas. Carteles borrados por la lluvia, rasgados, arrancados, cubiertos por otros carteles hostiles, convertidos en una costra belicosa e ilegible, en una confusión de consignas, caras y gritos tan enredados entre sí como los trazos de las pintadas, los rojos y negros en espray, las tachaduras violentas, las maldiciones, las amenazas, los vivas y mueras, los goras y los ez: en todos los túneles, en todas las paredes de hormigón, en todas las tapias del País Vasco se prolongaba aquel friso de carteles pegados y arrancados y pintadas en euskera y en español que se tachaban las unas a las otras o crecían como lianas encima de las anteriores, como una hiedra feraz que iba cubriéndolo todo, introduciéndose en todas partes impulsada por el propio dinamismo de su crecimiento.

En la estación el gran letrero luminoso de Vitoria-Gasteiz ya estaba encendido. Habían cambiado la hora unos días antes, y los anocheceres aún sobrevenían inesperadamente. Miré hacia el andén y fue como si retrocediera en un espejismo de recuerdo y amargura instantánea a mi primera llegada a Vitoria, hacía ya más de un año: una muchedumbre de reclutas, con petates al hombro y ropas desaliñadas de paisano, se ordenaba en filas bajo los gritos y los empujones de policías militares con cascos y correajes blancos, con porras blancas que agitaban para establecer distancias o corregir posturas de desobediencia o torpeza: los reclutas no sabían cubrirse, ni obedecer la orden de firmes, ni permanecer en fila con la cabeza alta y sin guardar las manos en los bolsillos. Era raro pensar que lo que para mí terminaba estaba a punto de empezar para ellos: miré algunas de sus caras, tras el cristal de la ventanilla, caras de cansancio, de miedo, de desamparo, de chulería, idénticas a las que me habían rodeado cuando llegué por primera vez a la estación de Vitoria. Pensé en lo que les aguardaba esa noche, el olor fétido de las cocinas, los gritos de los veteranos, el viento en las explanadas, la humedad fría de las sábanas en las literas, la luz rojiza que permanecía toda la noche encendida en los barracones. Me alegré de que el Talgo apenas se detuviera en la estación, librándome así de un sentimiento insoportable de piedad y dolor, de pura rabia por lo que yo había pasado en el campamento de Vitoria y por lo que a aquellos reclutas les quedaba que pasar: tanta angustia y tanta humillación, tanta crueldad sin recompensa ni alivio.

Antes de llegar a San Sebastián tomé la precaución más bien cinematográfica, como de intriga ferroviaria, de encerrarme en el lavabo del tren para romper en trozos pequeños el carnet militar y el pasaporte falsos y arrojarlos adecuadamente al retrete. En la compañía, cuando guardaba en mi taquilla el paquete del brigada, me costó algún trabajo que mis amigos no me lo requisaran, ni que le practicaran tampoco, como sugirió Pepe el Turuta, una apertura sutil por la que fuese posible extraer siquiera una muestra mínima de aquellos embutidos que desprendían un aroma tan suculento a matanza y a tienda de ultramarinos. Al día siguiente, con motivo de la llegada sin novedad del valioso paquete, Pepe Rifón y yo fuimos invitados a cenar en casa del brigada Peláez.

—Ah, y cuidadito —nos advirtió, nada más recogernos en su coche a la salida del puente sobre el Urumea, vestidos de paisano los tres, por supuesto—. Nada de mi brigada por aquí y mi brigada por allá y a la orden mi brigada. Fuera del cuartel, y más en mi casa, os ordeno que me llaméis Pepe, ¿me veis la idea?

—Sí, mi brigada...

No era sólo por campechanía por lo que nos excusaba el tratamiento: también por un sentido de precaución que rozaba la paranoia. En la desoladora barriada de bloques industriales donde vivía, muy a las afueras de San Sebastián, nadie lo había visto nunca de uniforme, pero su acento andaluz lo delataba como posible policía, o en cualquier caso como funcionario gubernamental, y en su escalera ni a él ni a su mujer les dirigía nadie la palabra. Temía que si por un descuido uno de nosotros le llamaba «mi brigada» alguien lo escuchara por casualidad y diera el soplo a los etarras. Incluso en el coche iba vigilándolo todo, mirando de soslayo hacia la izquierda si otro coche lo adelantaba, fijándose en el espejo retrovisor por miedo a estar siendo perseguido.

Sus miradas de soslayo, sus gestos de precaución y de astucia, tenían sobre todo, al menos para Pepe Rifón y para mí, una eficacia cómica, porque nos hacían pensar irresistiblemente en el inspector Clouseau o en Anacleto agente secreto, pero el peligro y el miedo eran reales y también acuciantes. En décimas de segundo alguien podía venir casualmente por detrás y disparar una pistola, y nadie se acercaría luego al cuerpo caído y con un charco de sangre alrededor de la cabeza ni recordaría nada, a pesar de que el pistolero se había marchado a pie: cualquier mañana, al girar rutinariamente la llave de contacto en el coche, a uno podía reventarlo una explosión, y los vecinos ni siquiera abrirían las ventanas, para estar así más seguros de que no presenciaban nada comprometedor.

La tarde de octubre ya se cerraba en oscuridad y en niebla húmeda y llovizna de invierno cuando llegamos al bloque donde vivían el brigada y su mujer. Era un barrio que parecía haber sido abandonado por los constructores antes de acabarlo del todo, todavía con grandes zanjas que eran lodazales, calles sin asfaltar y farolas rotas que no debían haber funcionado nunca: uno de esos lugares en los que a la desolación de lo muy nuevo se yuxtaponen rápidamente las injurias de la decrepitud. El Urumea y las vías del tren pasaban muy cerca, dando a los bloques de pisos un fondo de niebla y de haces de cables.

Desde la terraza mínima del piso del brigada Peláez, que su mujer, Lali, tenía poblada de macetas, se veían los muros oscuros, las alambradas y los torreones de la prisión de Martutene, célebre por una fuga de etarras que se escondieron para huir en el interior de los grandes altavoces del equipo de música de un cantante euskaldun.

Mientras salíamos del coche y caminábamos hacia el edificio la cara del brigada Peláez se iba poniendo tan plomiza como la barriada: cambió en un instante, nada más introducir el llavín en la cerradura de su piso y entrar en un vestíbulo diminuto que estaba presidido por una gran estampa con marco dorado de la Virgen del Rocío. La cara del brigada Peláez rejuveneció con una sonrisa que nosotros no habíamos visto en el cuartel: parecía, cuando estaba en su casa, que la cara se le llenaba y se le redondeaba de felicidad, y las venitas moradas de la nariz y de los pómulos ya no le resaltaban tanto, ni los cañones pelirrojos de la barba escasa y siempre mal afeitada.

Ahora lo encontraba más parecido a la foto nupcial que sus padres tenían colgada y enmarcada en la salita con tanta reverencia. Cuando su mujer salió a recibirnos el brigada Peláez le puso la mano alrededor de la cintura como si fuera a guiarla en un paso de baile y se besaron en la boca. Nos la presentó con un gesto de orgullo.

—Anda que no tenía yo ya ganitas de conocer a los dos escribientes —dijo ella con la musicalidad y la sorna de un acento cerrado de la bahía de Cádiz—. Mi Pepe es que no para de hablarme de ustedes...

Lali, la Lali, como la llamaba su suegra, era gordita y joven, como diez años más joven que él, gordita y recogida, saludable de carnes, con una cara redonda como las que gustaron hasta los años cincuenta, la boca pequeña y carnosa y unos hoyuelos en los mofletes que al brigada Peláez debían de volverlo loco, por el modo en que se los había pellizcado nada más llegar a casa. Tenía el pelo corto, las manos breves y gordas, como almohadilladas, también con hoyuelos en los nudillos, y llevaba sobre el escote pudoroso, aunque sugerente, de pechos redondos y apretados, una medalla de oro de la Virgen del Rocío, de la que era muy devota, tenía imágenes de ella repartidas por toda la casa. A Pepe Rifón y a mí nos explicó que se encomendaba a la Virgen del Rocío todas las mañanas, en cuanto el brigada Peláez salía de casa, para que a él no le pasara nada y le dieran cuanto antes el traslado a la bendita Andalucía, nos dijo, a su Algeciras de su alma.

Se llamaban entre sí con diminutivos cariñosos, sin importarles que nosotros estuviéramos delante, se llamaban Cari y Cuqui, Pepín, Nini, mi amor, amorcito, y en cuanto él llegaba a casa después de una ingrata jornada en el cuartel y de un viaje de regreso por carreteras suburbiales ella le sacaba la bata y las zapatillas de paño, las dos a cuadros que hacían juego, y le servía una copa de Carlos III, o un descafeinado con leche y una aspirina, si es que él llegaba con un poco de frío, como era lo más común, por culpa de aquel clima en el que no descampaba nunca, en el que la humedad calaba los huesos y lo reblandecía y lo enfermaba todo, así tenía el cerebro toda aquella gente.

Con la bata y las zapatillas el brigada Peláez era aún más diminuto, igual que su Lali con la bata de boatiné y las zapatillas acolchadas y con un pompón rosa, los dos como a escala del piso exiguo en el que vivían, que sin embargo estaba atestado de muebles, los muebles de su boda, los muebles descomunales y barrocos que compran los pobres al casarse, o que sus padres se entrampan para regalarles, la mesa de comedor, las sillas de patas torneadas, el aparador que ocupa una pared entera, la cama de matrimonio y el armario de tres cuerpos, la fotografía de la boda impresa en lienzo para imitar una pintura, las cristalerías y mantelerías y juegos de café, y en medio de todo el brigada Peláez y Lali moviéndose siempre un poco de costado, aislados del mundo, del paisaje exterior de bloques de pisos, zanjas y muros de cemento con pintadas abertzales, acogiéndose a una confortable soledad de recién casados permanentes en lo que ella no habría duda en llamar un nidito de amor, un nido sofocado y cálido, forrado de plumón, de gomaespuma de bata doméstica, de guata y fieltro de zapatillas de paño, alimentado por un aire que ni siquiera olía como el aire exterior.

En casa de Lali y del brigada Peláez olía a ambientador de pino, a sutiles productos de limpieza, a armario ropero y a guisos gaditanos o jiennenses, y ella decía que el aburrimiento de tanta soledad iba a ser su perdición, porque ya ni la tele la distraía, de manera que empezaba a picotear y no paraba, y tampoco iba a ponerse a plan, encima de todo, con aquella tristeza y sin hablar nunca con nadie, como tuviera que alimentarse de jamón york a la plancha y acelgas hervidas se moría de pena, igual que los geranios del balcón, que estaban mustios de no darles nunca el sol. ¿Era verdad lo que a ella le habían contado, le preguntó a Pepe Rifón durante la cena, que en Galicia también estaba siempre lloviendo?

—Claro, mujer —intervino el brigada, chispeante y más feliz aún tras varias copas de Fino Quinta—. De tanto como llueve a los gallegos les dan dos cosas: morriña y saudade. ¿Me equivoco, Rifón?

—No, mi brigada.

—Y dale con mi brigada y mi brigada. Aquí no somos más que tres amigos. ¿Y sabéis una cosa? —el brigada guardó silencio, para provocar una cierta expectación, bebió un sorbo de vino y se quedó mirando la copa—. Os voy a echar mucho de menos cuando os vayáis...

Cenamos con un hambre devoradora y soldadesca, con una cuartelaria avidez excitada por la abundancia de tapas y entremeses que Lali desplegó ante nosotros en su gran mesa de comedor, sobre un mantel de hilo que seguramente no habrían usado ni tres veces desde que se casaron. Por culpa de las cervezas y del Fino Quinta ya estábamos prácticamente borrachos antes de sentarnos a cenar, y al brigada se le encendía la cara y se le soltaba la lengua, nos repetía que le llamáramos Pepe y le habláramos de tú, nos contaba maldades y chismes de todos los mandos del cuartel, del teniente Castigo, al que calificó de niñato de mierda, de Martelo y Valdés, que nos la tenían jurada a los dos, a Pepe Rifón y a mí, que ya nos habrían mandado al calabozo o a hacer guardias si no fuera porque él, nuestro brigada, nos defendía siempre delante del capitán, y el capitán, bien lo sabíamos nosotros, no hacía nada sin consultarle a él, Peláez, le había dicho, tú me respondes de estos chicos, y él le había contestado, mi capitán, por mis dos escribientes yo pongo la mano en el fuego...

Cenábamos con la felicidad de los hambrientos, de quienes llevan un año entero soportando las comidas infames del cuartel y de los bares de soldados. Lali nos rellenaba los platos con muslos de pollo en salsa y guarnición de champiñones y el brigada las copas con Rioja tinto, y los dos nos animaban con machacona hospitalidad a seguir comiendo, a no dejar ese poquito de nada, a mojar trozos de pan en la salsa, para algo estábamos en confianza, a apurar luego un tazón de arroz con leche espolvoreado de canela, y un café, y una copa de coñac, que según el brigada era muy digestivo, tanto que nada más apurar la primera nos apresuramos a beber una segunda, y habríamos continuado hasta dar fin a la botella de no ser porque Lali, que era la única que conservaba la cabeza lúcida, señaló el reloj y nos advirtió que iban a dar las diez, y que si no salíamos corriendo en ese mismo instante no llegábamos al toque de retreta.

—Hay que ver, cari —le dijo con guasa a su marido—, parece mentira que tú seas el superior jerárquico y que por culpa tuya les vayan a meter un arresto a estos muchachos.

Le ayudó a quitarse la bata y las zapatillas, le trajo sus zapatos, su cazadora de invierno, con el cuello de piel, porque ya refrescaba, le encontró las llaves del coche, que él buscaba entre los muebles con ineptitud de sonámbulo, con una sonrisa feliz en su cara abotargada por la comida y la bebida, sobre todo la bebida, porque comer, lo que se decía comer, explicaba Lali, no comía casi nada, picaba apenas, como un pajarito.

Volvimos a Loyola dando bandazos en el coche del brigada Peláez por una carretera oscura y afortunadamente casi vacía. Condujo tan rápido que aún nos quedó tiempo para tomar una última copa en el mismo bar donde Pepe Rifón y yo nos habíamos vuelto a vestir de uniforme. Ya le temblaba un poco la mano, y su piel adquiría de nuevo, bajo las luces crudas del bar, una palidez violácea. Tenía los ojos turbios, brillantes y sentimentales cuando propuso un último brindis, y apoyaba firmemente el codo en la barra, como anclándose a ella: de pronto era un hombre envejecido, bebedor y más bien patético, y al brindar con él nos transmitía toda la congoja de una despedida que al brigada le importaba mucho más que a nosotros. Nosotros, al fin y al cabo, nos íbamos: él se quedaba, a él le quedaba más mili que al monolito, que al palo de la bandera, que a los reclutas que esa misma noche estaban durmiendo por segunda vez en los barracones de Vitoria.

—Os voy a echar de menos —repitió después, cuando se iba en el coche—. Pero me alegro mucho de que os falte ya tan poco tiempo para iros de aquí. ¿Me veis la idea?

XXII.

Ya sí, ya era verdad, aunque costara tanto creérselo, nos íbamos, estábamos a punto, rozando el instante de la huida, de la autorizada deserción final, aproximándonos al cumplimiento del deseo más fieramente sostenido, irnos, marcharnos, abrirnos de allí, nos faltaban unas horas, no meses ni semanas ni días, horas, minutos que iban devanándose en los relojes desde antes del amanecer, la madrugada invernal del último día, el último toque de diana, el último despertar angustioso, la última carrera hacia el patio arrastrando las botas sin atar, subiéndose los pantalones, abrochándose de cualquier modo la guerrera, la última formación bajo los soportales, porque estaba lloviendo, y la lluvia chorreaba en los canalones y resonaba en la oscuridad todavía nocturna igual que el invierno anterior, pero ya nunca más volveríamos a oírla ni a oler la humedad y la niebla del río, y ni siquiera oiríamos esa noche los toques de retreta y luego de silencio, pues nos habríamos ido varias horas antes.

Nos íbamos a la hora de paseo, a las seis de la tarde, a la misma hora a la que tantas veces habíamos formado vestidos de romanos para salir a toda prisa y cambiarnos de ropa en algún bar de Loyola, sólo que esta vez saldríamos del cuartel vestidos de paisano, y sin petate al hombro, porque lo habríamos entregado, igual que los uniformes de faena y de paseo y los correajes y toda nuestra ropa militar, incluidas las botas con doble suela de goma y el pantalón y la guerrera de franela verde oscuro que nos caracterizaban en invierno como cazadores de montaña: las gorras con el cartón de la visera partido y con el forro lleno de tachaduras, las de los nombres de todos los meses que ya habían pasado, las guerreras y los pantalones con toda la mugre de las garitas y los cuerpos de guardia, las botas cuarteadas, sucias de barro seco, hinchadas por la lluvia, los despojos de nuestra vida militar, que iban a amontonarse como montañas de harapos en el almacén de la furrielería, para ser luego contados, clasificados, enviados a la lavandería y repartidos de nuevo a los reclutas que llegaran después de nosotros, según el inmortal principio distributivo formulado por el brigada Peláez, un hombre, una prenda de cabeza, cien hombres, cien prendas de cabeza.

Nos íbamos, ya sí que nos íbamos, nos habíamos desvelado pensándolo la noche anterior, y de eso fue de lo primero que nos acordarmos nada más abrir los ojos, y cuando nos pasaron lista en la formación de diana nos habíamos cuadrado con más apática desenvoltura que nunca y habíamos gritado presente con una alegría y una rabia que resonaban en todo el patio del cuartel, pensando siempre que lo que estábamos haciendo lo hacíamos por última vez, embriagados de excitación, de incredulidad, de impaciencia, conteniéndonos la risa y las ganas de barullo y de bronca para que los sargentos no se nos mosquearan del todo, iracundos como estaban, con la seriedad agresiva que adquirían cada vez que se acercaba la licencia de algún reemplazo, como si no pudieran tolerar aquella intromisión de la vida civil que nos arrebataba para siempre del dominio absoluto que habían ejercido sobre nosotros, o como si en el fondo les remordiera la evidencia de que ellos eran los más sometidos, los que no se marcharían nunca, los que tendrían una vida que iba a ser una sucesión insoportable de milis, de guardias, de formaciones, de toques de corneta, de soldados que llegaban y soldados que se iban, de conejos aterrados y bisabuelos con la mirada turbia de alcohol y de porros, enaltecidos por la inminencia de la libertad.

Era el último día, habíamos agotado todas nuestras medidas de tiempo, habíamos resistido y empujado a fuerza de pura obstinación la cuenta atrás larguísima de nuestro cautiverio, día tras día durante trece meses, desde el primer día que terminó en el campamento de Vitoria, el primer rompan filas, el primer grito de aire, cuando imaginábamos despavoridos aquel acantilado y aquel himalaya de días y meses delante de nosotros, aquel océano incierto de tiempo que nos había parecido tan tenebroso y sin orillas ulteriores como el Atlántico a los navegantes antiguos.

Y de todo eso ahora no quedaba nada, o casi, unas horas, de la plana mayor del batallón habían mandado unas cajas misteriosas que contenían nada menos que nuestras cartillas militares, la Blanca de cada uno con su nombre inscrito en ella como una prueba irrefutable de la liberación, pero nadie lo sabía aún, habíamos guardado las cajas en el armario de la oficina por miedo a que estallara un motín de impaciencia si se corría la voz de que ya habían llegado, porque cada minuto era una injuria, un goteo monótono de lentitud y dilación que nos aproximaba tortuosamente al final exacto, a la campanada de reloj en la que para nosotros cesaría la esclavitud y el embrujamiento de tiempo paralizado de la mili.

Pepe el Turuta ya no tendría que mantener por más tiempo la ficción insostenible de que sabía tocarla, Juan Rojo no se había puesto su mono inmundo de cocinero, sino un uniforme de faena impecable, y aguardaba el paso de las horas fumando Winston y dormitando en una secreta covachuela en la que más de una vez había organizado timbas de póker, Agustín y Chipirón habían salido de guardia a las ocho y se habían desprendido del fusil, de los cargadores y del correaje como si se rindieran exhaustos y embotados de sueño a un enemigo benévolo, despeinados, con las pupilas enrojecidas, destemplados por la noche de intemperie en medio de la niebla y la lluvia, la noche de la última guardia, la última noche en vela que pasaban en el cuartel, vigilando el río tras la mirilla de la garita, calentándose a pisotones los pies entumecidos por la humedad y el frío, viendo subir por última vez de la maleza espesa de la orilla aquella niebla que para Agustín había cobrado algunas veces la forma de un monstruo de pesadilla infantil.

Saltábamos los unos sobre los otros en las camaretas, lunáticos y trastornados como machos cabríos, y parecía que al empujarnos soltábamos chispas de pedernal y que un instinto incontrolado nos empujaba al mogollón, al amontonamiento soldadesco de codazos y patadas. Estallaban de pronto en remolinos feroces peleas de una rabia infantil, resonaban a todo lo largo de los dormitorios portazos y gritos, órdenes burlescas, patadas o redobles frenéticos en la chapa de las taquillas, literas de conejos volcadas, alaridos roncos de triunfo. Algunos mandos inferiores preferían entonces no hacerse visibles; a otros se les despertaba la mal contenida chulería: por el patio, bajo la lluvia fina y helada de las diez de la mañana, pasaba el Chusqui caminando en su desfile solitario y perpetuo, la gorra sobre los ojos, las botas con tachuelas y cordones de un dandismo facha, el mentón levantado, los brazos oscilando rítmicamente a los costados, un, dos, er, ao, la mano derecha entreabierta y rozando la pistolera negra, las piernas un poco arqueadas, la expresión leñosa; entonces, por una ventana abierta del Hogar del Soldado, o más arriba, desde la galería a la que daban nuestros dormitorios, salía una voz agresiva, sarcástica y triunfal, una voz de bisabuelo ronco y vengativo que enunciaba la misma maldición repetida cada tres meses, cada vez que le llegaba la licencia a un reemplazo:

—¡Chusqui, aquí te vas a quedar!

Allí se iban a quedar todos, sepultados bajo un porvenir del que nosotros ya habríamos huido, allí se iban a quedar los conejos que nos miraban con caras de miedo, de envidia y de tristeza, los padres, los abuelos, los recién ascendidos bisabuelos, que en cuanto nosotros nos marcháramos heredarían el privilegio de hablar de sí mismos en tercera persona, los sargentos mulares, los bíceps legionarios y tatuados de Valdés y el bilioso patriotismo de Martelo, el páter con su sotana y su manteo de capellán castrense o su sonrisa moderna de cura de paisano, según, el teniente Castigo con sus botas y sus correajes impecables, su suavidad de ofidio y su pijerío venenoso de veintiún años, el brigada Peláez con sus carajillos furtivos y su nido secreto de amor conyugal en una torre de pisos de Martutene, el capitán y su indolencia de falso militar inglés, de capitán en una película inglesa de militares cultivados, el monolito con la lápida de homenaje a los Caídos por Dios y por España, el cuadro con el retrato y el testamento del difunto caudillo que amarilleaba en todas las dependencias, la bandera que era izada y bajada cada día con solemnidades de guardia de honor como la enseña de un fortín en territorio enemigo, el cieno y la niebla y la humedad del Urumea, las colinas verdes y el cielo liso y gris y los caseríos pardos de Guipúzcoa, los caminos rurales en los que se cruzaban carretas de bueyes y land-rovers de la Guardia Civil, la ciudad entera de San Sebastián, los abertzales y los policías, los terroristas y los matones del Batallón Vasco-Español, todos se iban a quedar allí, hincados y grapados a la tierra, como la bandera y el monolito, y uno, que ya se marchaba, aunque le seguía pareciendo imposible, agregaba siempre: «a mí me jodería», repitiendo también por última vez las fórmulas de germanía soldadesca a las que tan fácilmente se había acostumbrado y que muy pronto iba a olvidar, como esas personas que no recuerdan nada de un idioma que hablaron en la infancia.

No había ningún gesto que de repente no fuera el último, y todas las costumbres que parecieron tan sólidas se deshacían en nada ante la evidencia de la última vez: la última formación para el desayuno, la última taza de pochascao espeso y caliente, la última vez que retumbaba el comedor entero cuando nos poníamos de pie porque había sonado la corneta, el último cigarrillo encendido de camino hacia la oficina diminuta donde yo recogía el último ejemplar del *Diario Vasco,* la última vez que sacábamos Pepe Rifón y yo del armario metálico los libros pesados como losas de Entrada y Salida y preparábamos los documentos para la firma del capitán y el reparto en la valija diplomática, con sus grandes tapas de cartón desvaído y los departamentos y bolsillos donde guardábamos y clasificábamos los oficios, los vales del pan, las hojas de cocina, los pasaportes en papel rosa que esa misma mañana firmaría el coronel para cada uno de nosotros, los bisabuelos, los que nos marchábamos con permiso indefinido, porque oficialmente no estaríamos licenciados hasta un mes más tarde, con nuestra Blanca en el bolsillo como el santo grial de todas nuestras ambiciones castrenses y el salvoconducto definitivo de nuestra libertad y de nuestra vida futura: la Blanca era nuestra única divinidad y nuestro evangelio, nuestro catecismo, nuestro libro rojo, nuestro Corán, y cuando por fin la viéramos y la tocáramos sería como tocar la materia indudable de los sueños, el halcón maltés y el cofre de un tesoro, el ábrete sésamo que nos iba a abrir las puertas del cuartel y a devolvernos para siempre a la tierra firme y real del otro lado del río.

De un minuto a otro se nos disgregaba como arena la sólida eternidad militar, y todas las costumbres en las que se sostenía, que ya veíamos a la luz de la realidad exterior, se nos volvían insustanciales, irrisorias, absurdas, y nos desprendíamos de ellas con un sentimiento de ligereza física y de inestabilidad, casi de vértigo, como si la fuerza de la gravedad se atenuara bajo nuestros pasos, porque es posible que la fuerza de la gravedad sea más pesada en el ejército, de manera que ya no arrastrábamos militarmente los pies, y nos costaba no ir más a prisa que el tiempo, no actuar como si ya nos hubiéramos marchado del cuartel o no perteneciéramos a la jurisdicción militar, tan rápidamente se borraba y deshacía todo alrededor nuestro, con alegría nerviosa, con accesos de incertidumbre, como de haberse ido ya y sin embargo abrir los ojos y vestir todavía un uniforme: era preciso más que nunca no descuidar un saludo al cruzarse con ningún oficial, no mostrar ningún síntoma de entusiasmo ni desobediencia delante de los sargentos, actuar en la oficina exactamente igual que en los días normales, escribir a máquina o rellenar formularios con el mismo aire de ensimismamiento y mansedumbre, mirando hacia la ventana y el patio donde estaba lloviendo y había la misma luz rara, neblinosa y gris de los días en que llegamos por primera vez a San Sebastián, como si aún duraran, como si el paso del tiempo hubiera sido una ilusión urdida por nuestra necesidad desesperada de marcharnos.

Y había que hacer limpieza y revisar todos los papeles y los libros que uno había ido dejando en los cajones y en el armario de la oficina, guardar papeles y cartas o romperlos en trozos pequeños, o tirarlos sin más a la papelera, cartas y borradores y recortes de periódico convertidos de repente en testimonios de un pasado lejano, la mili, de la que sin embargo aún no nos habíamos ido, páginas fracasadas de relatos o libros que no llegaron a existir, que yo empecé, (sentado delante de la máquina, frente a la ventana y la lluvia, en algún sábado o domingo desierto, tan deshabitado, solitario y lluvioso como los que sólo volvería a conocer trece años más tarde, en Virginia), para abandonarlos enseguida, o para postergar el desánimo de su continuación, el maleficio sordo de lo no concluido.

Guardaba o tiraba cartas, revistas atrasadas, billetes de tren o de autobús, esas huellas menores de la vida diaria que se van segregando y se acumulan sin perderse alrededor de uno como los desperdicios en una madriguera. Pero yo prefería no quedarme con nada, o casi con nada, tiraba las cosas con una euforia de borrón y cuenta nueva y con un punto vago de melancolía que sólo ahora identifico plenamente, aunque no sé si lo recuerdo o sólo lo estoy transfiriendo de quien soy ahora a quien era entonces, porque es posible que entonces no me diera cuenta de lo irrevocable de las despedidas, igual las felices que las desgraciadas, de la secreta capitulación frente al tiempo que ocurre cada vez que uno se marcha de alguna parte, guarda o descarta libros, revistas y papeles, desaloja armarios, mira un segundo la habitación vacía a la que no volverá nunca.

Recogía mis libros, y al hacerlo recapitulaba episodios de aquel año de mi vida que me parecía haber pasado tan en balde, el cuaderno de anillas donde llevaba copiados a máquina los poemas de Borges que me aprendía de memoria en el campamento y me recitaba en secreto durante las horas de instrucción, mi *Quijote* de Austral, *La gente de Smiley, El cine según Hitchcock,* el *Diario de un escritor burgués,* un par de volúmenes de cuentos de Julio Cortázar, *La línea de sombra, Dejemos hablar al viento,* la novela de Onetti que yo veía todos los domingos en el escaparate de una papelería cerrada de Vitoria, y que por fin había obtenido en San Sebastián, no comprándola, sino robándola, como casi todos los demás libros de aquella arbitraria biblioteca.

También guardé un tomo de escritos de Alfonso R. Castelao y *Sobre el problema de las nacionalidades,* de Stalin, regalos adoctrinadores de mi amigo Pepe Rifón que nunca llegué a leer, como sin duda él ya sabía cuando me los entregaba:

—Toma, intelectual, léete esto, a ver si se te aclara un poco la cabeza y cuando vuelvas a Andalucía empiezas a hacer algo por tu tierra.

Pepe se iba a Madrid a terminar la carrera interrumpida por la mili, y en cuanto la terminara volvería a Galicia para dar clases de matemáticas en algún instituto, hacer la revolución y si le fuera posible no separarse nunca de una camarada de su partido marxista leninista galleguista de la que estaba más enamorado de lo que era capaz de admitir su ironía. Se había pasado la mili escribiéndole cartas que ella no siempre contestaba, manteniendo con ella conversaciones telefónicas que solían dejarlo en un estado inusual de caviloso y retraído desánimo: era uno de esos amores en los que uno de los dos amantes, el más apasionado, se convierte en rehén de las incertidumbres y las opacidades del otro, y las alimenta sin saberlo con la asiduidad de su ternura, que el otro fácilmente considera opresiva, retrayéndose en la misma medida en que se le solicita y se le ofrece el amor.

Pero Pepe Rifón era un optimista tan imperturbable en sus sentimientos como en su ideología, un creyente tranquilo en las condiciones objetivas, en la inevitabilidad histórica de la revolución a pesar de todas las apariencias que sugerían lo contrario, en el éxito de su amor, incluso en la perduración de nuestra amistad a través de la distancia: nos volveríamos a ver muy pronto, en Madrid o en Granada, nos escribiríamos para contarnos las peripecias de nuestro regreso a la vida civil, la vida futura y temible a la que yo volvía al cabo de unas horas sin ninguna tarea precisa a la que dedicarme, sin oficio ni beneficio, sin una revolución social ni una carrera inacabada por delante, armado tan sólo de un título universitario idéntico al que poseían varios cientos de miles de parados y de algunos propósitos vitales perfectamente ilusorios, no mucho más sólidos a mis veinticuatro años que las figuraciones irresponsables de la adolescencia. Con su optimismo marxista, con su creencia terca y absoluta en que acabarían por cumplirse las mejores posibilidades de las cosas, Pepe Rifón confiaba en mí mucho más que yo mismo:

—Ya verás, cualquier día abro el periódico y me entero de que acabas de publicar un libro.

Pero el último día hasta las conversaciones sonaban irreales, y las voces distorsionadas, como si ya no fueran nuestras voces de siempre, o las escucháramos o recordáramos mucho después: también las entonaciones y las palabras militares que usábamos iban a quedarse en el cuartel igual que se quedaban nuestros uniformes, nuestras experiencias inútiles de más de un año, la camaradería y la brutalidad y el pavor, el desamparo, el descubrimiento de la crueldad dentro de uno mismo, el miedo y la excitación de las armas de fuego. Todo quedaba en nada, ni en ceniza, creíamos, en tiempo sin huellas, en el paso de las últimas horas, los colegas borrachos y saltando como simios sobre las mesas del Hogar del Soldado, el último toque y la última formación de fajina, a las dos de la tarde, nuestras caras barbudas, alucinadas y ausentes sobre los últimos platos de potaje cuartelario, y ya sólo nos faltaban cuatro horas, menos de tres y media cuando saliéramos del comedor, una hora escasa cuando terminara el Carrusel, el homenaje a los Caídos de todos los viernes, la ofrenda de un ramo de laurel delante del monolito mientras la banda interpretaba el toque de oración con un redoble sobrecogedor de tambores y todas las banderas de las compañías se inclinaban rindiéndose al heroísmo de los muertos.

Esa iba a ser la útima obligación de los bisabuelos de la segunda compañía, el desfile de homenaje a los Caídos, así que después de comer se vistieron de paseo como todos los viernes, se limpiaron las botas y los correajes, engrasaron por última vez los cañones de los cetmes, les ajustaron los cargadores con golpes secos y certeros, y mientras se vestían insultaban a los novatos pusilánimes y les gastaban las bromas consabidas, forzándolas hasta un grado de exasperación, conejos, vais a morir, si a mí me quedara la mitad de la mili que a vosotros me ponía la bocacha del chopo en la barbilla y me volaba la cabeza, os queda más mili que al monolito, que al palo de la bandera, que al Urumea, que al Chusqui...

Pero a algunos, los escaqueados, los que no teníamos que desfilar, el capitán nos autorizó a vestirnos de paisano, a entregar, como solía decirse, con una expresión que a mí me recordaba lo que decían los curas cuando yo iba a hacer la comunión, acercarse, con una simplicidad teológica. Acercarse era acercarse a comulgar, y entregar era guardar toda la ropa y los correajes en el petate y entregarlo todo en la furrielería, volcar las botas y las guerreras y los pantalones en una montaña jubilosa y hedionda de despojos militares y volver de allí transfigurado, ligero, con las manos en los bolsillos, con soltura y gallardía civil.

A las cuatro de la tarde, cuando todas las compañías empezaban a formar en el patio, Juan Rojo ya estaba vestido de paisano, con sus gafas de sol, su chaqueta de cuero, su camisa abierta, sus zapatos de tacón grueso y su esclava de macarra de Linares y narcotraficante latino, y Pepe Rifón y yo, aún recogiendo nuestros últimos papeles en la oficina, habíamos recuperado nuestra apariencia de universitarios rojos, nuestros jerséis de lana recia, nuestros pantalones de pana, los cuellos de las camisas bien visibles bajo las barbas idénticas: aún estábamos juntos los tres, pero se notaba que ya empezábamos a distinguirnos regresando cada uno al mundo y al vestuario a los que pertenecía, y que el simulacro de solidaridad delictiva y revolucionaria urdido por Pepe Rifón se desharía en cuanto nos marcháramos.

Juan Rojo se echó en el sillón de la oficina donde solía aposentarse el brigada Peláez, puso los pies en la mesa, lo miró todo con una expresión de desdén, como si hubiera entrado a robar en una casa en la que no encontraba nada de valor: con un sobresalto de pánico observé que empezaba a separar un trozo de un barra olorosa y oscura de hachís y que se disponía tranquilamente a liar un porro.

—Venga, oficinista, no seas muermo, no pongas esa cara, que un día es un día.

Juan Rojo hacía unos canutos rápidos y perfectos, como si los esculpiera, lisos y cónicos, muy delgados en la parte del filtro y gruesos al final, culminados en un lazo mínimo de papel que él prendía siempre con ceremonia, como inaugurando algo, una llama brevísima que al extinguirse daba paso a la lenta combustión de las hebras rubias de tabaco y los grumos de hachís. Pepe abrió la ventana, le dio una calada al porro y me lo pasó, y yo, aunque me había prometido que no fumaría, aspiré hondamente también, y entre los nervios que tenía y la extrema pureza del hachís me entraron enseguida palpitaciones y empecé a notar un principio de presión en el pecho, de miedo, de falta de aire, aunque la ventana estaba abierta, un presentimiento de desastre, confirmado por la irrupción veloz en la oficina de un suboficial de otra compañía, un sargento que asomó la cabeza, buscó a alguien y desapareció enseguida, provocándoles a Pepe Rifón y a Juan Rojo, tras un segundo de silencio, un ataque de risa, de aquella risa floja que daba el hachís y que al parecer era uno de sus mayores atractivos, y acentuándome a mí el miedo y el vaticinio de desastre hasta un punto en que noté que palidecía y que se me iban enfriando las manos.

Salí de la oficina, me alejé cobardemente de ella, mareado y furioso contra la temeridad de mis amigos, obsesionado con la idea de que en los últimos minutos iba a ocurrirme algo por culpa de ellos. Yo no era tan audaz ni iba a serlo nunca, y lo que deseaba era marcharme cuanto antes del cuartel para no seguir viéndome obligado a fingir un coraje y una indiferencia hacia las normas de los que había carecido siempre.

Pensaba que aquel sargento nos había visto fumar hachís y nos delataría. Para desprenderme de ese principio de obsesión —el hachís me exacerbaba una tendencia innata a las obsesiones más peregrinas—me lavé la cara con agua fría y me acodé a tomar el fresco en una de las ventanas que daban al patio. La compañía estaba desierta, pues salvo Juan Rojo, Pepe Rifón y yo todo el mundo participaba en el homenaje a los Caídos. En los muros del cuartel resonaba el eco de los tambores y de las trompetas, que se escucharía también, con claridad y distancia, al otro lado del río, en Loyola. Al ritmo tenso y creciente de la percusión los banderines de todas las compañías se inclinaban hacia el monolito mientras el coronel dejaba en su base una corona de laurel y el páter, vestido como un cura del siglo XIX, de una novela del siglo XIX, recitaba en voz alta un padrenuestro, con tal energía eclesial y castrense que era posible distinguir sus palabras a pesar de la trepidación de los tambores y los metales. La dotación entera del cuartel permanecía en posición de firmes, en un paroxismo geométrico de inmovilidad, y el redoble cada vez más rápido y grave de los tambores creaba como una expectativa entre de heroísmo trágico y prodigio circense: hasta al brigada Peláez se le distinguía en una esquina de la formación sacando el pecho, con uniforme de gala y correajes brillantes, con el espadín de militar de zarzuela colgándole al costado.

Tras la severidad fúnebre de la ofrenda a los Caídos la banda atacaba el himno de Infantería y a sus acordes enérgicos de pasodoble militar comenzaba el desfile, un desfile imaginado sin duda para recorrer en triunfo las calles de una ciudad con gente aplaudiendo al paso y banderas en los balcones: pero en nuestro cuartel se desfilaba alrededor del patio, se salía por una puerta lateral y se volvía a entrar enseguida por otra, sin cruzar nunca el puente, sin pasar al otro lado del Urumea. Por última vez yo escuchaba las pisadas unánimes de mil pares de botas sobre la grava del patio y las efervescencias patrióticas del himno:

De los que amor y vida te consagran
escucha España la canción guerrera,
canción que brota de almas que son tuyas,
de labios que han besado tu bandera...

Sobre mi cabeza, en el piso de arriba, oía los pisotones y los saltos de un par de bisabuelos borrachos que estaban viendo el desfile desde la galería superior, muertos de risa, y seguramente ciegos de hachís, cantando una de aquellas rumbas de Los Chichos que arrasaban la sentimentalidad de la clase de tropa:

Tengo un amor en la calle,
amor que es de compra y venta.

Pero ya eran las cinco, terminaba el desfile, en cuanto se diera la orden de rompan filas resonaría en el patio con más fuerza que nunca el grito diario de la libertad, aire, y los bisabuelos subirían las escaleras en una violenta estampida, en un torrente de pisotones y rugidos, y ahora sí que se quitarían los uniformes para no volver a ponérselos nunca, dejarían los cetmes en los anaqueles de las armas, se arremolinarían ya vestidos de paisano para entregar los petates y la ropa militar, saldrían corriendo hacia la puerta de la oficina para que el capitán les entregara a cada uno la Blanca, estrechándole luego la mano, con un último gesto de cordialidad militar...

Justo cuando nuestros compañeros volvían tumultuosamente del desfile Pepe Rifón y yo estábamos cumpliendo la última de nuestras tareas administrativas: ordenar alfabéticamente las cartillas militares. La irritación y el miedo se me habían disipado al mismo tiempo que los efectos del hachís. Sólo quedaba la impaciencia, la rapidez nerviosa de los actos, la visión ligeramente desenfocada de las cosas, percibidas con turbiedad, como los rasgos de alguien en una fotografía movida. Entonces la puerta de la oficina se abrió de un empujón y el sargento Martelo apareció en el umbral quitándose los guantes blancos del desfile, mirándonos a Pepe Rifón y a mí con una jovialidad torcida, jactanciosa y grosera.

—A ver, vosotros dos, poneros inmediatamente el uniforme.

—El capitán nos autorizó a cambiarnos de paisano, mi sargento.

—El capitán a lo que os va a autorizar ahora es a ingresar en el calabozo. Licencia cancelada. Órdenes del coronel. Os lo dije a los dos, os lo venía advirtiendo: cuidadito, que con nada que os paséis la vais a cagar. No será porque no os avisé. Y sois los dos tan gilipollas que en el último momento la habéis cagado.

No creo que al principio dijéramos nada, o que nos moviéramos. Ni siquiera éramos capaces no ya de buscar un motivo, sino de aceptar como verdadero lo que nos sucedía: sin duda el sargento que entró en la oficina mientras fumábamos el porro nos había delatado. Pero el sargento Martelo no explicó nada, estaba claro que prefería por ahora someternos a la tortura de la incertidumbre. «La habéis cagado, por idiotas», repitió antes de salir, cerrando de un portazo, «por listos, que os creéis muy listos vosotros».

Me temblaban las piernas cuando me levanté. Al otro lado de la puerta crecía el tumulto salvaje de los bisabuelos. Adónde vas, me preguntó Pepe Rifón, y yo le contesté en voz baja, adónde voy a ir, a vestirme otra vez de soldado. Tú no te muevas, dijo, siempre con aquel aire de sagacidad y de calma, no hagamos nada hasta que no hablemos con el capitán, o con el brigada Peláez. No podía creerlo, no aceptaba que no fuéramos a irnos, que el reloj se hubiera parado en los últimos minutos, pero la debilidad de las piernas, el vacío en el estómago y el temblor de las manos que no acertaban a encender un cigarrillo, me estaban diciendo que era verdad el desastre, que se había cumplido la amenaza que estuvo pendiendo sobre mí desde que llegué al cuartel, desde que el capitán recibió aquel informe con el sello de alto secreto, discreta vigilancia durante seis meses. El pavor se convertía en remordimiento, debí haber sido más prudente, os advertí que no encendiérais el porro en la oficina, le dije con amargura y resentimiento a Pepe Rifón, a quién se le ocurre jugársela así, una hora antes de irnos. Pero él se mantenía lúcido, no puede ser por eso, razonó, hablando tan en voz baja como yo mientras al otro lado de la puerta cerrada aumentaban los gritos, los portazos, el escándalo beodo de una celebración de la que nosotros dos ahora estábamos excluidos: no te das cuenta, si fuera por lo del porro habrían arrestado también a Juan Rojo, y Martelo sólo ha hablado de nosotros dos.

Entró el brigada, muy pálido, con la piel amarillenta, se desprendió con extrema dificultad del correaje, del espadín y de la pistolera, dejándolo todo de cualquier modo sobre la máquina de escribir, pero paisano, decía, Rifón, qué habéis hecho, cómo se os ocurre, el coronel ha llamado al capitán y le ha echado una bronca, y nosotros seguíamos sin saber por qué, y nos dábamos cuenta de que el pánico del brigada no era por lo que pudiera sucedernos, sino por las posibles consecuencias que nuestro comportamiento y nuestro arresto pudieran tener sobre él. Se le notaba mucho que no nos defendería si lo necesitábamos, y que si lo consideraba preciso nos negaría para salvarse, o tan sólo para no sufrir una bronca.

Pero qué hemos hecho, le pregunté una vez más, y entonces, en vez de responderme, se puso rígido y alerta, acababa de abrirse la puerta contigua, la de la oficina del capitán, y yo creo que al oírla a los tres nos dio un vuelco el corazón. Sonó el timbre una vez, luego otra, dos veces, era la llamada para los oficinistas, pero cuando Pepe Rifón y yo nos mirábamos a ver quién se atrevía a ir sonó un tercer timbrazo, y ahora el que palideció del todo fue el brigada, porque la orden era para él. Antes de salir tragó saliva y nos dijo:

—Pero a quién se le ocurre ponerse a saltar y a dar voces durante la ofrenda a los Caídos. Esto yo no me lo esperaba de vosotros.

Salió el brigada, irguiéndose, ensayando la expresión grave y enérgica que debía adoptar delante del capitán, y un momento después, como en esas comedias de puertas que se abren y se cierran, aparecieron Martelo y Valdés, y tras ellos vi que se asomaban con caras muy serias Pepe el Turuta, Chipirón y Agustín, que ya estaban vestidos de paisano y me hacían señales interrogativas en silencio.

—¿Le puedo preguntar qué hemos hecho, mi sargento? —dijo Pepe Rifón, muy suavemente, pero sin el menor tono de docilidad.

—Lo primero que tienes que hacer es ponerte de pie y cuadrarte cuando entra en la oficina un superior.

Pepe obedeció despacio la orden de Valdés y se quedó a un paso de él, muy cerca, en la oficina tan pequeña, tranquilo y vestido de civil delante de la estatura del otro, con gafas y barba, con algo de somnolencia en su actitud. Comprendí entonces que una de las mayores diferencias entre él y yo era el modo en que nos afectaba a cada uno el miedo.

—A ver, tú —me dijo Martelo— ponte delante de la máquina. ¿No lleváis toda la mili escaqueándoos de los servicios de armas con el cuento de la mecanografía? Pues te vas a dar el gusto de escribir tu propio parte de ingreso en el maco. Un mes para cada uno, por listos. Venga, escribe, «remitiendo arrestados a calabozo...».

Empecé a escribir y los dedos me temblaban tanto que no podía encontrar las teclas de la máquina. Quería contenerme, pero los ojos se me estaban humedeciendo, ya veía tras una niebla escarchada los caracteres que iban surgiendo en el papel, y me daba rabia que los sargentos descubrieran mis lágrimas y encontraran en ellas un nuevo motivo de escarnio. Me encontraba en un estado de suspensión de la realidad, disociado de ella, de las cosas habituales que había a mi alrededor y que permanecían invariables a pesar del desastre que me ocurría a mí, impenetrables para mis desgracia, tan indiferentes y ajenas a mi presencia como si yo no existiera.

—Nosotros no hemos hecho nada, mi sargento —decía detrás de mí, en otro mundo, Pepe Rifón—. Pregúntele a Juan Rojo: él sabe que durante el desfile estábamos en la oficina.

—Buena recomendación, sí señor —se burlaba Valdés, sentado ahora en el sillón, con las botas encima de la mesa—. Un quinqui, un testigo de toda confianza.

—«... habiéndoseles sorprendido en actitud de falta grave de respeto durante la citada ceremonia...» —a Martelo se le notaba en la voz que estaba disfrutando, transparentaba en ella un matiz inusual de alegría.

Inclinado sobre la máquina de escribir me imaginaba a mí mismo esa noche, tendido sobre una de las colchonetas sucias del calabozo, sin poder dormir, escuchando tal vez, un rato después del toque de silencio, el silbido y el estrépito del expreso en el que estarían viajando hacia Madrid la mayor parte de los bisabuelos de la segunda compañía. Uno siempre piensa que las cosas peores sólo les suceden a otros, así que para mí era muy extraño imaginarme ahora tal como había visto cada tarde a los arrestados al calabozo cuando los sacaban durante media hora al patio, alucinados por la claridad, sin gorra, sin cinturón y arrastrando botas sin cordones, para evitarles la tentación de ahorcarse. Pero lo peor no era el calabozo, sino el hecho intolerable y simple de que no nos íbamos, de que se hubiera vuelto contra nosotros nuestra exclamación de bisabuelos y resultara ahora que allí nos íbamos a quedar, Pepe Rifón y yo, todavía otro mes entero, un pozo inhumano de tiempo, una insoportable eternidad por comparación con los minutos breves y rápidos que hasta un rato antes nos faltaban.

Terminé de escribir el oficio, Martelo lo arrancó de la máquina con su habitual delicadeza y lo leyó como no fiándose de que yo hubiera escrito exactamente lo que él me había dictado. En cuanto tuviera la firma del capitán el cabo de cuartel nos llevaría al calabozo. Pero antes de todo lo que teníamos que hacer era ir a la furrielería a recuperar nuestros uniformes de faena. Salimos de la oficina Pepe Rifón y yo y en la puerta nos estaban esperando nuestros amigos, ya vestidos todos de paisano, muy serios, afectando un aire de incredulidad, venga, hombre, no es posible, seguro que se arregla todo, con el enchufe que tenéis vosotros, dijo Pepe el Turuta, y Chipirón nos miraba con lástima y con un supersticioso recelo en sus ojos diminutos, como temiendo que nuestra mala suerte se le contagiara. «Hay que rajarlos», murmuró Juan Rojo con toda seriedad, «a esos dos sargentos hay que rajarlos en cuanto nos vayamos de aquí». Cruzábamos entre las camaretas hacia la furrielería y algunos veteranos paraban la juerga de la despedida para quedársenos mirando con esa curiosidad sin compasión que despierta el infortunio de otros, con un fondo de alivio por no haber sido ellos los castigados. Sólo a Agustín Robabolsos se le desbordó la pena y la solidaridad, y mientras movía la cabeza negándose a aceptar que no fuéramos a licenciarnos tenía los ojos húmedos y se limpiaba ruidosamente la nariz con el dorso de la mano:

—Si estos godos de mierda no les dejan irse a ustedes y los mandan al maco yo no cojo la Blanca, carajo, que se la metan en el culo, ustedes dos son mis amigos y yo no me voy de aquí sin ustedes, carajo.

Cuando entramos en ella para buscar nuestros uniformes, la furrielería, la furri, parecía más que nunca el almacén de un trapero: en aquel desorden sofocante de ropa usada y olores rancios de sudor nos sería imposible encontrar los uniformes que habíamos entregado un par de horas antes. El lugar oscuro y nuestra búsqueda tenían algo de escenas de un sueño, de uno de tantos sueños futuros en los que regresaríamos asustados e incrédulos al cuartel. No hablábamos, no teníamos ánimo ni para mirarnos, y que Pepe Rifón hubiera acabado por derrumbarse igual que yo era otra prueba de que no teníamos escapatoria.

Entonces apareció el brigada Peláez en la puerta de la furrielería y se vino hacia nosotros con los brazos abiertos, con su sonrisa sagaz de hombre influyente y su gorra de guarda de parques y jardines más torcida de lo que su autoridad hubiera requerido:

—Venga, dejad eso y ponéos en cola para recoger la cartilla. Mi trabajo me ha costado, pero he convencido al capitán de que érais inocentes, ya sabéis vosotros lo pesado que me pongo cuando estoy convencido de llevar la razón.

Resultaba que el coronel, en el momento más solemne del homenaje a los Caídos, había visto desde el patio a dos soldados que bailaban y hacían gestos de burla echados sobre la barandilla de una galería; pero él o su ayudante se habían confundido, pues la barandilla no era la de nuestra compañía, la segunda, sino de la tercera, que estaba en el piso superior, inmediatamente encima de nosotros: a esos dos soldados con quienes los sargentos se apresuraron a identificarnos los había oído yo cantar y bailar mientras miraba el desfile.

No llegamos a enterarnos de qué modo se deshizo el malentendido: tampoco supimos, ni nos importaba, lo que fue de los dos soldados borrachos por culpa de los cuales habíamos estado a punto Pepe Rifón y yo de pasar un mes de calabozo. Cuando ya habíamos recogido la Blanca nos cruzamos con Martelo y no tuvo el valor de sostenernos la mirada.

Justo al salir por la puerta del cuartel corrimos como no habíamos corrido nunca, con una felicidad y una energía para las que nos faltaban aire y espacio. Cruzamos corriendo el puente sobre el Urumea y ni siquiera nos detuvimos para lanzar ritualmente al agua los candados y las llaves de las taquillas, los recuerdos últimos del petate que ya nunca más cargaríamos a nuestra espalda. Al caer al agua lenta y cenagosa los candados de todos los bisabuelos provocaban en ella como un sobresalto de disparos. Llegamos al otro lado del puente pero ni siquiera entonces nos detuvimos, y ninguno de nosotros volvió la cabeza para mirar los árboles y la espesura de la orilla y los torreones de ladrillo rojizo del cuartel. Seguimos corriendo, mis amigos y yo, cruzamos a una velocidad de vendaval la autopista, sólo nos paramos cuando ya estábamos tan lejos que no se veía el cuartel ni podían escucharse los toques de corneta. Nos miramos entonces jadeando y exhaustos, como si volviéramos a vernos después de una catástrofe a la que para nuestro asombro habíamos sobrevivido.

A las once de la noche, roncos, deshechos, perfectamente beodos, colocados, rendidos y felices, subimos al exprés. Sería al llegar a Madrid cuando nos separáramos: Chipirón y Agustín tomaban un vuelo hacia Canarias, Juan Rojo y Pepe el Turuta viajaban a Sevilla, al parecer con el propósito de emprender juntos un negocio de algo, Pepe Rifón intentaría matricularse en la Complutense, yo esperaba encontrar un billete en el primer tren que saliera de Atocha hacia Linares-Baeza.

En el expreso San Sebastián-Madrid prácticamente sólo viajábamos esa noche militares recién licenciados: en los vagones había la misma bronca que en las camaretas de colegas, y los pasillos eran un turbión de soldados de paisano que intercambiaban a gritos bromas de cuartel. Apalancados en un departamento de segunda, con la compañía escandalosa de un radiocassette que el revisor se quedó mirando muy serio pero sin atreverse a decirnos que lo desconectáramos, bebimos litros de cerveza, batimos palmas al ritmo de Los Chichos, fumamos talegos de hachís, comimos nuestros últimos bocadillos ciclópeos y soldadescos de foie-gras con anchoas y tortilla de champiñones. Hablábamos sin descanso, muy excitadamente, de nuestras últimas horas en el cuartel, y revivíamos la huida final atropellándonos unos a otros, como se cuentan películas los niños. Ninguno de nosotros aludía esa noche a lo que iba a ser su vida desde el día siguiente.

A las dos o a las tres de la madrugada el tren se había ido quedando en silencio. La cinta que escuchábamos había llegado al final y nadie le dio la vuelta. Salí del departamento procurando no enredarme con las piernas de los otros, y al ir por el pasillo buscando el baño y sujetándome con las dos manos a toda superficie que me lo permitiera me di cuenta de que había bebido tanta cerveza y fumado tanto hachís que no era responsable de mis movimientos y sólo poseía unas nociones muy generales sobre mi identidad. Como en todas las celebraciones que se prolongan mucho, el entusiasmo de la libertad se me había agotado, igual que se agotan en una fiesta el alcohol o las horas de la noche dando paso en los corazones menos animosos a una sospecha íntima de fraude, de fatiga inútil, de culpa. Al salir del baño me ocurrió el percance absurdo de que la puerta cayera sobre mí. La sostenía con las dos manos, incapaz de hacer nada práctico con ella, queriendo dejarla en una cierta posición de equilibrio, al menos mientras me escapaba de allí, pero no había modo, me apartaba un paso, el tren daba una sacudida y la puerta caía sobre mí, y yo temía que viniera el revisor y me encontrara en aquella posición ridícula, en cierto modo comprometedora, como si un vandalismo mío hubiera causado la rotura de la puerta del baño...

Aproveché un momento de calma para dejarla apoyada contra el marco, escapé como si abandonara a un animal, la oí caer a mi espalda como una losa, como un portalón derribado, pero no me volví, quería regresar cuanto antes al vagón donde ya dormían mis amigos. Al rato de avanzar por el pasillo me extrañó no haber llegado aún: creí comprender que me había confundido, que estaba moviéndome en dirección contraria a la de la marcha. Di media vuelta y a los pocos pasos volví a encontrarme perdido: estaba tan intoxicado de hachís y de sueño que no sabía en qué dirección iba el tren, y afuera la oscuridad era tan densa que yo no podía buscar ningún punto de referencia. Apoyé la espalda contra la pared, cerré los ojos, intenté percibir hacia dónde era llevado, y cuando creía saberlo me parecía otra vez que el tren había cambiado de sentido y viajaba en dirección contraria, no sabía si hacia el sur o hacia el norte, en medio de la oscuridad, y avanzaba extraviado por el pasillo vacío, junto a las puertas cerradas e iguales de los departamentos, temiendo no encontrar nunca a mis amigos, no averiguar hacia dónde iba o regresaba.

XXIII.

Una noche de enero, en Madrid, iba a cruzar la Gran Vía frente a la calle Hortaleza cuando vi pasar cerca de mí una figura que me resultó inmediatamente familiar, aunque apenas había visto su cara. Caminaba casi rozando la pared, a la manera de ciertas personas muy tímidas, y la luz escasa convertía casi en una sombra su figura baja y ancha, fornida, cubierta por un abrigo de cuyas solapas apenas llegaba a sobresalir una cabeza abatida y sin cuello. A pesar de la poca luz, de que no lo veía de frente, de que habían pasado algo más de catorce años desde la última vez que habíamos estado juntos, el reconocimiento fue instantáneo, y el nombre vino a mis labios con una espontaneidad en la que ni siquiera hubo tiempo de que interviniera la memoria: «Martínez», dije, sin alzar, creo, demasiado la voz, en la acera más bien oscura por la que en ese momento no pasaba nadie más, y él, que caminaba tan ensimismado, con la cabeza inclinada entre las solapas anchas del abrigo y una bolsa de plástico en la mano derecha, se volvió buscando a quien lo llamaba y me vio a mí, que aún estaba parado junto al semáforo, al filo de la acera, y que también vestía un abrigo oscuro, tenía una edad semejante a la suya y llevaba algo en la mano, no una bolsa, me acuerdo, sino un paquete de confitería atado a la antigua con una cinta roja. La cara de sorpresa o de aturdimiento adquirió enseguida una sonrisa, y él tampoco tardó ni un segundo en decir mi nombre: seguía llevando una barba pelirroja, y su mirada y su presencia tenían exactamente la misma pesadumbre que en el invierno de 1979, cuando nos conocimos, pero ahora le faltaba mucho pelo, aunque no podía decirse que se hubiera quedado calvo, porque seguía peinándose con raya. Tenía los brazos cortos, las manos anchas y pecosas, con esa palidez particular de las manos de los pelirrojos, y el corte de su abrigo era definitivamente anticuado, como la espiguilla del tejido.

Me acordaba de todo, tantos años después: de su nombre y de sus dos apellidos, que yo mecanografiaba tantas veces en la oficina del cuartel, de la calle y del número de la casa donde vivían sus padres y del oficio de su madre, de la que él me había dicho en alguna de las raras conversaciones personales que tuvimos que trabajaba de portera. Al verlo, y durante los minutos que pasé charlando con él, en la otra acera de la Gran Vía, justo en la esquina de la calle Hortaleza, quedó suspendido el tiempo en el que yo vivía cuando nos encontramos, y al que regresé luego enseguida, después de intercambiar con él nuestros números de teléfono, anotados en cualquier papel, en el reverso de un billete de metro o del recibo de una tienda, porque resultó que ninguno de los dos teníamos tarjeta.

Unos segundos antes, mientras subía por la calle Montera, en la primera hora de la noche invernal, con las solapas de mi abrigo levantadas y mi gorra bien calada sobre la frente, yo había vivido en la plena inmersión de mi vida de ahora, los treinta y ocho años que acababa de cumplir, mis tareas inmediatas y mis cálculos para el futuro, la mezcla de desamparo y de íntima excitación que me provoca siempre el espectáculo nocturno del centro de Madrid, sobre todo en las noches invernales de lunes y de martes, cuando parece extenderse por las calles una orfandad y un frío que lo contaminan todo de desolación: hay que volver a casa cuanto antes, hay que abrigarse en la temperatura hospitalaria de la calefacción y en la certidumbre de los afectos y las cosas.

Venía de dar un paseo a solas, con el motivo o el pretexto de comprar algo para la cena, y cuando me detuve en la esquina de la calle Montera con la Gran Vía iba pensando en que también necesitaba verdura y fruta, con el ensimismamiento y la severa concentración que pone uno en sus cavilaciones más triviales, pero una parte de mí permanecía alerta, a distancia de mis pasos y de mis intenciones, porque si no no habría descubierto a aquella figura que ni siquiera pasó por delante de mí, sino por esa zona marginal de la visión de la que sólo cobramos conciencia en caso de peligro, la figura de un hombre común, soluble en la gente y en la luz escasa de la noche de Madrid, como encogido sobre sí mismo, caminando tan cerca de la pared que su sombra se confundía con ella, caminando a solas, con una bolsa de plástico apretada en la mano, con la determinación ausente de quien se dispone a volver a casa y ya no considera que valga la pena seguir mirando alrededor.

Me había acordado de él con cierta frecuencia a lo largo de aquellos catorce años, con frecuencia pero sin ningún motivo particular, pues no habíamos llegado a hacernos amigos, ni siquiera a tratarnos con aquella fraternidad algo zafia que hasta a los más retraídos se nos contagiaba en el cuartel. Él vivía un poco al margen de todo, dedicado a leer o a pasear solo o quedarse arrebujado en las mantas de la litera cuando no estaba de guardia. No se metía con nadie, nunca gritaba ni se hacía notar, a no ser cuando algún bruto le gastaba una broma o un sargento lo llamaba empanao durante la instrucción. Me había acordado de su aire permanente de infortunio, de lo mal que le sentaban siempre las prendas del uniforme, del número inhumano de guardias que le había tocado hacer en aquel invierno húmedo y frío de San Sebastián en el que yo tuve la buena suerte de ser nombrado oficinista, y de quedar relevado por lo tanto de lo que se llamaban servicios de armas.

A Martínez el tres cuartos le quedaba siempre muy grande, y las mangas tan largas que sus manos desaparecían en los puños, y cuando desfilaba o hacía gimnasia se quedaba siempre el último, bajo y desmañado, en pantalón corto y camiseta, jadeando detrás de los más rezagados o sosteniendo un fusil que entre sus manos siempre parecía absurdo, pues era obvio que no habría podido hacer nada práctico con él. Con frecuencia me había acordado de una vez que me tocó formar delante de Martínez, en el patio del cuartel, a la hora de fajina; él era el último de nuestra fila, y por alguna razón en el orden riguroso de entrada de las compañías en el comedor a la nuestra le tocó quedar para el final, y la fila en la que él y yo estábamos entró la última de todas, de modo que aquel día los mil soldados del Regimiento de Cazadores de Montaña Sicilia 67 entramos en el comedor delante de Martínez, que al acercarse a la puerta detrás de mí, solo ya en el gran patio vacío, con la cabeza baja y la mandíbula ancha y adelantada, más prominente a causa de la barba pelirroja, murmuró una declaración inolvidable de melancolía, de pura congoja bíblica:

—Soy el último de los últimos.

Casi me extrañó ahora, tantos años después, verlo vestido de paisano, pues ésa era la única diferencia en su aspecto, aunque el abrigo que vestía le estaba tan grande como los tres cuartos militares de entonces, y seguía teniendo un pesaroso aire de lentitud e infortunio. El presente desapareció, el lugar donde estábamos, la vida que transcurrió desde que nos habíamos licenciado, en diciembre de 1980: contarnos cada uno lo que habíamos hecho desde entonces tenía algo de irrealidad, o de sueño, una tonalidad tan fantasmal como la de las aceras vacías en la noche oscura y helada de enero o la de nuestras dos figuras con abrigos y bolsas de plástico paradas en una esquina particularmente sombría de Madrid, junto al escaparate de una tienda de tejidos cerrada años atrás, abandonada y polvorienta, con espejos escarchados y anaqueles de madera oscura que debieron ser imponentes hace medio siglo y que ahora están cubiertos de polvo y sucios de ruina.

Era tan raro contarnos nuestra vida porque de pronto la veíamos desde la perspectiva de nuestra estancia en el ejército, así que era como si nos contáramos el futuro que nos aguardaba entonces, como un ejercicio inverso de adivinación: ahora sabíamos lo que permanecía oculto cuando nos licenciamos, aquello en lo que íbamos a convertirnos con el paso del tiempo. Martínez me contó que vivía en una barriada lejana, y que debía madrugar mucho para acudir a su trabajo de corrector de pruebas. Le dije que no había cambiado nada, y él sonrió y dijo, ni tú tampoco, aunque no lleves barba. Hacía un frío muy intenso, el frío de las noches de enero en Madrid, las noches de pesadumbre laboral de los lunes y martes. Le propuse a

Martínez que tomáramos algo por allí cerca, una cerveza o un café: me dijo que se le hacía tarde, que aún lo esperaba un viaje largo en metro y luego en autobús para llegar a su casa. Lo imaginé levantándose en el frío agrio y la oscuridad del amanecer, aún más temprano que cuando nos despertaba la corneta en el cuartel. No le pregunté si estaba casado o si tenía hijos: no recuerdo si yo le hablé de los míos. Nos despedimos enseguida, con extrañeza y afecto, prometimos llamarnos cualquier día por teléfono, aun sabiendo los dos que aquellos números apuntados en cualquier parte se nos perderían, o uno de nosotros lo encontraría en un bolsillo al cabo de semanas o meses y sería incapaz de recordar a quién pertenecía.

Nada es más raro que los itinerarios casuales de una rememoración. En Charlottesville, en la universidad de Virginia, durante el invierno y la primavera de 1993, la lejanía absoluta de mi país y de mi vida me hizo volver a acordarme de cosas que suponía olvidadas, de los sueños de regreso al ejército que por entonces ya no me asaltaban casi nunca. Un año después, una noche de enero, el encuentro con el soldado Martínez en una esquina de la Gran Vía se vinculó, sin motivo preciso, aunque tal vez con una íntima afinidad, a una conversación que mantuve en Virginia con mi amigo el profesor Tibor Wlassics, erudito en las mayores sutilezas de Dante, devoto de la *Divina Comedia,* y de *Lolita,* ex teniente del Ejército Rojo, fugitivo de su país, Hungría, en 1956, acogido a la nacionalidad norteamericana y a la hospitalidad de los campus universitarios después de una larga peregrinación europea, igual que Vladimir Nabokov, Humbert Humbert o Timofey Pnin.

Tibor era un hombre alto, de ademanes muy lentos, calvo, con gafas de montura gruesa, con la cara grande: me recordaba a Onetti en sus fotografías de los primeros setenta. Procedía de una de esas familias centroeuropeas de las que han salido algunas de las mayores inteligencias del siglo, esas familias ricas, solemnes, liberales, formidablemente cultas, judías o gentiles, burguesas o de linaje, dispersadas o aniquiladas por los totalitarismos y las guerras, que rememoran con nostalgia inextinguible en sus libros Vladimir Nabokov, Nina Berberova o Elías Canetti. Como cualquiera de ellos, y gracias a una mezcla singularmente fértil de educación de primera clase y exilio, Tibor era un admirable políglota. Leí artículos suyos escritos con idéntica fluidez y elegancia en italiano, en inglés y en francés; también dominaba el alemán y el latín, y añoraba siempre la flexibilidad y la riqueza del húngaro. Tras la ocupación soviética de su país, y para proteger en lo posible a su familia, Tibor se enroló voluntariamente en el ejército rojo, como esos hijos de republicanos españoles que se marchaban a la División Azul. A los veinte años ya había ascendido a oficial. Me contaba su vida sin permitirse ningún énfasis ni separar mucho los labios durante los almuerzos tempranos y frugales que compartíamos con regularidad en el comedor de profesores, junto al pabellón donde estaban las aulas. Hablaba separando muy poco los labios y al caminar apenas levantaba los pies del suelo. Hacía poco que había estado muy enfermo, y en sus gestos había lentitudes de convalecencia.

Nos unió enseguida la devoción por Borges y por Nabokov, así como una prudente incredulidad hacia los graves dogmas de las teorías literarias y psicoanalíticas de moda. Un día hablamos de nuestra experiencia militar, y de la propensión a la barbarie que parece latir en cualquier grupo grande y encerrado de varones, y Tibor me dijo:

—Las mujeres nos corrigen. Nos hace falta su presencia para ser mejores. Por eso son tan peligrosas todas las instituciones de hombres solos.

En 1956 desertó del ejército y se unió a las multitudes que derribaban las ciclópeas estatuas de Stalin en las plazas de Budapest. Fracasado el levantamiento, tuvo que huir de Hungría. Sus viajes de apátrida lo condujeron poco después a Madrid. Me contó que parecía una ciudad de antes de la guerra, en parte porque los coches escasos que circulaban por ella eran casi todos de los años veinte y treinta, con calles adoquinadas y arboladas, con tranvías azules, silenciosa o poblada de pasos y de voces humanas. Fue profesor en universidades de Italia, y a finales de los sesenta emigró a Estados Unidos. Podía ironizar sobre el país, pero nunca olvidaba su agradecimiento: «En ninguna parte más que aquí me permitieron dejar de ser un apátrida.»

Le pregunté cuánto había tardado en volver a Hungría: algo más de treinta años. Volvió a su pueblo natal y buscó la casa de su familia, en la que no había estado desde el final de la infancia. La encontró convertida en biblioteca pública. Me contó que no se acordaba de nada, que al entrar en el vestíbulo la emoción fue desmentida o malograda por el desconocimiento. Aquellas salas cubiertas de libros no provocaban ninguna resonancia en su alma. Pensó con tristeza, aunque sin demasiado dolor, que él no pertenecía a ese lugar, que ya era sólo lo que otros verían, un turista norteamericano. La bibliotecaria le dijo que si lo deseaba podía subir al piso de arriba. Tibor aceptó con cierta desgana, y al apoyar la mano derecha en el pasamanos de la escalera algo le ocurrió. Su mano reconoció instantáneamente lo que para su mirada y su memoria había sido inaccesible. Al tocar la superficie de la madera la mano fue como aludida y luego guiada por ella, y Tibor entonces sólo tuvo que dejarse conducir, escaleras arriba, como un ciego, y sus pasos fueron haciéndose más rápidos conforme el niño que había sido tanto tiempo atrás, cuando vivía en aquella casa, despertaba en él, y así subió hasta el último piso en un trance de desconsuelo y felicidad y sólo entonces su mano derecha se desprendió de la baranda para empujar la puerta de la habitación que había sido el dormitorio infantil.

Pero Tibor Wlassics y Martínez no es probable que se encuentren nunca, y yo, que no escribo una novela, no tengo que inventar un pretexto para vincularlos entre sí, una sencuencia de causas y efectos que lleve de una conversación en un comedor de la universidad de Virginia a un encuentro casual en Madrid. Sólo me dejo llevar, dócil a los azares y a las solicitudes de la rememoración, como si me guiara esa mano sabia y lúcida que sube hacia aún no se sabe dónde, hacia ese instante último en el que Martínez y yo nos quedamos mirando sin saber ya qué decirnos, cada uno con el teléfono y la dirección del otro apuntados en un papel, guardados en un bolsillo del que se esfumarán como tantas cosas mínimas, los billetes de metro, los resguardos de cosas, los recibos del cajero automático.

Nos estrechamos las manos para despedirnos, ateridos los dos, simétricos en el tamaño de nuestros abrigos, en la sensación de sorpresa y misterio por aquel encuentro, que no había durado más de cinco minutos, y durante el cual no habíamos hablado en realidad de la mili, no habíamos sucumbido a ese entusiasmo monótono por las rememoraciones sentimentales y embusteras al que son tan proclives los antiguos compañeros de armas. Ni siquiera me preguntó Martínez por Pepe Rifón, aunque seguramente se acordaba de vernos siempre juntos. «Martínez», le decía Pepe con sorna, «tú no eres de ninguna parte, tú estás condenado a ser español».

Nos dijimos adiós y yo volví la esquina de Hortaleza, pero después de unos pasos me di la vuelta para verlo alejarse: había cambiado de acera, y caminaba Gran Vía abajo por una franja oscura de sombra, alumbrado fugazmente por la claridad frigorífica y verdosa de un cajero automático. A los demás tendemos por comodidad e insensata soberbia a atribuirles un papel de personajes episódicos en la película inventada a diario de nuestras vidas: más que a la suya, viéndolo de lejos me parecía que Martínez regresaba a la pura oscuridad del tiempo que se lo tragó catorce años atrás, y de la que había emergido durante unos minutos para cruzarse conmigo en una esquina de Madrid.

Mientras me acercaba a mi casa, mientras abría la puerta y dejaba el abrigo y la gorra en el perchero y me frotaba las manos agradeciendo el calor, todos esos gestos usuales cobraban un relieve singular de hechos únicos y al mismo tiempo se me volvían frágiles y casuales, como las firmes cosas que me rodeaban y la expectativa segura de la cena en casa: visto desde el tiempo al que me había regresado el encuentro con Martínez, todo lo que yo tenía y lo que yo era perdía la certeza de lo inevitable, pues estaba claro de pronto que todo aquello podía no haber sucedido, que en mi identidad de hacía catorce años no estaba obligatoriamente contenida como un mensaje genético la forma ahora exacta de mi porvenir.

Lo que era pudo no ser, o haber sido de otro modo, llevándome quién sabe a qué otras vidas o a otras ciudades: sentía, en el abrigo y la seguridad de mi casa, que mi destino, como el de cualquiera, estaba hecho de cosas tan improbables o ínfimas como mi descubrimiento de aquella sombra que bajaba por la Gran Vía de espaldas a mí. Un minuto antes o después y no nos habríamos visto, y yo no habría vuelto a revivir con inesperada intensidad las tardes invernales de San Sebastián y el otro invierno de soledad y de lluvia que había pasado en Virginia, y ahora mismo no estaría escribiendo estas palabras: no un minuto, un segundo, la fracción imperceptible de tiempo que separa lo que ocurre de lo que no ocurre, las muertes posibles de las que yo habré estado muy cerca a lo largo de estos años, el instante en que Pepe Rifón vio venir de frente a otro coche y pudo haberse salvado y no se salvó.

Hay una tiniebla de deslealtad y de vacío en el tiempo que uno tarda en enterarse de la muerte de alguien que le importa mucho. Mi abuela materna llevaba dos días enterrada cuando yo supe que había muerto, y esas cuarenta y ocho horas de vida atareada y normal que pasé en una ciudad extranjera se me volvieron una afrenta que yo había cometido contra ella, contra su amor por mí y la persistencia de su ternura en la lejanía.

En junio de 1982 llamé por teléfono a Pepe Rifón desde la oficina en la que trabajaba entonces para contarle que por fin se cumplían algunos de sus vaticinios. Yo había empezado a colaborar en un periódico recién aparecido, *Diario de Granada,* en las páginas culturales, como él siempre se temió, y vivía casi a diario y más bien en secreto el trance insuperable de ver como encarnadas en el papel impreso y multiplicadas a la hermosa luz pública de las hojas del periódico las palabras que yo mismo había escrito. Poco a poco iba siendo alguien, cobraba forma mi vida, tenía un trabajo, encontraba impreso mi nombre en las páginas de un diario.

Hacía algunos meses que Pepe y yo no charlábamos por teléfono. En su última carta, que me envió en enero o febrero, me hablaba con alivio, en el tono en que relataría la curación de una enfermedad, del final del amor al que había dedicado tantos años de sufrimiento estéril, y también de un par de aventuras sexuales gratas y fugaces que le dejaron el ánimo feliz y saludablemente en calma. En unos meses terminaría la carrera. Por lo pronto, ya se ganaba bien la vida dando clases particulares de matemáticas a hijos de familia.

Era la primera vez desde que nos licenciamos que pasábamos tanto tiempo sin saber uno del otro. Marqué su número de Madrid, y al principio la voz con acento gallego que contestó me pareció la suya. Creo que repetí alguna de nuestras bromas soldadescas, que le llamé conejo o recluta o pregunté si tenía al habla al Regimiento de Cazadores de Montaña Sicilia 67, Batallón Legazpi XXIII, segunda compañía, etcétera. Escuché una voz desconcertada que ya no era la de Pepe Rifón, y que se quedó en silencio cuando pregunté por él. Era un paisano de su pueblo que estaba haciendo la mili en Madrid. Compartían el piso desde principios de año. Le dije mi nombre y enseguida supo quién era yo: Pepe le había hablado mucho de nuestra amistad y de nuestra mili. De nuevo se quedó en silencio. Luego dijo que le extrañaba que yo no me hubiera enterado: enterado de qué, dije yo, comprendiendo de golpe el tono de su voz cuando lo confundí con mi amigo, el modo en que se callaba. Pepe se había matado en un accidente de tráfico hacía dos meses, un viernes por la tarde, a la salida de Madrid, en la carretera de La Coruña. El coche, que él conducía, quedó aplastado bajo las ruedas de un camión. Los tres paisanos que viajaban con él camino de Galicia también habían muerto.

Doce años después, esa noche de enero en que vi a Martínez, en el extraño porvenir que Pepe Rifón no pudo conocer, el dolor de entonces revivió, y también el remordimiento de haberme enterado tan tarde, el ansia fracasada por recordar qué estaba haciendo yo en el momento justo en que moría mi amigo, qué pensó o sintió él en los segundos o fracciones de segundo que tardó en ser borrado por la muerte, entre un desastre de vidrios rotos y metales machacados.

La ventaja de la ficción es que no tolera finales tan innobles.

One goes on. And the time, too, goes on —till one perceives ahead a shadow-line warning one that the region of early youth, too, must be left behind.

JOSEPH CONRAD, The shadow line.

(Uno avanza. Y el tiempo avanza también: hasta que uno descubre ante sí una línea de sombra que le advierte que la región de la primera juventud también debe ser dejada atrás.)

Este libro
se terminó de imprimir
en los Talleres Gráficos
de Grafica Internacional, S. A.
Madrid
en el mes de julio de 1995

OTROS TITULOS PUBLICADOS

João Ubaldo Ribeiro
LA SONRISA DEL LAGARTO

Juan Pedro Aparicio
LA FORMA DE LA NOCHE

Isaac Montero
ESTADOS DE ÁNIMO

Marguerite Yourcenar
UNA VUELTA POR MI CÁRCEL

Horacio Vázquez Rial
FRONTERA SUR

Gonzalo Suárez
EL ASESINO TRISTE

Michael Ende
LA PRISIÓN DE LA LIBERTAD

Manuel Rivas
EN SALVAJE COMPAÑÍA

José María Merino
CUENTOS DEL BARRIO DEL REFUGIO

LA ORILLA OSCURA
José María Merino
0-679-76348-1

EL DESORDEN DE TU NOMBRE
Juan José Millás
0-679-76091-1

LOS BUSCADORES DE ORO
Augusto Monterroso
0-679-76098-9

CUANDO YA NO IMPORTE
Juan Carlos Onetti
0-679-76094-6

UN BAILE DE MÁSCARAS
Sergio Ramírez Mercado
0-679-76334-1

LA TABLA DE FLANDES
Arturo Pérez-Reverte
0-679-76090-3

LA REVOLUCIÓN ES
UN SUEÑO ETERNO
Andrés Rivera
0-679-76335-X

EL FISCAL
Augusto Roa Rastos
0-679-76092-X

UNA DE DOS
Daniel Sada
0-679-76522-0

LA SONRISA ETRUSCA
José Luis Sampedro
0-679-76338-4

NEN, LA INÚTIL
Ignacio Solares
0-679-76116-0

ALGUNAS NUBES
Paco IgnacioTaibo II
0-679-76332-5

LA VIRGEN DE LOS SICARIOS
FernandoVallejo
0-679-76321-X

LA ISLA DEL CUNDEAMOR
René Vázquez Díaz
0-679-76524-7

FRONTERA SUR
Horacio Vázquez Rial
0-679-76339-2

TRANVÍA A LA MALVARROSA
Manuel Vicent
0-679-76523-9

EL DISPARO DE ARGÓN
Juan Villoro
0-679-76093-8